思明区名师（发展）工作室研究成果丛书

寻『根』问『计』

——小学语文字词教学策略研究

吴聪娣　编著

海峡出版发行集团
海峡文艺出版社

《思明区名师（发展）工作室研究成果丛书》编委会

主　编　方勇财

副主编　游怀忠　许华娟　郑志生

编　委　方勇财　游怀忠　许华娟　郑志生　施玉昌
陈文莉　邓　焰　吴伟华　郑仁凯　魏登尖

本书编委会（按笔画顺序）

刘逆平　刘　晓　阮婷婷　吕火明　吴聪娣
陈莉恒　陈小倩　李林林　何婉蓉　洪秀梅
郭丽婷　曾玲玲　蔡小珠

总序

凸显共生内核　撬动内涵发展

翻开《思明区名师（发展）工作室研究成果丛书》的书稿，内心满是欣喜与感动。这些项目的成果、发表的论文，凝聚了思明区教师进修学校和名师（发展）工作室全体教师的辛勤付出，是他们的智慧表达；同时也是“思明区‘十三五’教育事业发展规划”中期评估工作的一个重要成果，是思明区教育事业不断发展的一个缩影。

这套丛书是思明区教师专业发展内核凝聚的缩影。思明区在多年的努力中构建了教师发展的五级平台：青年教师共生体——青年教学能手——区学科带头人——名师发展工作室——名师工作室。尤其以区域统筹推进工作室建设，进而带动全区教师队伍整体发展。值得一提的是，每个名师（发展）工作室中至少有50%的成员为非本校教师，成员组成至少涵盖区域三所学校。这样，思明区以“共生共长”为核心的教师共同体研修机制凝聚了一股强有力的力量。在成果中可以看到名师（发展）工作室以根植于学校实践的“真问题”为研究重点，以解决问题的创造性活动为核心，通过具有前瞻性、引领性的课题研究工作，发挥名师在教育教学中的攻关、示范、引领、辐射作用。通过教科研项目研究驱动，涌现了一大批能够将实践与理论相联系，能将一线课堂教学的经验转化为实践课题，并形成研究成果的优秀教师，让工作室成员获得了不同层次的提升。这项举措无形中为思明教育积蓄了一大批宝贵的人才资源。

这套丛书是思明区教育教学内涵提升的缩影。长期以来，思明教育一直走在基础教育变革的前沿，取得了一些成绩。但是，随着社会的发展变革，思明教育也凸显了量的不断扩充与质的持续提升的矛盾。为此，思明区一直致力于通过学校特色建设、管理制度创新、专题项目研究等方式来促进教育的内涵提升。不管是什么手段，核心都是要促进教师的专业发展。

丛书涵盖了语文、数学、科学、英语、综合实践、学前教育等领域，涉及学校管理、课程建设、信息技术、阅读教学、数学活动、思维导图、汉字文化、写作教学、创新实践等内容，从中可以看到精心打造的名师“品牌”、协同共进的团队建设和培植推广的经验成果。名师（发展）工作室有效地整合了基层学校中的师资力量，对教学现状、教学问题、教学改革把握更加准确，在专业引领、教学研究、教学指导方面更有发言权、认同感和号召力。可以说，名师（发展）工作室不仅是教师专业发展的载体和平台，也是思明区教育教学内涵提升的集中体现。

这套丛书是思明教育从“基本均衡”走向“优质均衡”的缩影。习近平总书记在同北京师范大学师生代表座谈时提到：“百年大计，教育为本。教育大计，教师为本。”从中可以看出，教师的专业发展是教育走向“高质量”的必经之路。2013 年 11 月思明区成为全国首批通过教育部督导检查的“国家义务教育发展基本均衡县”；同年 12 月，10 个首届名师工作室和 29 个第二届名师发展工作室就授牌立项运作。由此可以看出，在通过教师专业发展促进教育“优质均衡”提升的道路上，思明区是自觉、主动的。

2017 年 4 月，教育部印发《县域义务教育优质均衡发展督导评估办法》；2018 年 7 月，《思明区名师（发展）工作室研究成果丛书》筹备出版……为了“打破体制机制障碍、彻底解决缩小校际差距”，在区域均衡发展、教师专业成长、资源优化配置方面，思明区先行先试，并且取得了一定的成果。

习近平总书记在谈教师的基本素质时，曾引用《逍遥游》的一句话：“且夫水之积也不厚，则其负大舟也无力。”不忘初心，成立名师（发展）工作室的本质是为了提高教育教学水平，让学生“享有公平而有质量的教育”。对于教育教学实践、教育教学研究，我们还有很长的路要走。值此即将成立思明区第二届名师工作室和第三届名师发展工作室之际，我也希望名师（发展）工作室能够有更长远的发展与灿烂的未来。

厦门市思明区教育工委书记、教育局局长　**方勇财**

序

“课标”有言，语文课程致力于培养学生的语言文字运用能力，为学生的全面发展和终身发展打下基础。

重温“课标”，不忘初心。语文教学的初心就是要为学生培育一株长青的语文学习大树，打造一道迷人的学习语文风景，建筑一座坚实高大的文化素养大厦。学生具备规范的语言文字运用能力，以及清明的思想、高尚的人格、优秀的品行……

有幸成为吴聪娣老师主持的思明区名师发展工作室的指导老师，与他们一路走过“小学语文字词教学策略研究”的探索历程，见证了他们的辛勤，点赞过他们的智慧，分享过他们的成果。

这是一群有情怀的老师。“合抱之木，生于毫末”，语文的学习大树，是由“汉字”成长起来的。这群寻“根”问“计”的老师们以十年树木、百年树人的情怀，寻找培育“大树”的树苗。他们领会教育部制定的“完善中华优秀传统文化教育指导纲要”精神，他们重温课程标准，他们分析小学语文教学长期低效的原因……虽然“为伊消得人消瘦”，但蓦然回首，原来语文教育始于识字，字词教学是语文教学的基础，也是文化传承的重要内容和途径。有效的字词教学，是传承中华传统文化的迫切需要。

于是，他们重新开始种植美丽汉字的事业。

这是一群有智慧的老师。“九层之台，起于累土”，语文大厦不是空中楼阁，更不是海市蜃楼，它“起于累土”，由一块块字砖词瓦垒砌而成。语文教师不只是砌砖者，还应是制砖人，更应是教会学生成长为制砖人和砌砖师傅。这群寻“根”问“计”的老师们努力发挥泥瓦匠的心灵手巧特长，改革字词教学。他们再造识字教学课堂，打开教科书的大门，让学生“看图”、“看实物”、“看工具书”，让字词意思一目了然；打开生活的大门，寻找字砖词瓦，认识有生命的字词；打开心灵的大门，让学生触摸每一个字词，感受词语的情感温度和文化魅力。

建筑语文大厦，这是一项多么美丽的工程。

这是一群有追求的老师。“千里之行，始于足下”，没有最好，只有更好，众所周知，语文教学研究是一趟只有起点，没有终点的历程。近年来，各种教改的浪潮席卷大江南北，教学流派异彩纷呈，可谓是热闹非凡。这群寻“根”问“计”的老师们愿做教学研究的弄潮儿。他们的感人之处在于不好高骛远，而是脚踏实地，从“字词”教学研究起步，走出一条小学语文字词教育的阳光大道。提炼出的“一字巧开花”、“一词引一串”、“画词语”、“演一演”、“听一听”等等四十个不同学段的字词教学小策略，仿佛四十丛不同色彩的花朵把语文教学的阳光之路点缀得万紫千红，花香弥漫……

这是一道多么迷人的风景啊！

寻“根”问“计”的吴聪娣老师团队，为了打造这道美丽的风景辛勤地种树、种花，智慧地铺石、砌砖。在春风里，在秋雨中，他们淌过汗水，噙过泪花，付出心血。我不由记起冰心说过的那句耳熟能详的诗句：“成功的花，人们只惊羡它现时的明艳，然而当初她的芽儿，浸透了奋斗的泪泉，洒满了牺牲的血雨。”花开，有泪可落，那是幸福的，愿走在这道风景里的每一个旅行者都可以采到自己心仪的美丽之花。

谨为序。

李日芳

2018年7月11日

（作者系厦门市教育科学研究院课程发展研究室副主任，福建省特级教师）

目 录

绪论

汉字是中华文化的瑰宝，正确使用汉字，准确使用词语，不仅能更好地表情达意，也是一个人文化修养的象征。在传承中华优秀传统文化的理念得到了全世界中华儿女的高度认同的大背景下，我们基于课标，针对字词教学亟待解决的问题和当前相关研究的缺失，确定以“小学语文不同学段字词教学策略的研究”为课题，旨在提炼不同学段字词教学的优化策略，努力实现字词教学的有效性，从而提升学生的语文综合素养。

一、研究背景

字词教学在小学阶段有着重要的意义，不少专家、学者以及一线教师也对此进行了诸多研究。我们进行“不同学段字词教学的优化策略”的研究主要基于以下几个方面的考虑。

（一）传承中华传统文化的迫切要求

教育部历来重视加强青少年学生的中华优秀传统文化教育，并坚持贯穿大中小学教育全过程，帮助青少年从小树立文化自信。党的十八大以来，我们努力将中华优秀传统文化转化为实现中华民族伟大复兴、构建“人类命运共同体”的强大精神力量。2014 年，教育部研究制定了《完善中华优秀传统文化教育指导纲要》，分学段有序推进学校优秀文化教育。

2017 年秋季开始，统编版教材在全国义务教育起始年级投入使用，在教材中全面融入社会主义核心价值观，进一步加强了中华优秀传统文化教育等内容，育人导向更加突出。语文统编教材统筹安排中华优秀传统文化教育内容，扩大体裁的覆盖面，提高题材的多样性，浸润渗透，增强学生文化认同感和民族自豪感，促使学生在积累语言的同时，受到中华优秀传统文化的熏陶。

小学语文教学承担着传承文化的重任。而字词教学是语文教学的基础，也是文化传承的重要内容和途径。有效的字词教学，成了传承中华传统文化的迫切要求。

（二）《全日制义务教育语文课程标准》（2017年版）（以下简称《语文课程标准》）强调字词教学

《语文课程标准》强调了字词教学的重要性，也对字词教学提出了多维目标要求：培养学生热爱祖国语言文字的感情，培养学生主动识字的愿望和主动识字的习惯，使学生具有独立识字的能力；培养学生理解词句、积累词句的能力，运用词语表情达意的能力等等。

《语文课程标准》还明确地提出了小学各学段识字与阅读、习作等与字词教学有关的目标。这些目标层层递进，螺旋上升，对于教师准确把握字词学习的目标及内容、改进字词教学、提高学生的字词学习能力都有很重要的意义。由此可见，字词教学贯穿小学各年段语文教学的始终。字词教学必须体现“字不离词，词不离句，句不离段，段不离篇”的原则。

（三）小学字词教学低效问题亟待解决

当今，中小学生错别字多、词语贫乏、滥用词语的现象十分严重。语文课堂中，大多数教师思想上不重视字词教学，在字词教学中没有关注学生的学段特点及心理特点，没有清晰的教学目标，没有引导学生在语境中理解、感悟。特别是到了高年级，字词教学更呈现出弱化、简化、泛化倾向，字词教学往往浮光掠影，一读了之，一说了之，学生在“读读说说”“抄抄写写”的单调、机械的词语教学中丧失了学习的乐趣，无法感受字词的鲜活生命，更无法做到活学活用。语文学科质量分析与反馈会中也多次提到：“学生错别字现象比较严重，同音字、形近字混淆，生造出很多汉字。语句不通顺，用词不当，不符合语境。断句不当特别是碰上介词、连词，表示时间、地点的词语，随意标点，致使词义不明。人称用法不够规范，尤其是第三人称，在一段话中不断地使用人名，不懂变换为‘他’‘她’等代词，要么就是在使用‘他、她’时指代不明。大多数学生的语言比较平白，平时阅读中积累的富有表现力的语言不知哪儿去了。”由此可见，字词教学低效的问题亟待解决。

（四）当前相关研究的缺失

当前关于识字教学的研究比较多，许多学者出版了相关论文及专业书籍。许多地区还成了自己的识字学派，自成系统。但是大部分的识字教学研究是针对低年级的教学，没有分学段对中年级、高年级的识字教学进行分析。而关于词语教学的研究则相对较少，多是撰写论文进行研究，或者是教学的实录、教学案例分析，没有形成理论的、科学的研究系统。因此，我们针对不同学段进行字词教学的研究，既进行教学课例的分析，又概括、提炼出不同学段的教学策略，旨在为小学字词教学研究提供理论参考。

二、研究设计

本课题研究以小学不同学段字词教学的有效策略为目标，以提升学生的语文综合素养为宗旨。我们希望通过课题研究，初步形成在小学不同学段的语文教学中教材处理、目标设定、组织教学、方法指导等方面进行字词教学的有效策略。同时，我们希望学生能在字词教学中感受字词的魅力，培养学生主动、独立学习字词的兴趣和能力，学会理解、感悟、运用字词，增强语感，提升语文综合素养。

我们进行不同学段字词教学的方法研究。我们针对不同的学段特点，钻研教学材料，收集字词教学的优秀案例，确立有价值的教学目标，培养学生识字写字、品词析句及字词运用的能力。我们还进行字词教学的条件研究，对字词教学现状进行调查分析，了解学生平时学习字词的过程和采用的方法；了解课标对各学段字词教学的目标；根据不同学段要求，为学生创设语境；给予学生必要的时间和空间；教师的适时指导；关注学生的语用体验等，以提高字词教学的有效性。在字词教学过程中，我们研究学生在不同学段、不同类型的阅读教学中，教师如何进行字词理解与运用的指导，形成相关策略。

本课题研究以课堂行动研究为主，配合文献研究、调查问卷、访谈、比较研究、案例分析等方法。

（一）文献研究法

通过文献研究，发现字词教学指导策略研究的历史和现状，梳理国内外专家在理论和实践方面的研究经验。①查阅国内外有关字词教学指导策略方面的理论和实践研究资料。②对这些资料进行分类，综合分析。

（二）调查研究法

从本课题研究的设计入手，我们的研究主要采用了问卷调查法和访谈法。

问卷法。通过问卷调查，发现字词教学中存在的问题，为研究提供现实依据。①根据字词教学情况，从教师和学生两方面，设计两份调查问卷。②发放调查问卷，教师、学生填写。③收集调查问卷，对问卷中的答案和数据进行分类，统计，分析。④统计测试和调查数据，进行科学分析。

访谈法。通过调查访问学生，了解他们对字词教学的看法以及对字词的掌握和运用情况，发现研究中存在的问题，及时调整指导方向。①根据内容，设计访谈问题。②选择访谈对象，进行随机访谈。③分析访谈内容，调整指导策略。

（三）自然实验法

我们的研究设置实验班、普通班，通过实验班与普通班的字词学习兴趣调查和字词学习能力发展情况的对比，分析所使用指导策略的优势与不足。

三、内容概要

小学语文承担着母语教育的重任。而字词教学是语文教学的基础，是文化传承的重要内容和途径。字词教学有着丰富的育人价值，它不仅能夯实学生的语文基础，发展学生的思维，还能培养审美意识，实现文化传承。

问题是研究的出发点。基于小学语文字词教学费时低效的问题，本书从问题的成因分析出发，根据不同的学段特点，从不同学段的字词教学的要求和内容、基本取向、主要策略、教学“小”策略、典型课例等方面探讨了提升小学字词教学效率的可能性，并提出了字词教学发展的主张和判断。

绪论部分从文化传承的要求、《语文课程标准》强调字词教学、小学字词教学低效问题亟待解决、当前相关研究的缺失等方面概述了选题的缘由；介绍了研究方法；概述了本书的主要内容。

第一章通过文献分析法，对识字教学和词语教学的相关研究进行了综述，对当前字词教学的研究现状进行了评述，明晰了小学字词教学的研究现状，既让我们“站在巨人的肩膀”前行，也让我们明确研究的方向；梳理了汉字的性质与特点、词语的性质及分类这些与小学语文字词教学关系密切的知识；解读了字词教学的概念、内涵及特点。

第二章重新认识了小学语文字词教学的教育意蕴，从培养语文能力、促进思维发展、形成审美意识、实现文化传承四个方面展开论述，努力挖掘字词教学包含的丰富的育人价值。

第三章梳理了小学语文字词教学存在的问题，并从教师、学校、社会等方面进行了原因分析，深入探究字词教学低效的多种因素；提出了小学字词教学的一般性策略。

第四、五、六章分别从不同学段的角度提出了优化策略，梳理了不同学段字词教学的要求和内容、基本取向、主要策略、“小”策略 、典型课例。

第七章字词教学发展的主张和判断，总结了小学语文字词教学的主张，分析了当前字词教学的趋势，并对未来深化字词教学的突破口作了进一步思考。

第一章

小学语文字词教学概述

字词教学是小学语文教学的重要内容，它为学生的阅读、习作打下坚实的基础。本章着眼于“为什么”、“是什么”、“怎么做”对小学字词教学进行论述，旨在明确研究对象、研究范畴，从而引领教学实践。

本章对字词教学研究进行了概述，梳理了以往字词教学研究者的相关研究成果，在前人研究的基础上进一步明确了课题研究的方向；介绍了汉字的性质和特点、词语的性质和分类，为语文教师掌握一定的字词相关的基础知识提供了参考；界定了“字词教学”的概念，理清了其内涵和特点，为教学实践明晰了方向。

第一节　字词教学的研究综述

随着国家教育科研事业的逐步开展，语文课程改革不断深入发展，世界学汉语热潮已经到来，许多专家、教师积极开展字词教学的研究。我们通过文献研究，对字词教学的研究情况进行了整理和综述。

一、识字教学的相关研究综述

文字是记录语言的书写符号系统，而汉字就是记录汉语的书写符号系统。[①]汉字是音形义的结合体，是当今世界上唯一的表意文字。一个汉字代表一个意思，随着字义的演变，一个汉字还有多个意思。人们的思想感情就是通过语言文字表达出来的，思维和表达的内容就是语言文字的内容。

汉字教学的研究一直受到人们的关注。学界主要从识字教学的问题分析及策略研究、识字教学的模式研究、识字教学的相关课例研究等角度阐释了

① 黄伯荣、廖序东．现代汉语 [M]. 兰州：甘肃人民出版社．1981 年版，P153.

识字教学的重要性和相关策略。

（一）识字教学问题分析及策略的研究

针对识字教学中出现的问题，研究者进行了分析，并提出了相关的策略。如，福建教育学院文科研修部张静的文章《“识写分流”识字教学流程常见问题分析》提出了在一线识字教学中完成得最好的是认读任务，无论在时间、练习次数、练习方式上都有保障；其余任务则较为欠缺，尤其是书面“会用”目标相对悬置，这些因素导致了识字教学难以取得理想成效。①

一批硕士、博士论文选择了小学识字教学作为研究对象：华东师范大学硕士黄嘉烨进行了“小学低年级识字教学的探索和实践”的研究，他提出在小学识字教学中应当改变旧观念，树立科学识字教学观；加强识字教学科学化的理论研究；提高师资理论水平及业务素质；将多种识字教学模式科学地融合；充分利用现代化教学手段进行识字教学，以提高识字教学的效率，获取最佳的识字教学效果。②扬州大学硕士姜黎黎进行了“小学语文识字教学探析”的研究，他针对中年级的课堂识字教学提出了通过构建学生识字方法系统来提升独立识字的能力，建议高年级的课堂教学明确预习的要求并注重对学生已有识字能力的检验，以期学生较强独立识字能力的形成。

（二）识字教学模式的研究

研究者梳理出了多种识字教学模式，如“集中识字”，依据汉字的构字规律，把生字归类集中，指导学生用比较类推的方法学习汉字；“分散识字”，把生字词放在特定的语言环境，把识字和阅读结合在一起，识字在语境中进行；“字族文识字”，以母体字为识字教学的起点，以字族为识字教学单元，以字族文为识字教学课文，通过字形类推、字音类聚、字义类推，举一反三、触类旁通，科学地将现代汉字构字特点和规则、儿童识字特点和程式，有机地体现于教材和教学之中；“注音识字”，要求儿童用七周左右的时间教学汉语拼音，培养直呼音节和书写音节的能力，使汉语拼音成为提前读写、全面进行语言训练的工具。研究者还对每种识字模式的优缺点进行了比较与分析。

近年来，集美大学金文伟教授主持的以字理识字为基础的“科学识字”教学模式研究在全国产生了较大影响。

（三）识字教学的课例研究

在识字教学方面，斯霞、李吉林、贾志敏、于永正、窦桂梅等许多优秀教师勤于实践，为研究者提供了许多鲜活的优秀课例。研究者围绕斯霞、李吉林、贾志敏、于永正、窦桂梅等优秀教师的识字教学精彩片段，品析并梳

① 张静.“识写分流”识字教学流程常见问题分析 [J]. 福建教育学院学报，2013（8）.

② 黄嘉烨. 小学低年级识字教学的探索与实践 [D]. 华东师范大学 2010 年硕士论文.

理相关的策略。研究者大多通过研究相关课例提出字词教学的有效方法。如洪月玲在《福建论坛》发表《让识字教学因阅读而厚实——以〈从现在开始〉为例谈低年级的字词教学设计》。

二、词语教学的相关研究综述

词是指有意义的能自由运用的最小的造句单位。[①] 词是由语素组成的，从构成方式来看，可以分成单纯词与合成词；从词性来看，可以分成实词与虚词。字词教学包含了汉字的教学和词的教学，其贯穿小学甚至初中、高中各年段语文教学的始终。很多专家、教师对词语教学都进行过研究，主要从词语教学的问题分析及策略研究、词语教学的模式研究、词语教学的相关课例研究等角度阐释了词语教学的重要性和相关策略。

（一）词语教学问题分析及策略的相关研究

20 世纪 30 年代，苏联教育家苏霍姆林斯基在《给教师的一百条建议》一书中提出了对词语教学的见解：第一，儿童最初是通过词来认识世界。词是儿童进一步获得知识的重要因素。第二，让词在儿童的意识里活起来，欢蹦乱跳，使词成为儿童借助它去掌握知识的工具。第三，把孩子们带领到大自然中去，把各种花朵的极其细微的色调指给他们看，把人们的劳动作为一种创造活动展示在他们面前，并且让这一切都通过词反映出来。第四，把自己的学生从书本和思考引导到活动，再由活动引导到思维和词。第五，学生往往用词混乱，是因为这些词没有跟他自己所做、所见、所观察和所想的东西联系起来。应当布置这样一些作业，这些作业要求学生一定要讲述、汇报和报告，要求他们把现有的知识"投入周转"，也就是说，使词成为进行创造的手段。

近年来，一批硕士、博士论文选择了小学词语教学为研究对象：聊城大学硕士姜利波做了"小学语文词语教学策略研究"，通过对词语调查问卷的分析总结，了解了学生掌握词语的真实状况，探讨了词语教学的基本途径，提出了小学语文词语教学的基本策略。[②] 苏州大学硕士董铭进行了"高年段字词教学有效性的探究"，他从高年段字词教学有效性的教学目标、实施途径、实施策略三个角度提出如何在小学语文高年段进行有效的字词教学。[③]

另外，一批一线教师在教学实践中不断探索，形成了一些字词教学的有效策略。浙江名师张祖庆老师提出：语文老师要带领学生运用多种方法走进

① 黄伯荣、廖序东．现代汉语 [M]．兰州：甘肃人民出版社．1981 年版，P204.
② 姜黎黎．小学语文识字教学探析 [D]．扬州大学 2012 年硕士论文．
③ 董铭．高学段字词教学有效性的探究 [D]．苏州大学 2011 年硕士论文．

词语的“四度空间”：触摸词语的温度，点染词语的亮度，开掘词语的深度，提升词语的效度，让词语成为学生言语表现的鲜活元素。特级教师薛法根老师独创了“词串教学法”。在他的课堂中，散落在文本中的词语或按语词类别，或按语词结构，或按语词意思等，分成一类一类，串成一串一串。学生通过朗读这些分成类，串成串的语词，就能很轻松地发现规律，建立词语的类别概念。

（二）词语教学模式的相关研究

个别研究者还梳理了词语教学模式，如，四川大学江亚丽硕士学位论文《小学语文“立体式”词语教学模式探究》，从纵向递进、横向联系、立体发展来建构“立体式”词语教学，提出了五种词语教学的操作模式：“语境—感悟式”、“形象—联想、想象式”、“直观—意会式”、“比较—辨析式”、“积累—运用式”。

（三）字词教学的课例研究

研究者围绕薛法根、于永正、王崧舟、张祖庆等优秀教师的字词教学精彩片断，品析并梳理相关的策略。研究者大多通过研究相关课例提出字词教学的有效方法。史建波在《教学与管理》中发表《巧妙设计，词语教学也精彩——听特级教师朱瑛执教〈师恩难忘〉有感》。杭州市长寿桥小学曹爱卫老师的《唤醒言语智慧的课堂——薛法根〈猴子种果树〉教学赏析》一文，对薛法根老师独创的“词串教学”进行了评析和研究。福建省连江县兴海学校张静在《江西教育》发表《尊重规律，提升词语教学效果——张祖庆词语教学片段赏析》评析张祖庆老师的词语教学有道有术，尊重规律，富有效率。欧阳艳老师在《语文知识》中发表《词语教学也能美不胜收——听王崧舟老师执教〈圆明园的毁灭〉有感》。

三、字词教学的相关研究评述

由以上梳理和分析可知，研究者从不同的角度对字词教学进行了研究，为本研究提供了较多的资料，他们的研究成果为本研究的开展奠定了基础，但对“小学语文字词学段教学”的研究仍然留有很大的空间。

1. 对字词教学的内在联系尚未形成明晰的认识

识字教学与词语教学存在着紧密的关系：识字是学词的基础；词语的学习巩固识字的成果。识字教学多从字音、字义、字形方面进行研究；而词语教学涉及的词义系统则更为复杂，在汉语中一个词的各个意义之间、词义与词义之间都存在着一定的联系性。识字教学与词语教学相辅相成，但又是不一样的教学。研究者忽视了这一点，多是单一地从识字教学或者词语教学入手，较少将二者系统辩证地结合在一起进行研究。而目前的研究更主要集中在识字教学，一部分研究汉字识字模式如集中识字、分散识字等；一部分研究则提出根据汉字构字的科学性、儿童的心理规律进行教学。如《小学识字教学研究》提出遵循汉字的特点和构字规律进行识字教学；而《小学语文识字教学模式研究》则系统介绍了集中识字、注音识字、韵语识字等不同的识字模式。

2. 对字词教学的研究尚未形成系统的学段字词教学策略

从研究对象来说，目前还没有专门针对字词学段教学的系统介绍和分析，已有研究主要是对字词教学某一方面进行，大多数研究没有关注到学生的学段特点，没有考虑到学生学习的螺旋上升的梯度，较多的研究仅仅分析小学低段的字词教学策略，没有形成小学不同学段有梯度的比较系统的字词教学研究。对于小学低段的识字教学研究非常多，研究者从多种角度分析低年级识字教学。如张巍的硕士论文《小学低年级识字教学的问题与对策》主要从识字教学策略研究提出低年级识字教学要尊重个性差异，分层次教学；开启童心童趣，创设有效的教学情境；调动多种感官，开展丰富的教学活动；拓展学习资源，提高学生的综合素养。[①] 而黄嘉烨的硕士论文《小学低年级识字教学的探索与实践》不仅从识字教学策略进行研究，还谈及了科学识字教学评价的内容、原则、方法与途径。但是，鲜少研究者研究中段、高段的字词教学，更少研究者从三个学段系统地分析字词教学策略。

第二节 汉字的性质与特点

汉字是智慧和想象力的宝库。汉字从甲骨文走来，历经金文、篆书、隶书、楷书，不仅是中国人语言交流的符号，更是中华文明的象征，它蕴藏着深厚丰富的文化意蕴。

一、汉字的性质

文字是记录语言的书写符号，是最重要的辅助交际工具。语言的历史与人类的历史同样漫长。而大约在一万年前，世界上才开始出现原始形态的文

① 张巍．小学低年级识字教学的问题与对策 [D]. 东北师范大学 2007 年硕士论文．

字。因此，文字的历史比语言的历史要短得多。作为交际工具，语言存在于口耳之际，稍纵即逝；而文字则可以跨越时空，扩大交际范围。不过文字与语言相比较，文字是第二性的，而语言则是第一性的。在现今的世界上．仍然存在有语言无文字的民族，而有文字无语言的民族则还从未有过。

汉字的性质指的是汉字区别于其他文字的本质特征。要确定某种具体文字的性质，须看这种文字的基本单位记录的是什么样的语言单位。汉字的基本单位是单字，它记录的是语言中的语素，因此，汉字是一种语素文字。古代埃及的圣书字和形成于公元前不久的玛雅字，两河流域的钉头字，都是语素文字。但各种类型的语素文字中，沿用至今的只有汉字。其他非语素文字，如国内的藏文和壮文，国外的英文和俄文都属于音素文字，日文则是音节文字的代表。

每个汉字都由字音、字形和字义三个要素构成。汉字的音和义来自它所记录的语素的音和义。例如“人”这个汉字表示汉语中“人”这个语素，因为语素“人”读“rén”，意思是能制造工具并能使用工具进行劳动的高等动物，于是汉字“人”就读“rén”，字义便指称“人”这种超越其他任何动物的高等动物。汉字的形和它所表示的语素的音和义紧密结合在一起，形成了一个形音义的统一体。

二、汉字字体的演变

汉字在漫长的历史过程中经历了许多变化，其中字体的演变最为显著。字体指同一种文字的各种不同体式。字体的演变一般是缓慢的、渐进的。不是新的字体一出现，旧的字体就马上废除，而是经过一段新旧并存的时间之后，才由新体代替旧体。旧体基本上不用之后，也不是就此消灭，而是在某些场合仍会继续使用。汉字的字体演变，主要经历了以下五个阶段：

（一）甲骨文

商代的甲骨文（图一），是我们目前所能见到的、形成体系的汉字中最古老的一种，它是以字写、刻在龟甲或兽骨上而得名的。[①]这种文字是研究商代文学和商代历史、文化的重要资料。商代统治者非常迷信，对于各种各样的事情都要占卜问吉凶。占卜用的材料就是龟壳。商代后期管理占卜事务的人员，还往往把占卜的事由，卜兆的吉凶以及后来应验与否的情况，刻记在卜骨上。这些文字就叫做甲骨文。商代人有时也在卜骨上刻记一些跟占卜无关的事情。这类文字通常也都称为甲骨文。

① 张桂光．汉字学简论 [M]，广东高等教育出版社，2004 年版，P133.

甲骨文的主要特点是字形由细瘦的线条构成，多直笔，拐弯处则多方笔，棱角分明，外形参差不齐，字的大小也不统一。这是因为龟甲质地坚硬，甲骨文通常是用刀刻凿的。所以，甲骨文又称殷契、契文，“契”就是用刀雕刻的意思。甲骨文是古老的汉字，其中不带表音成分的占绝大多数，图画特征比较明显，而且文字尚未经过统一，结构尚未定型，许多字可以正写、反写，笔画繁简不一，偏旁不固定，且可有可无，异体字较多。

图一 商代甲骨文

（二）金文

研究西周春秋时代文字的主要资料是金文。古人将青铜称作“金”，所以把浇铸或刻理在青铜器上的文字称作金文。青铜器以钟鼎为多，所以，金文又称钟鼎文，其文辞被称作铭文。往青铜器上铸字，商代晚期即已出现，不过并不普遍，这里所说的“金文”主要指西周时代青铜器上的文字。后代在青铜器上浇铸的文字多系对西周金文的模仿。

西周是铜器铭文的全盛时代。西周金文形体演变的主要趋势是线条化、平直化（见图二）。[①] 线条化指粗笔变细，方形圆形的团块为线条所代替等现象。平直化指曲折象形的线条被拉平，不相连的线条被连成一笔等现象。经过线条化、平立化的变化，文字的象形程度显著降低，书写起来就比较方便了。另外，金文系由浇铸附成，其笔画肥大厚实，丰满圆浑。总之，金文作为一种典型的古文字，其文字的符号性进一步增强，文字的图画特征趋弱，文字在结构和行款上更加整齐、方正、匀称，但异体字依然较多。

① 张桂光．汉字学简论 [M]，广东高等教育出版社，2004 年版，P145.

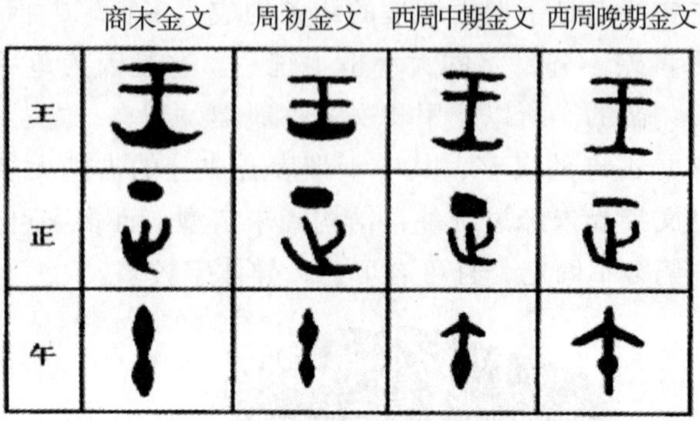

图二

（三）小篆

篆书有大篆和小策之分。大篆又有广义和狭义之分。广义的大篆指先秦时期的所有文字，包括甲骨文、金文、籀文以及春秋战国时代通行于六国的其他文字。狭义的大篆专指春秋战国时秦国的文字。狭义的大篆一般以籀文和石鼓文为代表。小篆是秦始皇统一六国后采用的标准字体，是在大篆的基础上发展而来的。

小篆是汉字第一次规范化的字体，小篆的诞生标志着汉字的统一。小篆以泰山刻石为代表。秦始皇统一六国后，为巩固政权，进行了一系列的改革，其中包括统一文字。秦代小篆经过李斯等人整理，从字形上看，比大篆简化了许多，笔画比大篆简单，结构上更加匀称、整齐，线条略带弧形，偏旁也较为固定，减少了异体，字形更趋于定型化。

（四）隶书

隶书分为秦隶和汉隶。秦隶又称古隶，汉隶则称今隶。从现有的考古资料来看，战国晚期是隶书形成的时期。到了西汉，距离秦朝用小篆统一全国文字并没有多久，隶书就正式取代小篆，成了主要的字体。这一变化在汉字发展史上占有重要地位，因为自此以后，汉字字体开始脱离古文字阶段而进入隶楷阶段。

隶书变古汉字的曲线为方折，变弧形为直线，从而形成笔画，这就突破了古汉字的基本体式，变汉字为扁方形字体。隶书的笔画是平直的，笔势舒展，每个字都用"挑法"。隶书用点、横、竖、撇、捺等笔画转写篆书所发生的汉字字体的变化，文字学上一般称为"隶变"。

（五）楷书

楷书又称"真书"、"正书"。"楷书"就是端端正正可做楷模的字体。楷书是现代汉字的标准字体。关于隶书和楷书这两个阶段的时间界线不确定。从各方面综合考虑，可以把南北朝看作楷书阶段的开端，把魏晋时代看作是隶书和楷书两个阶段之间的过渡阶段。汉字进入楷书阶段之后，字形还在继续简化，字体就没有太大的变化了。楷书的特点是笔画更加平直，字形方正，也更加简化，易于书写，楷书使汉字完全变为由笔画组成的方块形符号。

三、汉字的构造

关于汉字的造字法，从汉朝以来就有“六书”的说法：

（一）象形

象形字就是描画事物形状的一种造字法。用这种方法造的字就是象形字。如日、月、子、鹿、井。

象形字有的像事物的轮廓，如“口”；有的只像事物的局部特征，如“竹”（⺮，象竹叶下垂），“羊”（羊，象羊角下弯）。文字是一种书写符号，他不可能画得很细致，也不必画得很细致。

象形字同图画有相似处，但又有本质的区别。象形字是文字符号，它表示语言中的词，从而获得词的读音。而图画则不然，它不表示语言中的词。

象形字所记录的词，最初是表示实物的词。后来有些象形字成了非象形字的造字构成部件。因此，可以说象形字是汉字造字的基础字。从甲骨文、金文里，可以清楚地认出某些字是象形字。

象形这种方法局限性很大，复杂的事物难以象形，抽象的概念又无形可像，而客观事物无限繁杂，要一律造出象形字，那是根本不可能的。所以，即使在古代，单这一种造字方法，也不能满足记录语言的需要。

（二）指事

用象征性的符号，或以象形字为基础加上指示性的符号来表示某个词，这就是指事。用指事方法造的字就是指事字。一（一）、二（二）、三（三）、四（亖）就是最明显的指事字。再如，“刃”（刃）在刀口加一个点，表示刀的刃；“本”（本）木下面加个圆点，后来点变成一个短横，指出这儿是木的根；“末”（末）木上面一短横，指出这儿是木的末梢。

指事字虽然可以表示某些抽象概念，但是，也有极大的局限性。造指事字不容易，因为用抽象的符号难以表示词义。从古至今，指事字极少，就说明了这一事实。

象形字、指事字一般是单一的形体，不能再分为两个字，所以称为“独体字”。

（三）会意

把两个或几个字组合起来，表示一个意思就是会意。用会意方法造的字，就是会意字。会意字一般是合体字。如，"休"（）由"人"和"木"两个字组成，一个人靠着树，表示休息。"采"（）由"爪"和"木"两个字组成，一只手在树上摘东西，表示采摘。再如日月为"明"，不正为"歪"等，也都是会意字。会意这种造字法扩大了造字的范围。有些会意字是用相同的字重叠组成的。如双"木"为"林"，叠"火"为"炎"，三"石"为"磊"，三"木"为"森"。用简单的字变换组合方式，也可以造出新的会意字。如两个"人"后向并立为"比"（），两个"人"相随为"从"（）。

从现代楷书的形体看，许多会意字在今天已经不容易分辨了。如"即"，古汉字写作""，一个人靠近盛食物的器皿，表示就食近在眼前。"既然"写作""，一个人身子对着盛食物的器皿，但头转了过去，表示吃完了，探头走开，后来引申为"事情过去了"。这些字所表示的意思从楷体上都看不出来了。

（四）形声

"形"指形旁，或叫意符，其作用是指出字的意义类属，"声"指声旁，或叫声符，其作用是标明字的读音。利用形旁和声旁组成的事就是形声字。形声字也是合体字。

形声字的形旁大都是由象形字构成的，如"木字旁"、"竹字头"、"皿字底"等。象形字、会意字、指事字都可以作声旁，作了声旁，就丧失了自身原有的意义，如"锥"字的声旁"隹"只用来表示"锥"字的读音，与"隹"的原义短尾鸟毫不相干。

"形声"造字法产生后，突破了纯表意造字的局限，可以大量地造字。如用"氵"作形旁加上一个字作声旁，可以造出"沟、泥、涌、澎、湃、泊、淋、溜、滋、润"等许多字来。表示心理活动的词难以用象形、指事和会意的方法造字，但用形声的方法就可以造出"忠、忍、忿、怒、憋、想、惑、思、慕、恭、惊、惶、懊、恼"等字来。

形旁和声旁的结合方式常见的有以下六种：

1. 左形右声，如哼、娩、犷、爬。

2. 右形左声，如战、功、切、鸿。

3. 上形下声，如草、景、零、祟。

4. 下形上声，如袋、盆、堡、育。

5. 外形内声，如园、阅、府、衷。

6. 内形外声，如闻、闷、辩、辨。

形声造字法是一种比较进步的方法，能帮助了解这类字的义类和字音。形声字是表意汉字向表音方向发展的一个极为重要的进步因素。但是，形声字也有严重的缺陷，从现代汉字的实际来看，不少形旁由于字义的演变已很难理解，如“楷”、“骗”、“骄”等。大多数声旁不能准确地表示或根本不能表示形声字的读音。

（五）转注

所谓“转注”，比较流行的说法是为了适应方音分歧和语音的发展而采取的一种造字法。如原有一个“老”，表示年纪大的意思，而由于时间和地区的不同，又有用kǎo这个音表示老的意思，于是又造出了一个与“老”字部首相同、读音相近和意义相同的“考”字。就造字法来说“老”是象形，“考”是形声字。

（六）假借

假借就是借用同音字表示新义的一种方法。语言中有了某个词，但还没有表示这个词的字，于是就在通行字中找出一个同音字来替代，用这种办法，一开始也可以说是写“别字”，流行开来，社会公认，这个“别字”就成了代表这个词的假借字。如“其”（𠀠），本是簸箕的象形（簸箕是本义），后借以表示代词和助词。为了把本义和借义区别开来，常常用形声造字法另造一个表示本义的新字，如用“箕”表示“其”的本义。因此假借只是用字的方法，它本身并不是一种新的造字方法。

由此可见，转注和假借只是用字的方法，并没有造出新字来。因此汉字的造字法主要有象形、指事、会意、形声四种。

四、汉字的特点

汉字不仅具有形体方正、平面延展的特点，而且形音关系多样，意义多样，音形义之间存在一定的理据。

（一）形体方正，平面延展

与其他文字不同的是汉字的书写讲究方方正正、整整齐齐。汉字是以直线线条为基本笔画，每个汉字都由一定的笔画、部件按一定的顺序组成，呈现出形体方正，平面延展的特点，“方块”布局尤其突出。

（二）形、音关系多样化

现代汉字中，一个字形多种读音的现象非常常见，即“多音字”。如“行”有“xíng”、“háng ”两种读音。“落”有“luò”、“lào”、“là“三种读音，每种读音的意思不同，意义也不同。而一个读音，有多种字形，即“同音字”现象更为普遍。如“连、莲、联”都读lián，而字形和字义都有所不同。

（三）意义的多样性很突出

有的字形表示一个语素，在表本义时，成了单义。但一个汉字表示多个意义很常见，如“深”在字典中有8种含义：从上到下的距离大；深度；深奥；深刻；感情厚；颜色浓；时间久；非常。还有一些会有比喻义等。

（四）汉字的音形义之间存在一定的理据

汉字有见形知义的特点，即有的字从它的字形可以联想到字义，如“火、山、象、鸟”，这类字多是象形字。有的字可从它的相关部件猜测出它的意思，如“尖、林、众、歪”，这类字多为会意字。还有的字从它们的相关部件推测出字义类属，如“树、松、柳、桌”和树木、木材有关。

第三节　词语的性质与分类

词语是构成文章的基本单位。顾城曾经说过：文，因为词而美；词，因为文而生。词是由语素组成的最小的造句单位，它可以从不同的角度进行分类，词义还会不断地发展变化。

一、词的性质

词是具有固定的语音形式和特定意义的能够独立运用的最小的造句单位。词是由语素构成的。语素是最小的语言单位，主要功能在于构成词语；词是比语素高一级的能够独立运用的语言单位，主要功能在于造句。

二、词的类型

我们可以从不同的角度来把握现代汉语词的类型。从音节多少的角度来看，词可以分为单音节词、双音节词和多音节词；从语素数量的角度来看，词可以分成单纯词和合成词两类；从词形、词音、词义及其相互之间的关系的角度来看，词可以分成同形词、异形词、同音词、异音词、单义词、多义词等。在此，我们主要讨论单纯词、合成词。

（一）单纯词

单纯词是由一个语素构成的词。单纯词又可分为单音节单纯词和多音节单纯词。

第一，单音节单纯词是由一个音节构成的单纯词，也就是由一个字构成的词。这时候，字、语素和词是一致的，它们是一一对应的关系。例如：

人 走 日 红 多 是 好

第二，多音节单纯词是指由两个或两个以上音节构成的单纯词。这种单纯词由双音节语素或多音节语素构成，主要包括联绵词、音译词、叠音词和拟声词。

1. 联绵词

指由两个音节连缀成义，拆开以后就不能表义的词，包括以下三类：

双声联绵词 仓促 恍惚 拮据 秋千 忐忑

叠韵联绵词 婆娑 灿烂 螳螂 怂恿 堂皇

非双声叠韵联绵词 铿锵 婀娜 蘑菇 玻璃

2. 音译词

指按外族语词的声音翻译过来的词。例如：

葡萄 咖啡 沙发 巧克力 尼龙 歇斯底里

3. 叠音词

由两个相同的音节相叠而构成的词。例如：

猩猩 姑姑 蛐蛐 皑皑 潺潺 区区 瑟瑟

4. 拟声词

乒乓 哗啦 扑通 轰隆 咔擦

（二）合成词

合成词是由两个或两个以上语素构成的词。最主要的是由两个语素构成的合成词。合成词的构成方式又分为两种：复合式和附加式。附加式又叫粘附式、派生式。

1. 复合式

复合式的合成词指由词根语素和词根语素构成的合成词。它是汉语构词的最主要的形式。复合式合成词又可分五类：

（1）联合式（并列关系）

两个意义相同、相近、相关或相反的语素相互并列组合，这种形式的合成词就叫联合式合成词，又叫并列式合成词。联合式合成词根据其内部特点又可分为四类；

a. 同义并列式。这一类合成词的意义，大致上等于两个语素相合，它们是同义语素的并列。如：

朋友 处所 包裹 片段（名词）

游泳 爱好 忍耐 按摩（动词）

健美 善良 寒冷 宁静（形容词）

b. 反义并列式。这一类合成词的意义，大致上等于两个语素所属的范畴，大多已不能按字面意思来理解，这类合成词比（1）类抽象。

是非　矛盾　动静　长短（名词）

出没　褒贬　操纵　寒暄（动词）

反正　早晚　先后　迟早（其他）

c. 偏义式。这类词中的两个语素的意义表面上看好像是并列的，但是后一个语素的意义非常虚化或只起音节作用。如：

质量　窗户　忘记　睡觉　国家　人物

d. 转义式。这种合成词的意义与两个语素的意义有关，但是其意义已经非常抽象，或起了变化。这类合成词与前面的几个小类有交叉。如：

江湖　手足　皮毛　线索　分寸　负担　东西

（2）偏正式（修饰、限制关系）

前一个语素修饰、限制后一个语素，这种形式的合成词就叫偏正式合成词。一般说来，偏正式的中心语素决定这个词的词性。如：

白糖　飞船　同学　手表（名词）

瓜分　回顾　误伤　上访（动词）

鲜红　垂直　雅观　苍白（形容词）

屡次　务必　不仅　公里（其他）

（3）补充式（补充关系）

后一个语素补充说明前一个语素，这种形式就叫做补充式。如：

船只　布匹　花朵

看见　表白　揭晓

凑巧　充实　镇定

（4）动宾式（支配关系）

同一语素表示动作、行为，后一语素表示动作、行为所支配关涉的事物，这种形式的合成词就叫动宾式合成词，又叫支配式合成词。如：

司机　点心　团腰　主席（名词）

出版　注意　动员　达标（动词）

出众　有限　过瘾　解恨（形容词）

到底　尽量　索性　逐个（其他）

（5）主谓式（陈述关系）

前一个语素表示被陈述的事物，后一个语素是陈述前一个语素的，这种形式的合成词就叫陈述式合成词。如：

春分　月亮　霜降　日食（名词）

心疼　雪崩　地震　耳鸣（动词）

面熟　肉麻　年轻　风凉（形容词）

复合式合成词除上述五种基本形式外，还有其他一些形式，如：

连动式　报销　退休　病故　割让

兼语式　逼供　召集　诱降　讨厌

正偏式　饼干　银园　肉松　熊猫

重叠式　爸爸　偷偷　往往　刚刚

但这几种构成形式，独立性并不强，因此可以看成是前面五种形式的变体。如连动式、兼语式和重叠式可以看作是联合式的变体。正偏式可以看作是偏正式的变体，只不过是前正后偏罢了。

2. 附加式

附加式合成词指由一个表示具体词汇意义的词根语素和一个表示某种附加意义的词缀语素构成的合成词。这类合成词主要有两类：

（1）前缀式（前缀十词根）

词缀在前、词根在后的合成词。如：

老虎　老乡　老鼠　小王　小李

（2）后缀式（词根十后续）

词根在前、词缀在后的合成词。如：

椅子　孩子　石头　木头　作者

绿化　僵化　嘴巴　尾巴　我们

三、词义的发展

词义是一个历史范畴，它是不断发展变化的。词义的发展变化，大致有以下几种情况：

（一）词义的扩大

词的意义范围由小变大。例如：

同志：本义是为共同的理想、事业而奋斗的人，特指同一个政党的成员。可是现在它的意义扩大了，成为我国人民之间的一般称呼。如“售货员同志”、“司机同志”、“服务员同志”。

健康：原指生理机能正常，没有疾病，现在含义大了，也可以指事物情况正常，没有缺陷，如“思想健康”，“爱国卫生运动健康地开展起来”。

运动：原指物体的位置不断变化的现象，或体育活动，现在含义扩大了，又有“政治、文化、生产等方面有组织、有目的而声势较大的群众性活动”的意义如“增产节约运动”。

（二）词义的缩小

词的意义范围由大变小。例如：

党：原指一般的政治集团、党派，现在有时词义缩小到特指中国共产党。

勾当：宋元时有“办事”和“事情”两种意思。后来只剩下“事情”的意思，现在仅指坏的事情一种意思。

（三）词义的转移

词义由指甲转到指乙。例如：

检讨：原义是“讨论研究”的意思。如“凡留心于文化前进的人，对于这些书应该加以检讨。”（鲁迅：《书的还魂和赶造》）现在意义转为检查反省思想、工作或生活上的缺点和错误的意思。

爱人：原义指恋爱中的男女的一方，现在转为指夫妻的一方。原义已逐渐消失。

这里所说的词义发展，虽然是就现代汉语这一不太长的历史阶段说的，但也可以看出来，词义是处在不断变化之中的。这就要求我们掌握词义发展变化的情况，注意词义的时代性，了解词的确切含义，以便更好地理解别人的意思，表达自己的思想感情。

第四节　字词教学的概念、内涵及特点

字词的学习是小学阶段的语文学习中至关重要的一环。在日常的语文课堂学习中，学生的字词量较大，因此教师主导的字词教学尤为重要。

一、字词教学的概念及内涵

什么是字词教学？字词教学是指在教师有目的、有计划地指导下，学生学习并掌握汉字和词语的教学活动。掌握汉字和词语包括以下几个层次：

第一层次，识字形，会字音。即我们通常说的会读，知道这个汉字或者词语的字形，能够准确读出这个汉字或者词语的音。比如“日”字和“曰”字，学生要能区分这两个字字形的不同，知道“日”字是长窄形，而“曰”字是宽胖形。看到“日”这个字，能准确读出“rì”，而看到“曰”字，能准确读出“yuē”的读音。识字形，会字音这是最基础的层次，也是最容易达到的层次。

第二层次，解字义，了原理。即能够知道这个汉字或词语的意思，并能

了解汉字学的相关原理。这能提高学生读、写、用的能力。知字义不仅提倡了解汉字的本义、引申义，还要能在不同的语境中理解字词的含义。比如"颜色"一词，在"这朵花是什么颜色？"这个句子中的含义指的是色彩；而在"我非得给他一点颜色看看！"这个句子中指的是给人看厉害的脸色或者行动。了原理是要了解字形与字义之间的联系，并掌握一定的汉字学原理。比如草字头的字跟植物有关，三点水的字跟水有关。教师也经常运用汉字学原理进行讲解和区分字义，如"泡、跑、炮、袍"等字的区别。达到第二层次能减少学生同音字混淆、形近字乱用的现象。

第三层次，知文化，爱华夏。字词教学不仅仅指能读能写、知晓音义形，它也包含着要知晓深层次的汉字背后的华夏文化，热爱华夏文化。比如"鼎"字，不单是古代烹煮用的器物，其背后有更深层次的文化，是古代视为立国的重器，是政权的象征。"鼎"又是如何从烹煮的器物变成了立国的重器呢？在古代，生产力不发达，人类获得食物不易，把获得食物认为是大自然的赏赐，因此，在享用食物之前要先祭祀祖先神灵，鼎就成为祭祀的重要器物。而祭祀与战争同等重要，于是祭祀的鼎就成为象征国家政权的重器。鼎还是身份财富的象征。《周礼》中的饮食制度以食具来区别尊卑、贵贱等级，如，天子九鼎、诸侯七鼎、卿大夫五鼎。

二、字词教学的特点

字词教学，是小学语文教学的重要内容。小学字词教学主要有以下几个特点：

（一）字不离词，字词相依

识字教学的要求是学生要读准字音，辨清字形，了解字义。学生对字音、字形的掌握都为词语的学习奠定了一定的基础。在读音上，学生如能读准字音，词音的掌握就基本没有问题。也只有辨清了字形，才能进行学词。词的本义依靠了字的本义或者引申义才得以发展。因此，识字教学在很大程度上为词语教学奠定了坚实的基础。而从另一方面来说，词语教学也影响着识字教学。词语的学习与掌握不仅利于字义的掌握，也使识字得到巩固。字义的理解依赖于词语的理解，一个字的意义只有放在词里才能被正确理解。比如"丁"字有5种解释：成年男子；人口；从事某种职业的人；姓；蔬菜、肉类等切成的小块儿。如果只讲这5种含义学生不会理解，更不会应用。如果放到词语中，学生大部分都能理解。如"壮丁"中的"丁"指的就是成年的男子，"园丁"的"丁"指的是从事某种职业的人。因此词语教学又对识字教学起着促进和巩固的作用，二者不能分裂割舍。

（二）音、形、义联系紧密

汉字是独立的表意文字体系，具有独特的造字方法。汉字是音、形、义三者的结合体。若将三者分离，字词的形、义将混淆不清。汉字的有理性为教学提供了解释能力。教学中，教师应根据汉字的构形讲清其构意，引导学生把握其形体结构的内在理据，建立起音形义之间的必然联系。这样不仅能系统识字，提高识字的效率，还能够区分形近字，降低错别字的数量。比如“月”字旁的字大都与身体有关，如“胖”、“脸”、“腿”、“腰”、“股”、“肝”等，而“彳”字旁的字大都跟道路有关，如“行”、“径”、“徘”、“徙”、“往”、“征”。学生常把“不胫而走”的“胫”写成了“径”，通过解释“不胫而走”的意思是没有腿却跑得很快，后形容事物不待推行就到处流行，所以“胫”是表示腿，学生就明白要“月”字旁表示身体的“胫”，而非道路的“径”。

（三）不同语境，字词内涵不同

语言是社会交际和传递信息的工具，适应语境是提高语言表达效果的基本原则。词语是语言的基本单位。同一个词语在不同的语言环境中有不同的意义，感情色彩也不同。只有在一定的语言环境中，字词的意义、意蕴才能得到应有的开掘。人教版第七册《白公鹅》里有这么一句话：“如果赶上这么一场用以耀武扬威的乱子，你就甭想有鱼咬钩了。”“耀武扬威”一词本义指的是炫耀武力，显示威风。但如果学生这么理解就错了。教师要引导学生联系上下文和作者语境体会白公鹅在青草茂密的河岸生活得无忧无虑，自由自在，感悟作者运用反语来表达自己对白公鹅的喜爱之情。

第二章

小学语文字词教学的教育意蕴

语文学科蕴含着丰富的教育意蕴，而字词教学是语文学科基础而重要的一环，字词教学特有的教育意蕴对于学生成长而言，有着独特的发展价值。字词教学，不仅能提升学生的语文核心能力，促进学生的思维发展，还帮助学生形成审美意识，实现传统文化的传承。

第一节　提升语文能力

听、说、读、写历来都是各国母语课程的核心能力领域。① 语文教学的根本目的在于通过语文教学发展学生正确理解和使用祖国语言文字的能力。小学语文教学中，扎实的字词教学对学生听、说、读、写这四项语文核心能力的形成有很大的促进作用。

一、听的能力

语文的“听说读写”四大能力中，“听”位居首位，可见其重要性。字词教学中，学生会形成自己对字词的感知与记忆，对语音、词汇的听觉认识，增强对词义的理解，并能做出自己的反应和判断，从而形成“听”的能力。在部编版第二册“和大人一起读”《孙悟空打妖怪》的教学中，教师引导学生倾听老师朗读并思考：你能听出哪些是轻声词吗？通过认真倾听，学生对字音进行辨析，找出“着”“了”“过”这些助词要读轻声，“和尚”“糊涂”“眼睛”“鼻子”都是轻声词。通过练读这些轻声词后，学生朗读这首“连锁调”，的节奏感更强了，也更有韵味了。

在南方方言区，前后鼻音、平翘舌音是学习普通话的难点，而且常常翘

① 《语文课程标准（2011 版）解读》教育部基础教育课程教材专家工作委员会，2012（42）。

舌音r和边音l混淆，声母f和h混淆。如“摘花”读成“栽花”，“入队”读成“路队”，“叔叔”读成“苏苏”，“晶莹”读成“金银”，“刮风”读成“瓜分”等等。在一年级的教学中，怎样教学生发好这些难点音，也是常常让老师头痛的地方。要发好这些音，除了引导学生掌握正确的发音方法外，学会倾听，学会辨析也非常重要，在反复听辨练习中，学生的倾听就会变得专注而细致了。

教学中，教师可以用听写词语的方法检测学生字词学习情况，有时候是直接听写词语；有时候先说词语的意思，学生根据意思写出词语；有时是老师说一个词语，请学生听写这个词语的反义词。多种形式的听写活动，不仅能培养学生的倾听能力，也能起到巩固、内化字词的作用。

二、说的能力

说的关键是掌握准确、鲜明、生动的口语表达特点，能做到用词准确、词达意明、语言通顺、层次分明、修辞恰当、逻辑性强。

在平时的语文课堂，老师要提供学生更多“说”的机会，引导学生在发言中努力做到用词准确，把话说清楚，说完整。

在字词教学中，我们要根据“字不离词，词不离句”的原则，帮助学生积累词语，丰富语言，为“说”打下坚实的基础。在教学“树”这个生字时，老师先引导学生读准音，认清形。然后，教师引导学生给“树”组词，学生从树的大小组词“大树”、“小树”、“树苗”等；从树的种类组词“松树”、“柏树”、“榕树”、“凤凰树”、“白杨树”等；从树的结构组词“树根”、“树干”、“树枝”、“树叶”、“树梢”、“树冠”等；从其他角度组词“树林”、“树荫”、“树桩”等。接着，教师引导学生选择其中的一个词语说一句话。学生的造句精彩纷呈，“夏天到了，校园里的凤凰树开花了，就像一片红云。”“大榕树的根深深地扎进泥土里。”“春天，我在草地上种下了一棵小树。”在’“树”的教学过程中，学生由字到词，由词到句，不仅在字的复现中巩固了汉字，积累了词语，还提升了“说”的能力。

三、读的能力

字词教学能促进学生阅读能力的提升。在语文教学实践中，不少语文教师割裂了字、词、句以及篇章各个方面的联系，使语文教学变得支离破碎，收效甚微。扎实的字词教学，既帮助学生理解、积累了词语，又帮助学生理解了课文内容，深入体会到课文所要表达的深刻含义，同时也达到提高学生阅读能力的目的，可谓一举多得。

文本中有些词语对文章起着“牵一发而动全身”的作用，如果能够抓住这些词语，把对词语的深入理解作为课堂教学的主线，就可以起到“提领而顿，百毛皆顺”的效果。在部编版第一册《咕咚》的教学中，教师紧紧围绕“害怕”这个关键词语，引导学生一步步深入文本。首先，老师引导学生通过形声字形旁表义的方法理解“怕”字与人的心理活动有关，再通过想象、联系生活实际等方法理解“害怕”的意思。接着，老师请学生走入文本，思考：你从课文中的哪些句子感受到小动物们的害怕？请用横线画出来。学生在阅读过程中再次理解“害怕”的意思。然后，老师引导学生运用想象表演的方法，用心感受、体会小动物们的害怕，并探究害怕的原因。学生在层层深入的学习中不仅读懂了“害怕”的意思，也进一步理解了文本，提高了学生的阅读能力。

文章中表示线索的词能帮助学生理清文章的写作顺序；有的关键词语能帮助学生整体感知文章内容；有的描写人物的词语能帮助学生具体感受人物形象，体会人物内心；有的重点词语能创设阅读的情境，领悟作者情感……字词教学与文本的阅读息息相关，读好关键词语的同时，学生的阅读能力也会逐渐提高。

四、写的能力

写作能力发展也是一个概括化的过程。小学生从“说”到“写”，从“读”到“写”（仿写）两个过渡，都要通过书面语言条理化地、生动地表达出事物的内在联系。吕叔湘先生说“从语言出发，再回到语言”。词语教学的最高境界是“表现”。学生学习词语，不能只停留在“理解”的层面，更重要的目标是指向“言语表现”。缺乏表现力度的词语，是没有生命力的符号。因此，在教学中，要结合课文内容，创设“语用”情境，让学生在情境中写话说话。在说和写的训练中，学生大脑中的“消极词汇”能很快地转化为“积极词汇”，通过字词的运用提高学生的表达能力。

学习人教版第六册《卖木雕的少年》时，教师引导学生通过填空来理解“我”为什么感到“遗憾”：摊点里陈列的木雕（琳琅满目）、（各式各样）。其中象墩（构思新奇），大象雕得（栩栩如生），我一看就（爱不释手）。但是因为象墩（沉甸甸）的，我要带的行李已经超重，只得放弃购买的念头，因此很（遗憾）。这样的练习既帮助学生理解了课文，又提高了学生的表达能力。

第二节 促进思维发展

思维是认识的高级阶段，是较高级的心理过程，它具有概括性和间接性的特点。儿童思维的发展是与儿童言语的发展分不开的，也与儿童的经验和实践活动密切相关。借助思维活动，儿童才能在学习过程中，深入理解教材，掌握多种概念、理论，了解事物的规律和知识体系，才能在人际交往中解决自身遇到的各种问题。他们的思维发展同样经历了一个从具体到抽象、从不完善到完善、从低级到高级的过程。

叶圣陶先生指出，语文教学目的是培养学生的思维能力。思维的广阔性、深刻性，直接影响着儿童知识的获得和智力的发展。思维能力不是刻意培养的，而是渗透在学生的语言习得过程中。离开了语言，思维能力的培养也就失去了依托。字词教学能激发学生的思维，词汇越丰富，则思维越活跃，语言越发展；反过来，思维的发展又能促进词语的丰富积累和准确运用。

一、思维的深刻性

语言是思维的外壳，学生听说读写的语文能力从根本上说是由其内在思维能力决定的，而巧妙的字词教学活动能够促进学生思维品质的快速发展。通过对字词教学内容的结构化重组对字词教学过程的结构化设计，能够将字词学习和思维发展同步进行，使思维发展和语言发展相辅相成。学生在不断提升思维品质的同时增强探索字词的兴趣、敏感度和自信心，同时依托字词教学获得思维能力发展的经验和体验，习得适当的方法并养成良好的思维习惯。

人教版第一册《两只小狮子》这篇课文中，狮子妈妈对懒狮子说的一番话语重心长。对于一年级的孩子来说，学生很难理解什么是“真正的狮子”。在教学中，教师抓住这个关键词，引导学生查找狮子的相关资料，还在课堂中播放了《动物世界》里的一段介绍。通过拓展提升，学生不仅更深入地了解狮子的特点，明白了狮子刻苦练习本领的意义，而且对“真正的”这个词的理解更深刻了，“真正的狮子”的形象也深深地留在了孩子们的心里。

人教版第九册《七律·长征》是毛泽东同志为了纪念红军二万五千里长征的壮举而作的一首诗。但小学生对红军长征这段历史并不熟悉，有的甚至闻所未闻，学生很难感同身受，也难以通过诗句深切感受诗中蕴含的情感，从而体会诗中语言的准确精练。在教学中，教师可以引导学生抓住“红军不怕远征难”这句直接抒发诗人情感的诗句，抓住“远征难”和“不怕”这两个词语把握全诗的主要内容，并通过补充资料、看图想象、画线路图等理解、感悟词语的意思，从而总结梳理出了“抓词语，想开去；明诗意，悟情感”的学习方法。接着，老师引导学生运用所学的方法继续学习：你还从诗中哪里能读出长征的“难”和红军战士的“不怕难”？在学习过程中，老师不断地引导学生质疑：五岭长，连绵不绝，乌蒙高，险峻难走，诗人为什么把它们比作“腾细浪”和“走泥丸”呢？金沙江、大渡河同样充满凶险，为什么给人的感觉却是一“暖”一“寒”呢？学生不断探究，通过抓关键词、读资料、想象补白等，不断品味诗句中一字一词背后的情感，感悟红军战士的英勇无畏，感悟诗人的豪迈情怀！这样，通过“难”与“不怕”的对比教学，学生对诗句的理解就不再浮在印象表层，而是深入骨髓的体会和感悟了。

二、思维的灵活性

小学生的思维从以具体形象思维为主要形式逐步向以抽象逻辑思维为主要形式过渡。小学高年级学生开始能够依靠表现一定数量关系的词语来进行概括。而且随着年龄的增长，他们掌握概念中直观、外部特征的成分逐渐减少，而掌握抽象、本质特征的成分不断增多，思维的灵活性、概括性增强。

字词教学能训练学生归纳、演绎的思维能力，从而学会举一反三，思维的广度与灵活性随之增强。比如，在识字教学中，就可以利用形声字的造字规律来启迪学生的思维。形声字大多形旁表义声旁表音，凝聚了先人造字的智慧。那么，在学习形声字时，学生如果掌握了形声字的构字规律，就能用猜读、推测等多种方法自主理解字义，记住字形。如提手旁的字大多与手有关，月字旁的字大多与身体有关，三点水的字多与水有关。凡表示用衣料做成的东西的字都是衣字旁，如“被、袖、衬、衫、补”等，古时大多和鬼神迷信有关的字都是示字旁，如“社、祖、神、礼、福”等。

再如，生字学习过程中扩词这一环节，教师引入思维导图，引导学生从不同的角度思考扩词，以“花”为例，可以从花的种类扩出桃花、梅花、玫瑰花、菊花……从花的结构部位可以扩出花瓣、花蕊、花芯……从其他意思方面可以扩出烟花、礼花、眼花……这样训练，学生积累的词汇丰富了，思维的广度与灵活性也得到了锻炼。

三、思维的独创性

创新思维活动是一种开放的、灵活多变的思维活动，它的发生伴随有“想象”“直觉”“灵感”等非常规性的思维活动，因而具有极大的随机性、灵活性，不能完全用逻辑来推理。创新思维不局限于某种固定的思维模式、程序和方法，表现为可以灵活地从一种思路转向另一种思路，从一个意境进入另一个意境，多方位地试探解决问题的办法，因而具有多方向发散和立体型特征。

人教版第十册《草船借箭》一课，要求学生用自己的话说一说这个故事。大多数学生存在以下问题：一部分学生说得很啰嗦，且主次不分，没有抓住文中的关键信息；一部分学生说得很简单，三言两语就说完了，没有“血肉”，像是概括主要内容。如何引导学生用自己的语言说好故事呢？在教学中，教师抓住“借箭”这个词语，引导学生梳理书中主要人物与“借箭”的关系，并用关键词语概括。接着，教师引导学生画思维导图，并根据思维导图说说这个故事的主要内容。有了思维导图这个学习支架，学生大多说得连贯、准确、生动。在学习的过程中，学生不仅学会了梳理人物与事件的关系，提升了概括能力，还提高了思维的独创性。

四、思维的批判性

批判不仅是批评，更多的是思考与分析。批判其实就是透过对表面现象的思考与分析，探究其发生发展的原因所在的思维和表达过程。批判性思维提倡的是不为事物的表面现象所迷惑，不固守自己已有的认知和思考，从不同的视角来思考问题、认识世界。

教师可以通过字词教学积极引导学生独立思考、善于发问，努力培养学生的批判性思维。教学人教版第七册《去年的树》，鸟儿寻找朋友树的经过是用对话的形式来表达的。大多数学生初读鸟儿与树墩、门先生、小姑娘的对话比较平淡。教师引导学生：鸟儿与树墩、门先生、小姑娘对话时是怎样的神态、语气呢？你能用合适的词语为这三次对话加上提示语吗？学生通过联系上下文、结合自己的生活体验为鸟儿的话加上了“着急地”、“焦急地”、“迫不及待地”、“难过地”、“伤心地”、“悲伤地”等这些提示语，还说了自己的理由。有了这些词语，学生果然读得声情并茂，并体会到了鸟儿找朋友树时的一次比一次焦急的心情，也体会到了鸟儿与树的深厚友情。教师没有到此为止，她接着引导学生思考：加上这些词语，我们更好地体会到了鸟儿心情的变化。你认为加上这些提示语好吗？作者为什么不在这些对话前加上这些提示语呢？学生通过讨论和交流，纷纷发言。有的学生认为，加上这些提示语很好，可以让文章更生动，还可以更好地体会小鸟情感的变化，在平时作文中，我们就是要这样把人物的语言描写生动。有学生认为，加上提示语多此一举，没有提示语，读者就可以展开丰富的想象，读出自己的感受。有学生认为，根据课外查找的资料了解到作者新美南吉的童话特点就是语言平实，但是却包含丰富的情感，耐人寻味，有自己的风格。加提示语的过程中，学生不仅调动了积累，运用词语描述人物的心情，还对是否加提示语有了自己的观点，发展了学生的批判性思维。

《草船借箭》一课的教学中，在学完课文的基础上，教师请学生用一个词语概括人物的特点。学生几乎千篇一律地用“心胸狭窄”、“妒贤嫉能”评价周瑜；用“神机妙算”、“料事如神”评价诸葛亮；用“生性多疑”评价曹操。如何改变学生这样的定势思维呢？教师引导学生：别急着给人物下定义。请同学们回家后认真阅读《三国演义》，相信读完书，你们对书中的人物可能有新的看法！读完书后，教师再次引导学生畅谈“我心中的周瑜”、“我心中的曹操”……此时，学生不再用以前单一的词语描述书中人物，他们的观点变得多元、丰富，在这个过程中，他们的批判性思维也得到了提升。

五、思维的敏捷性

敏捷性是指思维活动的速度，它反映了智力的敏锐程度。所谓敏捷性思维，是指在处理问题和解决问题的过程中，能够适应变化的情况来积极地思维，周密地考虑，正确地判断和迅速地作出结论。

俄国著名教育家乌申斯基说过：“比较是一切理解和思维的基础，我们通过比较来了解世界上的一切。”在字词教学中，学生通过字形、字义的比较和辨析，准确地理解字词，培养思维的敏捷性。如，部编版一年级下册的语文教材引导学生用有趣的字谜来辨析形近字：“言”来互相尊重，“心”至令人感动，“日”出万里无云，“水”到纯净透明。学生通过猜字谜认识了“青字族”的“请、情、晴、清”四个字，并结合谜面，学生真正理解了形声字形旁表义的特点，进而拓展认识“睛、蜻、精”等字并进行组词，这样，学生对“青字族”的这些同胞就不会弄混了。通过这样的比较辨析，学生的思维能力也得到了培养。

教师还可以通过词语的意思的辨析理解近义词之间的细微差别，增强学生的语感，培养学生思维的敏捷性。人教版第六册《她是我的朋友》一课中，阮恒为受伤的小姑娘献血哭泣的一段，用到了“啜泣、呜咽、哭泣、抽泣”四个词。这四个词语虽然都表示哭的意思，但细细品读却有所不同。首先，教师引导学生把这几个词找出来，并引导他们通过查字典理解这四个词语的意思。啜泣，抽抽搭搭地哭；呜咽，低声哭泣；哭泣，轻声哭泣；抽泣，一吸一顿地哭泣。接着，教师引导学生联系上下文，进行讨论和交流：这四个词语可以互相调换吗？说说你的理由。学生通过仔细比较，发现这四个词表示哭的程度是逐渐加深的，所以不能调换。因为它更好地体现了阮恒想竭力掩饰自己痛苦的心情，突出了阮恒当时虽然越来越害怕却绝不放弃为朋友献血的感人的品质。通过这样的比较辨析，学生对词语的敏感度增强，语感也得到了提升。

第三节　形成审美意识

汉字是音、形、义的统一体，具有丰富的审美内涵。汉字审美指学习者能够发现、欣赏汉语言文字的美。字词教学能够于教学过程中渗透审美意识，培养学生的汉字审美能力。教师要在教学中深入挖掘字词的字形美、音韵美、形象美、情感美，努力唤醒字词内在的审美愉悦，帮助学生形成审美意识，提升学生的语文综合素养。

一、字形美

《语文课程标准》对汉字审美教育有层级要求。汉字审美由“初步感受汉字的形体美”到“在书写中体会汉字的优美”到“体会书法的审美价值”，由低往高发展。从字形上看，汉字是在自然物象的启迪下“依类象形”而来的，“六书”中的象形字就是典型的例子，其他五种构字法，推本求源也是“象形”的。正是这种“象形”性，决定了汉字是审美型文字。汉字的笔画形态来自于图画又美如图画，其多变的形体，加上书写工具的不同，笔墨运用的变化，使字体显得千姿百态、神态飞扬、气韵生动，形成世界上独一无二的书法艺术。古人说得好，汉字之“横”，如“列陈排云”，有庄重之美；“点”，如“高峰坠石”，有飞驰之美；“竖”，如“万岁枯藤”，有苍劲之美。

二、音韵美

汉语的音节一般都是由声母、韵母和声调三部分组成，即声母在前，韵母紧随其后，再带一个贯穿整个音节的声调。富于音乐性是由汉语言音节的独特之处连带产生的一个突出的特点。汉语语音系统中元音占优势，就是乐音成分比例大，噪音成分比例小，再加上每个音节都有高低升降不同形式的声调产生丰富的音高变化，说起话来和谐悦耳，形成了富于音乐性的独特风格。[①] 如“山明水秀、风调雨顺、光明磊落”等诸多词语，读起来抑扬顿挫、

① 吴启主．现代汉语教程 [M]. 湖南：湖南师范大学出版社，2006。

铿锵有力。这种音韵美的特点是西方语言所不具备的，声调婉转，音韵和谐，节奏鲜明，这为语文的审美教育提供了得天独厚的有利条件。

三、意境美

汉字是表意文字，每一个字，每一个词都蕴藏着丰富的含义。有的字发展演变颇有典故；有的词背后藏着有趣的故事；有的字词能让人浮想联翩……

在教学中，教师引导学生品味字词的美，其审美情趣也会得到相应提高。比如，人教版第八册《桂林山水》一文中出现了很多优美的词汇，如“波澜壮阔”“水平如镜”“拔地而起”“危峰兀立”等，教师通过出示图画、创设情境，引导学生想象，学生自然能走进桂林山水这幅神奇的画卷中，从而领略到大自然的奇特与魅力。

四、情感美

字词本是不具有情感的符号，在写作者的串联、加工、创造中孕育出了情感，而字词教学的一个重要任务就是理解字词，这个“理解”不仅要理解字面上的意思，挖掘出字词蕴藏的情感，赋予其生命力。如薛法根老师《爱如茉莉》（苏教版第十册）教学片段，从字词教学入手，一步步引导学生从“直奔”等词语中体会到爱。在指导完读音后，薛老师提问：“看到‘直奔’这个词，你有什么体会吗？”学生纷纷发言：“我看出爸爸想看到妈妈的急切心情。”“我看出爸爸……”听了学生们的回答，老师小结：“这是爸爸对妈妈的爱，如果不爱，不会这么急切，这么焦急。轻轻一个动作，直奔医院，真的爱，是没有痕迹的。”最后，老师板书：真爱无痕。这个简短的教学片段中，一个“直奔”教学让学生触摸到了字词的温度，丰富了学生的情感体验。

第四节　实现文化传承

“中华优秀传统文化是中华民族的精神命脉。”习近平指出，“优秀传统文化是一个国家、一个民族传承和发展的根本，如果丢掉了，就割断了精神命脉。”近年来，越来越多的中国人都在重新认识传统文化的价值和意义。

语文课程是一门学习语言文字运用的综合性、实践性课程。义务教育阶段的语文课程，应使学生初步学会运用祖国语言文字进行交流沟通，吸收古今中外优秀文化，提高思想文化修养，促进自身精神成长。许慎《说文解字·叙》中说：“文字者，经义之本，王政之始，前人所以垂后，后人所以识古。”其中的“垂后”与“识古”彰显着文字的文化传承地位。汉字的产生、发展与演变是一个漫长悠久的过程，承载着五千年的中华文明，是中华民族智慧的结晶和无价的瑰宝。它是一个民族的文化密码，体现了一个民族的文化基因，也体现了一个民族的文化灵魂。

在字词教学中，教师要充分利用各种资源，引导学生在字词学习中传承历史文化、民族文化、民族情感等。

一、传承历史文化

文字是人类在社会劳动生活中通过集体的智慧逐渐创造出来的。汉字源远流长，是世界古老文字之一。汉字的产生和发展，同汉族人民的社会史和文化史密切相关。可以说，一个汉字就是一段历史，一个故事。教师在教学汉字时，不仅要教给学生汉字的读音、写法、笔顺等音、形、义方面的知识，还要向学生们传授中国的汉字历史文化，使学生不仅知道这个字，还知道字的来源，感受古人造字的智慧，培养学生热爱祖国汉字文化的情感。部编版二年级下册第三单元识字编入了一篇新的识字课文《“贝”的故事》，图文结合，引导学生探索“贝”字的来历，进而理解用“贝”作偏旁的字大多与钱财有关。这样的编排，不仅让学生进一步学习形声字的构字规律，也感受到了中华汉字文化的博大精深。

二、传承民族文化

在中华民族光辉灿烂的汉民族语言文化中，成语历经岁月的锤炼，在历史的长河中最终沉淀为一颗颗璀璨的珍珠，处处闪烁着历代先人的智慧之光。成语具有鲜明的民族性。很多成语的形成和使用该语言的人民的历史、社会环境、经济生活、文化传统、风俗习惯、心理特征等都有密切的关系。比如，中国人崇拜龙，敬畏龙，汉语里就有不少用“龙”字构成的成语或者和龙有关的成语，例如：龙飞凤舞、龙盘虎踞、龙潭虎穴、龙腾虎跃、龙争虎斗、藏龙卧虎、车水马龙、画龙点睛等等。教师可以组织学生开展一系列有关“成语”的活动，读成语故事书，开成语故事会，做成语接龙的游戏等等，通过这样生动活泼的形式，使学生增加词语积累，拓展知识面，更全面、深入地了解民族文化。

三、传承民族情感

中国的汉字发展到现在，经历了无数次演变，经受了历史的洗礼，融入了古人的智慧，因此，字词教学并不是读准字音、认清字形那么简单。巧妙的字词教学不仅使学生学得扎实而有趣，还能使学生受到美好情感的熏陶。比如，写字教学中，教会学生写合体字要懂得组成部件笔画的穿插与避让，感受汉字的整体美。“木”字做偏旁捺变成了点，“女”字做偏旁的横要变成提，“足”字做偏旁的撇和捺要变成竖和提等等，这样的笔画变化就是为了给另一部件留出位置。在这样的写字教学中，学生就会懂得做人也如写字，要互相谦让、和谐相处。再如，在教“孝”这个字时，教师可以出示南宋大理学家朱熹的书法作品（如图）。

引导学生仔细观察，从右面看此字像是一个俊俏后生，跪地作揖；而从左面看，则是一个桀骜不驯的猴子嘴脸。字画一体，字中有画，画中有字，寓意为孝敬长辈则为好儿孙，反之则退化为猴子了。学生在字词教学中主动参与观察讨论，思想受到了潜移默化的洗礼。

第三章

小学语文字词教学存在的问题及成因分析

问题是研究的开始。“病理分析”即对研究事物出现的“病症”、“病因”进行分析。只有找到问题，深入剖析其原因，我们才能更好地解决问题。

在字词教学中，我们发现小学生字词学习情况不容乐观，出现了“提笔忘字”、“错字连篇”、“书写失范”、“词语贫乏”、“学而无用”等多种常见病。教师的课堂也出现理念模糊、目标不清、内容随意、方式简单、评价单一等突出病症。针对小学语文字词教学存在的诸多问题，我们从教师、家庭、社会等多种角度剖析问题的成因。根据主要病因，我们提出了小学字词教学的一般性策略。

第一节　小学生字词学习情况堪忧

2013年，中央电视台、国家语委联合推出大型原创文化类电视节目——《中国汉字听写大会》。节目播出以来，引发了大批观众的关注热潮，也引发了人们对汉字文化的思考。毋庸置疑，这个节目成功地激发了人们对汉字的热爱，也让更多人感受到了汉字背后的文化。作为小学语文老师，一方面，我们为全民关注汉字文化的现象而高兴；另一方面，它再次引起我们对小学生字词学习现状的思考。

多年来，许多有识之士认识到小学生字词学习的严重问题，呼吁要重视小学字词教学。的确如此，小学生字词学习情况不容乐观，主要表现在为“提笔忘字”、“错字连篇”、“书写失范”、“词语贫乏”、“词不达意”、“学用分离”这六大突出问题。

一、“提笔忘字”

在语文学习中，我们常常会发现学生“提笔忘字”的现象。老师常常会用听写的方式考查孩子的字词掌握情况，但许多学生在听写时，脑子里明明觉得那个汉字十分熟悉，就是想不起来，无从下笔。在积累与运用的练习中，许多孩子对词句背得滚瓜烂熟，可就是无法写下来。作文中，学生往往脑子里闪过要用的词语，却不知道怎么书写，结果往往在文章中留下空白格，或者打方框，严重地影响了句子的通顺、流畅。其实，“提笔忘字”的背后暴露的是学生没有真正掌握汉字的字音、字形、字义，无法准确地书写或运用汉字。

二、“错字连篇”

许多老师感到最头疼的就是学生错别字多。根据六个年级随机抽取的 214 名学生的问卷调查统计，在写作业中，20.1% 的学生经常出现错别字，53.7% 的学生有时会出现错别字，只有 26.2% 的学生很少出现错别字。学生在作业中出现的错别字，有的是同音字、形近字混淆，如，“身休（体）、眼晴（睛）、知到（道）、坚（竖）式、目光炯炯（右边写成同）”……有的是缺点少画，甚至是自己创造出一个“生字”，五花八门，无奇不有。73.4% 的学生表示形近字、同音字、多音字易出错，27.1% 的学生表示常会多笔少画等。随着年级的增高，识字量的增多，错别字也随之增多。小学生的种种错别字现象，严重影响了学生的语文表达能力。

三、“书写失范”

小学阶段，一年级学生年龄小，刚接触汉字书写，他们对书写的态度比较端正，大多数学生能按照老师的要求，写规范的汉字。但随着年级的升高，作业量增加，一部分学生因为没有形成正确的坐姿、握笔姿势，没有掌握正确的笔画笔顺，书写中出现了很多不规范的汉字；另一部分学生原本书写工整、规范，但为了追求速度，开始信手写来，不加思索，不关注笔画、结构，造成了书写不规范。总之，小学生书写质量普遍偏低，学生的规范意识、书写技能和辨识正误美丑的能力十分欠缺。

四、“词语贫乏”

在说话、习作中，大部分学生常常觉得“无话可说”“言之无物”，他们无法用准确的词语描述自己的所见所闻，表达自己内心丰富的感受。四年级一位学生在习作《一次激动人心的垒球比赛》中这样表达自己的心情：听到老师宣布垒球比赛开始，“我心里很激动”；在比赛的过程中，“我一直都很激动”；我们班取得了胜利，“我心里无比激动”。统计了这个班学生用以表达自己激动心情的词语，20% 的学生只会用单一的“激动”，49% 的学生能用上“兴奋”“无比激动”等相近词语，只有 31% 的同学能用上“手舞足蹈”“欢呼雀跃”等词语。

在五年级某班单元习作第一稿中，该班教师进行了统计，全班 47 篇习作平均用词量竟达不到 200 个。大多数习作通篇大白话，成语俗语的运用少之又少，更谈不上个性化的语言了。“词语贫乏”的原因各不相同，有些学生没有阅读习惯，缺乏语言的积累，而有些学生有阅读兴趣，经常摘抄精彩词句，可是却不会运用，无法将“消极语言”转化为“积极语言”。

五、“词不达意”

“词汇是语言的建筑材料，说话写文章，要从一个个词开始。而每个词都是音义的结合体。我们不仅要准确掌握词的声音，还要了解每个词的意义。”许多学生对词意理解不清，一知半解，在口语表达和习作中往往乱用一通，不能准确地表达出意思和感情。如，学生在作文中写道：“今天是我的好朋友小胖的生日，很多同学光临了他的寒舍。”他的意思是很多同学去小胖家过生日，但是因为他没有明确“光临寒舍”的用法，把谦虚的说法错用了，其结果完全不同。而有些学生在说话、习作中运用修辞不当随意滥用、乱用，如一位孩子想象《半截蜡烛》中伯纳德夫人说话时坚定的样子说：“她对孩子们说要保护蜡烛里的秘密时神情是恶狠狠的。”“恶狠狠”是贬义，在这里却被用作形容爱国、镇定、智慧的主人翁，使人心里不舒服。还有些孩子在说话、写作中语无伦次，词语之间缺乏逻辑顺序，致使语义含混不清，不知所云。

六、“学而无用”

学生接触了大量的优美词句，甚至能背诵很多“精彩词语”，但却不会在语言环境中准确运用，无法将“被动语言”转化为“主动语言”。根据调查问卷了解，只有 30.37% 的学生能够经常在平时说话或习作中运用所学过的词语。

在思明区2016—2017学年第一学期六年级语文教学质量监控中，在“字词与积累”部分，考查词语的有3题：

4. 与下列句子中带点词的意思最接近的词语是……(　　)(1分)

攥着马草换来的毛票，我立即奔向书摊，泰然地坐下来，从容地读着一本又一本书。

A. 毅然　B. 欣然　　C. 傲然　　D. 安然

5. 下列词语都是表示力量的，按从小到大排列，正确的一项是(　　)(1分)

①洪荒之力　　②吹灰之力　　③九牛二虎之力　　④缚鸡之力

A. ④②①③　B. ②④③①　C. ④③②①　D. ②④①③

6. 选择恰当的词语填入下列句子的括号中(填序号)(2分)

颐和园的佛香阁(　　)、金碧辉煌，充分展现出我国古代工匠们(　　)的技艺。

A. 雕梁画栋　　B. 引人入胜　C. 巧夺天工　D. 不拘一格

E. 脍炙人口

经统计分析：第4题考查学生理解词语的意思，得分率是86.9%。第5题考查学生理解成语的意思，得分率是82.7%。第6题是“选择词义相近的成语运用到具体语境”，学生得分率较低，只有62.8%。一些学生没能深入理解具体语境，平时对词语不求甚解，只理解关键词语的表面意思，对于句中关键词语的涵咏不够重视，没有形成琢磨、品味作者在具体语境根据内容与情境遣词用字的思维习惯。

在作文中，学生“学用分离”的现象更加严重。思明区2015—2016学年第二学期教学质量检测中，三年级语文的习作题目如下：

题目：喜爱的宝贝

生活中很多人都有自己的宝贝，爸爸的宝贝是足球，一看到跟足球有关的东西，他就来劲了；同桌的宝贝是平板电脑，走到哪儿都带着它；我的宝贝是书，一捧起书，我就忘记了时间我的宝贝是……

要求：1. 把题目补充完整。2. 你想写谁喜爱的宝贝呢？写清楚他(她)的宝贝是什么，以及他(她)对宝贝的喜爱。

区教师进修学校对本次习作中“学生作文语言”一项进行分析：语言表达部分平均分是7.34分(满分10分)，标准差是1.2分。语言表达上两极分化的现象较为严重……部分学生能努力使用学过的名言、歇后语、成语，努力使语句更具体生动，但也有学生使用词语不够恰当，部分文章的语言呆板无趣，勉强"达意"，离"表情"还有相当大的距离。个别学生成篇抄录试卷上的文稿或者套用本学期学过的课文，完全是引用别人的语句。字词学用分离的现象十分普遍。

第二节　小学字词教学存在的问题

字词教学是语文教学的重要内容。许多语文老师在教学中花费了很多力气，收效却不大。我们在教学实践中发现字词教学主要存在以下问题。

一、教学理念"含糊不清"

"理念"这个词语的意思《现代汉语词典》(第七版)中的解释是：①信念；②思想，观念；③对某项事业的价值追求和实施策略。"理念"不只是"客观事物在人脑里留下的概括的形象"，它超越了对"客观存在"的认知，注入了自己的意愿或价值追求，注入了对实现自己价值追求的策略信息，具有主观意志成分。

《语文课程标准》清晰地提出了语文课程的基本理念。在语文课程的基本理念的阐述中，处处渗透字词教学应有的理念，如在"全面提升学生的语文素养"中提到："语文课程应激发和培育学生热爱祖国语文的思想感情，引导学生丰富语言积累，培养语感，发展思维，初步掌握学习语文的基本方法，养成良好的学习习惯，具有实际生活需要的识字写字能力、阅读能力、写作能力、口语交际能力，正确运用祖国语言文字……"这样的论述已经为老师们的字词教学提供了很好的依据，也是语文教师应有的字词教学理念。但是，很多语文教师并没有认真学习、研读、思考，真正内化这些基本理念，以至于字词教学理念含糊不清。

首先，一部分教师缺乏字词教学理念。这些老师不学习，不研究，从来没有认真思考过字词教学的育人价值，也没有思考过字词教学的学段目标、要求和方法，因此，这类教师的字词教学没有清晰的理念，只是机械地按照教学参考书的要求教学本课要求掌握的生字新词。这样的字词教学因为没有清晰的理念指导，无法实现字词教学应该达成的多元目标。

另外，一部分老师存在着错误的字词教学理念。他们在字词教学中存在着"为了识字学词而教"、"为了扫清阅读障碍而教"、"为了阅读和写作而教"

的思想。他们的教学从不关注“培养学生热爱祖国语言文字的思想感情”，从不关注“通过优秀的汉字文化的熏陶感染，促进学生和谐发展”，忽略“字词教学与生活的联系”，忽略“在语境中教学字词”、忽略“字词教学蕴含的育人价值”。学生在教师错误理念指导下的“功利教学”中，也丧失了对字词学习的兴趣，教学效果自然很差，也无法实现“全面提升学生的语文素养”的目标。

二、教学目标“无的放矢”

教学目标是关于教学将使学生发生何种变化的明确表述，是指在教学活动中所期待得到的学生的学习结果。在教学过程中，教学目标起着十分重要的作用。教学活动以教学目标为导向，且始终围绕实现教学目标而进行。[①]

《语文课程标准》对每一个学段的字词教学都确定了目标。在字词教学中，教师应该在学段目标的指导下，结合本册教材、单元教材的特点，确定清晰、具体的课时目标。但是，阅读许多教师的教学设计，我们会发现，许多教师对不同学段的字词教学目标几乎是“一视同仁”。

例，人教版第一册《雨点儿》一课，教师确定了以下教学目标：1. 认识 12 个生字。会写“方、半、巴”3 个字。2. 正确、流利地朗读课文。3. 理解课文内容，懂得雨水与植物生长有着密切的关系。

人教版第八册《古诗词三首》的教学中，教师的教学目标是：1. 认识 2 个生字，会写 5 个生字。能正确读写“洞庭、江南”等词语。2. 有感情地朗读课文，背诵三首古诗，默写《独坐敬亭山》《望洞庭》《忆江南》。3. 学习通过看注释，边读边想象画面等方法，感知诗词大意，用自己的话说说诗词的意思。4. 感受江南山水的自然美，受到美的熏陶。

人教版第十二册《匆匆》一课中，教师确定的教学目标是：1. 学会本课 2 个生字，能正确读写“徘徊、赤裸裸”等词语。2. 通过抓住重点句子，联系自己生活实际理解课文内容，感悟时光匆匆，要珍惜时间，不能碌碌无为。3. 熟练地、入情入境地朗读课文。背诵自己喜欢的部分，并把喜欢的句子抄下来。4. 感受课文的语言美，领悟作者细致描写、多用比喻的方法。

通过比较，我们发现老师们确定的字词教学目标从一年级到六年级基本相似，内容表达简单，大多是“能认能写若干个生字，正确读写本课若干个词语”，没有年段之间的区分。这样的字词教学目标是不清晰的，教师在这样的目标指导下，自然会出现“无的放矢”的现象，无法达到良好的教学效果。

① 莫雷．教育心理学：教育科学出版社，2007 年。

三、教学内容“不加选择”

教学内容是学与教相互作用过程中有意传递的主要信息，一般包括课程标准、教材和课程等等。长期以来，人们总是将教材和教学内容等同起来，认为教参要求什么教师就教什么，这种认识是片面的。教学内容来自师生对课程内容、教材内容与教学实际的综合加工。

语文教学中，许多教师把词语教学当作一个必不可少的环节。但是，许多教师却没有根据不同学情和教材特点细化、落实具体的课时目标，有针对性地地选择重点字词进行教学。教师出示本课所有的生词，逐词理解，平均用力，每个词语都让学生“读一读，认一认，说一说”，生怕漏了一个词语。其实，学生的学习不是零起点，特别是中、高段的学生，他们已经掌握了一定的词语学习方法，具备了一定的词语理解能力。这样“胡子眉毛一把抓”的词语教学，既浪费了学生的时间，又无法达到突破难点的效果。

教学人教版十二册《凡卡》，一位教师一上课就开始教学生字词，花了很长的时间学习本课的15个生字，从字音、字形到字义，又反复朗读“饥饿、礼拜、生锈、揉皱、昏暗、眯缝、耸肩、一缕、稀粥、撇嘴、起伏、匣子、冻僵、逗笑、窜过、逮住、孤儿、打搅、甜蜜、暖炕、耷拉、火柴梗、圣诞树、黑糊糊、笑眯眯、孤零零”等词语。其实，对于六年级的学生来说，他们已经初步形成了自己的字词学习方法，具有较强的独立识字学词的能力。教师完全可以放手让孩子在课前自学生字词，教师在课堂上只需要了解并选择学生遇到的难记、难写、易错的字词作为教学内容，就能帮助学生有效学习。

四、教学方式“千篇一律”

生字词学习环节，老师们往往先出示生字，学生用自己喜欢的方法自主识字，向同桌介绍，再全班交流识字方法。这样的教学片断在许多老师的课堂上是“常规步骤”。一节课下来，学生哈欠直打，学得无精打采。这种“单一识字”的教学形式会导致识字量巨大，学生印象不深刻，学习以后容易遗忘。单调地读写、机械地识字降低了学生识字的兴趣，使识字教学显得枯燥无味，加重了学生的学习负担。教师在识字教学的过程中不教给学生具体的识字方法，让学生的识字只局限在课堂上，不能运用有效的识字方法在课堂以外的环境中自主学习生字。久而久之，学生就对识字教学提不起兴趣，生字的积累量过少，识字教学效率低下。

另外，一些教师把抄写、组词、听写等单一性的练习作为主要的作业形式，无法促进学生对所学字词的巩固、积累和运用。许多老师都非常重视学生积累精彩词句，但是要求不够明确，方式不够多样，以至于学生积累的兴趣不高，积累的效果不理想，没有达到丰富学生语言的目的。通过问卷调查，我们发现，对老师提出的积累精彩词句的要求，9.4% 的学生表示厌烦，36.7% 的学生表示把它当成一项作业，17.8% 的学生表示没什么感受，只有36.1% 的学生表示喜欢。在课外词句积累中，29.8% 的学生表示没有积累，23.8% 的学生不加选择地直接摘抄词句，28.2% 的学生选择自己喜欢的词句进行摘抄，只有 18.2% 的学生摘抄以后会进行赏析。

五、教学评价“单一低效”

教学评价是以教学目标为依据，按照科学的标准，运用一切有效的技术手段，对教学过程及结果进行测量，并给予价值判断的过程。教学评价具有教育功能，也具有促进学习、激励学生的作用。

《语文课程标准》针对字词学习内容提出了总体评价建议。如，写字评价“要考察学生对于要求‘会写’的字的掌握情况，重视书写的正确、端正、整洁，在此基础上，逐步要求书写流利。”《语文课程标准》还依据阶段目标，分学段细化了评价建议。比如，写字评价“第一学段要关注学生写好基本笔画、基本结构和基本字，第二、第三学段要关注学生的毛笔书写。”

在字词教学过程中，我们发现许多教师并没有根据课程标准的评价建议对学生的字词学习进行多元的评价。首先，评价的内容比较片面，大多注重结果，轻视过程。其次，评价形式单一，大多采用“看拼音写汉字”或“听写生字词”这些单一的方式进行评价，对学生字词学习的兴趣和习惯、学习的过程和方法、在具体的语言环境中运用字词的能力等都不够重视。第三，评价的主体也比较单一，很多教师忽视了多元评价主体的作用，没有充分调动家长和学生参与评价的积极性，学生很难从中获得成功的体验，也无法激励自己积极、有效地学习字词。

第三节　小学字词教学问题的原因分析

小学字词教学的费时低效是一个不争的现实。但是，这种现状形成的原因是复杂的，教师素养、家庭环境、社会环境都对字词教学产生了一定的影响。

一、教师素养对字词教学的影响

素养是人们在环境和教育（包括自我教育）影响下形成的修养有各种基本品质和能力构成。作为一名教师，我们要具备基本的素养，如职业道德素养、知识素养、能力素养、职业心理健康等。作为一名语文教师，我们还必须具备语文学科的知识素养和能力素养，如，精湛的学科专业知识、广博的科学文化知识、必备的教育科学知识、教育教学能力、组织管理能力、自我调控和自我反思能力以及运用现代教育技术手段的能力等。

在字词教学中，教师起着极其重要的作用，他们的素养直接影响着教学效果。

（一）语文专业素养

作为一名语文老师，在汉语言文学专业领域必须具有比较深厚的学养。有了深厚的语文专业素养，教师才能更好地进行字词教学。但是，在小学语文教师队伍中，很多教师缺乏应有的专业素养，令人担忧。2017 年某区一次语文研讨活动中，一位专家请老师们根据语境现场听写了四个词语，分别是“壹贰叁肆”“伍陆柒捌”“戊己庚辛”“申酉戌卯”。听写结果令人大跌眼镜，完全正确的只有 8 人，占全场 120 人的 6.67%。在后面的几项考查中，如，难读字的区分，书写的笔画笔顺也难倒了一大批语文教师。教师缺乏语文专业素养，没有扎实的语言文字知识，字词教学自然低效。教师语文专业素养低下，主要有以下几点原因：

1. 学习意识淡薄

作为一名教师，我们要“活到老，学到老”。但很多老师却不重视学习，不注重提升自己的专业素养。许多教师在教学中总是奉教科书、教参、教学设计书为宝贝，除此以外，很少吸收新的知识。长此以往，语文素养严重不足。

很多语文教师缺乏汉字学知识，不了解基本的汉字科学，对字词及背后的内涵、典故更是知之甚少。正因为这样，语文课堂出现了不少教师“不懂而教”的现象。如，教师让学生用“王大娘，白大娘，坐在一块石头上”这样的儿歌记“碧”字，用“一个日本人，拿着一把刀，杀了一口人，流了四滴血”这样的儿歌记“照”字。这些老师不了解部首的表意功能，割断了汉字音、形、义的关系，以至于学生常常被误导。

2. 轻视字词教学

字词教学是小学语文教学的重要内容，有着丰富的育人价值。但很多老师对字词教学不够重视，没有认识到字词教学丰富的教育意蕴，只关注阅读和习作教学，认为字词教学只是为学生的阅读和习作扫清障碍。所以，教师没有从学生学习的角度考虑如何优化自己的教学策略，也不愿意在语言文字、语言文字规范等方面花时间学习和培训，造成了专业素养的缺乏。

3. 教学视野狭隘

字词教学的空间是广阔的。但许多教师视野狭隘，只是把字词教学定义为在课堂上单纯地教授字词，只要掌握字词的音、形、义即可。所以，教师没有“大语文”观，忽视了“从生活中学习语文”，忽视了从阅读文学作品中获取知识，忽视了文学和教育方面的知识和研究成果，忽视了从图书、报刊、互联网等获取丰富的信息。这样，教师就无法从生活中汲取专业和精神养料，拓展视野，无法拥有更加深厚的语文底蕴，也无法更好地引领学生走进字词的美妙空间。

（二）教育学科素养

教学不是技术，而是艺术。作为语文教师，我们对语文课程要有自己的理解，要遵循语文教学的规律，把握学生的学习心理，精心设计教学过程和学生的学习活动，才能取得良好的教学效果。在字词教学中，许多语文教师没有具备一定的教育学科素养，如教育学、心理学、学习理论等，以至于无法实现有效教学。

1. 教学理念陈旧

在字词教学中，很多教师面对具有变化性、可塑性、独特性的工作对象——“成长中的人”，没有树立继续教育和终身学习的观念，没有及时更新教育教学理念。他们的教学经验几乎全部来自于自身学习体验或者自己在教学中积累的有限的经验。一部分教师觉得理论对实践没有作用，从不学习相关理论，造成了理念陈旧。一部分教师则是按照学校要求参加学习和培训，但是学习和实践脱节，没有真正内化所学知识，以至于理念没有改变，行为也没有改变。教师缺乏先进的理念，没有真正了解“学习”的本质，缺乏对“学生”的研究，以至于他们的教学理念模糊不清，教学目标无的放矢。在教学中，教师无法了解时代发展带来的改变，无法满足学生的需求，教学效率自然低下。

2. 过分依赖教参

教参是教学参考书的简称，是一种辅助教辅资料。教参是教材编写者教育教学经验的结晶，为教者提供了具体的教学内容以及教学目标。教学参考书是重要的课程资源，它能帮助教师领会教材的编写理念，正确地理解教材内容，明确教学目标和要求，促进教师教学理念的改进和提高。

但是，许多教师在教学中完全依赖教参，唯教参是从。教师不再学习新的专业理论和教育理论，对教材没有深入钻研，对教参提供的资料全盘吸收，并且忠实地传授给学生。教参提出了每一课的字词教学的目标，如“会认 x 个字。会写 x 个字”。但是，很多教师忽略了各班学情的不同，完全遵从教参提出的学习目标、教学建议、教学设计，以至于教学目标没有针对性，教学内容也不加选择，无法实现字词教学的有效性。

3. 没有反思习惯

教学反思，是指教师对教育教学实践的再认识、再思考，并以此来总结经验教训，进一步提高教育教学水平。教学反思一直以来是教师提高个人业务水平的一种有效手段。

但是，很多教师没有形成教学反思的习惯，不善于从自己的教育实践中来反观自己的得失。字词教学中，因为没有反思，教师就无法及时记录自己在教学中的亮点和问题，就无法及时总结、提炼自己的字词教学经验，也无法深入剖析问题，主动寻求解决问题的策略，也就无法优化字词教学。

（三）专业基本功

教学基本功是教师应掌握的基本职业技能。传统意义上的教学基本功包括“讲、写、演、画”等。随着时代的发展和信息技术的日益普及，教师除了要具备这些基本功外，还应该具备新基本功，如，多媒体技术的掌握，研读学生的能力，实现课堂互动生成之功等。但是，许多教师没有随着时代的发展加强自己的专业基本功的训练，以至于无法在教学中发挥示范引领作用，也无法游刃有余地引领学生获取知识，严重影响了教学效果。

1. 因循守旧意识

现代多媒体教学技术的运用，为语文教学带来了很多好处。巧妙地运用信息技术，不仅能调动学生的学习热情，还能为师生提供丰富的学习资源。但是，一部分教师还是本着“一支粉笔一本书”的思想，排斥多媒体手段的运用，认为这些手段花里胡哨，没有实效性；有些中老年教师对多媒体教学方式存在着畏难情绪，害怕接触和学习新的教育技术，不愿积极主动地进行学习。因此，在字词教学中，这些老师的教学方式比较机械单一，很难激发学生的学习兴趣。

2. 缺乏学生立场

读懂学生的发展状态，是教师的重要基本功。学生是学习的主体，也是重要的教学资源。“要承认人的生命是在具体个人存活、生长、发展的；每一个具体个人都是不可分割的有机体；个体生命以整体的方式存活在环境中，并在与环境一日不可中断的相互作用和相互构成中生存和发展；具体个人的生命价值只有在各种生命经历中，通过主观努力、奋斗、反思、学习和不断超越自我才能创建和实现；离开了对具体个人生命经历的关注和提升，就很难认识个人的成长与发展；具体个人既有唯一性、独特性，又在其中体现着人之普遍性、共通性的个人，是个性和群体性具体统一的个人。”①

但是，在字词教学中，很多教师没有学生立场，只是把学生当作单纯的学习对象，从而忽略了“研读学生”这项重要的教学基本功。教师没有学生立场，就无法对学生的前在状态、潜在状态、学生差异进行准确分析，教师所确定的教学目标、教学内容、教学方法就没有针对性，这样的课堂无法真正促进学生主动、健康地发展。

3. 缺乏互动意识

课堂教学的过程是师生双方共同参与，在积极互动中向着目标的推进过程。从这个意义上看，课堂教学的参与者都是生命体，因此其过程是有生长性和生命性的。但这种生命性不是自然生成，而是通过有意识的设计和实践完成的。②互动生成的课堂充满活力，而实现课堂互动生成就是教师要具备的重要基本功。

但是，很多教师缺乏课堂互动意识，关注的是知识的灌输，忽略了学生的内心体验和感悟，忽略了课堂上丰富的教学资源，忽略了师生和生生互动的对话方式。这样的课堂缺乏活力，教学方式千篇一律，教学评价单一低效，无法促进学生的主动发展。

二、社会环境的影响

随着经济全球化和科学技术的快速发展，我们迎来了一个“知识爆炸”的时代。我们的语言生活也随之发生了巨大的变化，网络语、流行语及各种新词语不断融入我们的生活，对我们的字词教学形成了很大的挑战。

（一）“信息时代”的影响

千百年来，中国人一直对纸笔抱有一种敬畏之心，但是，信息时代的到来，改变了人们的许多生活方式。许多学生用起电脑得心应手，需要相关资料直接搜索，大量优美词句不加选择地呈现出来。键盘录入和语音录入使得许多人只能大致记住汉字的形状，提笔却无法正确写出具体部首和结构。美国《洛杉矶时报》曾报道，“由于使用拼音发手机短信及电脑打字正在取代拥有数千年传统的一笔一画汉字书写，越来越多的中国人不记得如何用笔书写汉字。而在日本或在韩国，却有越来越多的人在练习中国的书法。”该报道还引用了《中国青年报》的一项调查结果：2072 名受访者中的 83% 承认写字有

① 吴亚萍．“新基础教育”数学教学改革指导纲要 [M]. 桂林：广西师范大学出版社，2009：58。

② 顾文秀，王晓．生命自觉：新型教育者的成长之路〔M〕. 福州：福建教育出版社，2014：187。

困难。

如今，网络上的“新新人类”流行运用“火星文”，它甚至成为一种时尚。这样的文字虽然可以猜出大概意思，但在各类汉语字典中找不到出处，是不规范的生造字。在影视剧作品及报刊中，也出现了大量不规范的新名词，如“女汉子、小鲜肉、躺枪”等，它们已经成为当今的流行语，为小学生熟悉并运用。这些不规范的词语都给尚未形成规范意识的小学生的字词学习产生了负面影响。作为公众人物，许多明星喜欢用微博平台跟粉丝交流。但一些明星在微博上经常错字连篇，词不达意，给孩子们带来了不良的影响。如，赵丽颖的微博留言：如果有一天，你发现我对你温文尔雅，只有微笑了；如果有一天，你发现我对你不吵不闹不骄不躁了，那说明你，离我越来越远了……立即，有网友指出，赵丽颖写了错别字，应该是“温文‘尔’雅”、“不骄不‘躁’”；另外，断句有问题，让读者读得云里雾里。最不应该的是成语用法不当，“温文尔雅”是形容“人态度温和，举止文雅端庄”，“不骄不躁”是形容“人态度谦逊，工作谨慎踏实”，两个词都不能用作“对别人如何”。诚然，许多成人能识别语言文字中的种种问题，可作为小学生，他们的知识水平还不足于分清这些错误，出于对明星的喜爱，往往受其影响，从而带来字词学习的问题。

（二）“重外语轻汉语”的影响

很长时间以来，人们对外语的重要性和必要性的理解发生了一些扭曲。国家语委的一项调查显示，65% 以上的大学生将超过四分之一的时间用在了外语的学习上。一些博士生导师也反映：能写出文从字顺、逻辑清晰论文的硕士、博士并不多，更别提错别字问题了。在课外学习辅导机构，出现了大量的英语补习课程，但语文辅导班却少之又少，理由是语文拉分不多。现在，高考语文分数提高到 150 分，但补习语文的仍然很少，主要原因是辅导起来成效甚微。

（三）“街头错别字”的误导

小学生善于学习，好奇心强，喜欢在生活中识字。但是，在街头巷尾，或者是电视广告中，不规范的汉字随处可见，错别字比比皆是。有些商家为了让广大消费者对其产品有更深刻影响，故意将词语中的某个字用谐音字替代，例如，一些医药广告将“刻不容缓”改为“‘咳’不容缓”；空调广告将“终身无憾”改成“终身无‘汗’”；摩托车广告将“乐在其中”改成“乐在‘骑’中”等。有些商家为了省事随意简写，形成错字，例如把“停车”写成“‘仃’车”，把“饼干”写成了“并干”，把“餐厅”写成了“歺厅”。另外，有些商家文化水平不高，在招牌中随意写成音近或形近的别字，例如家具店门口的“家俱”；水果店里的“‘波’萝”等。这些错别字无形中给正处于学习阶段的学生造成很大的负面影响。

三、家庭环境的影响

家长是孩子人生中最重要的导师，家长对孩子的影响是巨大的。但是，受当今社会各种因素的影响，家长们的语言文字素养不容乐观。在中国汉字听写大会中，现场观众及场外观众中家长们所占的比例极高。但是，据统计，观众在节目中同步听写的平均正确率仅为10%，像“癞蛤蟆”这一并不生僻的词语，听写正确率只有30%。不少家庭成员爱用方言交流，受方言影响，一些孩子从小就有发音缺陷。如，厦门地区部分孩子受闽南方言的影响，常常把“f”和“h”、“l”和“r”混淆，造成字音错误。一部分家长不爱表达，不善交流，也不鼓励孩子表达，久而久之，孩子的语言就变得贫乏。一部分家长文化程度不高，平时说话不规范，用词不准确，甚至语言粗俗，无法为孩子提供丰富的语言养料，更无法及时发现、指出孩子在学习中出现的错字、用词不准确、语言不规范之处，无法引导孩子欣赏精彩词句，养成积累字词的好习惯。

大多数家长都认识到字词学习的重要性。当孩子学习中出现错别字时，1.6% 的家长从不了解孩子出现的错别字，80.5% 的家长会指出错别字或直接告诉孩子正确的字，只有 17.9% 的家长不仅会引导孩子改正错别字，还会引导孩子分析错因。家长的引导缺失让许多孩子在家庭中无法得到更多的帮助，也无法促进孩子字词学习能力的提高。

“生活处处皆语文”。学生的字词学习能力是在实践活动中逐步发展和提高的，但许多家庭并没有为他们创设学习的环境和氛围，也没有培养孩子在生活中学习字词的意识，只是狭隘地认为学习字词只是学校课堂里的事，没有引导学生接触外界事物，积极参与各项活动，课外阅读量少，以至于孩子们字词贫乏，表达能力差。

第四节　小学字词教学的一般性策略

字词是用来记录语言的最基本、最小的文字符号，儿童从识字、写字开始接触书面语，进而借助词汇积累、词义理解进行阅读、写作，在语文学科中逐步实现听说读写的能力，进而像滚雪球一样地去触碰一切通过文字记录流传下来、不断发展的知识。从这个意义上来看，字词教学不仅是语文教学的基石，更是一切与汉字有关的教育的开端，是儿童连接世界的敲门砖。在字词教学中，教师根据小学生的年龄、知识和思维发展的特点，在教学中体现基础性、直观性、综合性、文化性和整体性。

一、字词教学的基础性

语文素养是学生学好其他课程的基础，也是学生全面发展和终身发展的基础。作为字词教学，更是语文学习的重要基础，它为听说读写奠定了基础。识别和运用汉字的能力决定了他今后一切学习的速度和质量。

例如，我们仔细观察周围的成人，就会发现身边很多人的写字姿势千奇百怪，写出来的字也五花八门，有些简直是不忍直视。而大多数人都认为是自己小时候的不良写字习惯带来终身的影响。因此，小学阶段始终强调“有良好的写字习惯”。

在字词教学中，我们要特别关注学生写字习惯的养成。良好的写字习惯是在长期反复练习中形成的、一时不容易改变的书写方式。在低年级练习写字时，教师可以编一些儿歌提醒学生做到“头正、肩平、身直、足安”，还要做到“三个一”：一拳、一尺、一寸。根据学生模仿性强、可塑性大的特点，教师的板书要努力发挥“示范引路”的作用，以教师的规范、美观的书写引导、激励学生认真书写。另外，教师还可以经常举行“优秀作业评选”、“优秀书法作品展”等，激励学生向身边的同伴学习，促使学生端正态度，规范方法，克服不良的书写习惯。另外，教师还要和家长紧密配合，在平时完成作业的过程中，时时提醒学生“提笔即是练字时”，从而养成坐姿端正、握笔姿势正确、书写规范、字迹工整、作业本整洁等良好习惯。学生养成了良好的书写习惯，不仅增强了学习信心，身心得到健康发展，还培养了他们做事认真、细致、有恒心、有毅力的品质，为自己的学习奠定了良好的基础。

二、字词教学的直观性

小学生正处在形象思维阶段，教师要关注字词教学的直观性，借助实物、图片、简笔画、表演、实物演示、视频、现场参观等多种形式使抽象的文字变成具体的形象，增强学生的感性认识，获得生动表象，从而加深他们对字词的感知、理解和记忆。

在字词教学中，低年级学生常常会遇到一些难理解或者似懂非懂的词语。例如，教学人教版第一册《两只小狮子》，什么是“懒洋洋”呢？教师充分利用文中的插图，引导学生认真观察小狮子的动作、表情，从而直观地理解了词语的意思。

如今，随着信息技术的发展，大多数学校都安装了多媒体教学设备。教师要恰当地选择和使用这些教学设备，增强教学的直观性。教学部编版第一册《雨点儿》，文中有一个句子“数不清的雨点儿，从云彩里飘落下来”。怎样的动作是“飘落”呢？它和“掉落”、“落下”又有什么不同呢？教师利用课件播放了雪花从天空中纷纷扬扬地飘落下来的动态画面，又播放了秋天到来时落叶纷纷飘落的情景。观看过程中，学生渐渐明白了“飘落”的意思就是“慢慢地、轻轻地落下来”，“飘落”这个词语也转化成了形象生动的图片留在了学生的心里。

在教学中，我们发现学生总会把“酒”和“洒”混淆。为了帮助学生辨析这两个形近字，教师制作了微课，首先展示了“酉”字的演变过程：酉 yǒu（甲）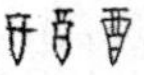（金）（篆）（隶）。甲骨文是象形字，像尖底酒坛形，上面是坛盖，下面是坛身，中间一横表示坛内的酒水。金文的酒坛尖底趋平。接着，老师进行了介绍：这个字的本义是盛酒的器具。引申为酒，并成为常用义。其“酒”义加意符“氵”写作“酒”来表示。最后，老师特别强调：同学们写的时候千万不能少了“酉”中间的一横哦，否则坛里就没有酒水了！看了这图文并茂、解说生动形象的微课，同学们再也不会把这两个字混淆了。

三、字词教学的综合性

语文学科是一门综合性的学科，它最终的目的是提高人们的语文素养和人文素养。在字词教学中，教师也要充分关注这个特点，引导学生到生活中学习，努力培养学生的语文素养和综合实践能力。

比如，教师引导学生开展“寻找生活中的错别字”的综合实践活动。首先，学生进行分组，与小组同学制定活动方案，分工合作。接着，他们通过多种途径去寻找错别字，拍照或记录，进行错字分析。最后，各小组汇报学习成果。在这个过程中，既提高了学生的字词掌握水平，又提高了学生与同伴的合作协调能力、辨析能力、查找资料的能力、口头表达能力等。

低年级教师可以引导学生制作“识字积累本”，学生通过阅读书籍报刊、认包装盒上的字、认读课程表、认读同学名字、认街头广告牌上的字等途径来识字，把自己认识的字通过剪贴，写、画等途径展示出来，并向全班同学交流学习收获。在这个过程中，孩子的调查能力、搜集资料的能力、动手能力、表达能力等都得到了提高。

四、字词教学的文化性

语言文字是人类最重要的交际工具和信息载体，是人类文化的重要组成部分。任何民族的母语教材，都注重根植于自己民族的传统文化，汲取民族文化经典的丰富营养，为学生的发展奠定坚实的基础。《语文课程标准》指出，通过语文学习，要让学生“认识中华文化的丰厚博大，吸收民族文化智慧”。

字词教学中，教师要渗透语文学科的文化性，努力挖掘字词的文化内涵，引领学生感受字词的魅力。如，人教版第二册《手捧空花盆的孩子》有这样一个句子：雄日十分用心地培育花种。教师问学生：你能将“十分”换成另一个近义词吗？学生纷纷发言，用“非常、很、特别”等词语替换。老师没有到此为止，她又提出了一个问题：那么，作者为什么用“十分”，而不用同学们所说的词语呢？学生都不理解，教师就向孩子们进行了介绍：在我们中国，从古到今，“九”表示数字很大，你看，“九重天”，“九霄云外”等。而“十”，是九加一的和，比九还大。从一到十，十是最大的，表示达到了顶点。“十分”，说明雄日百分之百地用心了，而“很，非常、特别”这些近义词，都没有达到顶点的程度。你看，我们中国的汉字多神奇啊，连数字都有自己的含义啊！听了老师的介绍，学生不仅增强了词语理解的准确性，也接受了汉字文化的教育。

低年级教师可以开展“一天一个字”的活动，引导学生每天轮流介绍一个自己感兴趣的汉字，除了音形义，还可以介绍这个字的字源字形、相关词语和相关故事。学生在学、说和听的过程中，不仅增加了识字量，也对汉字文化有了更加丰富的感受。教师还可以积极引导学生阅读书法家的故事，欣赏优秀的书法作品等。学生在欣赏作品中感受书法的魅力，在了解书法家刻苦练习的故事中激发写好汉字的兴趣，激励自己坚持练习书法的决心和毅力。

成语是中华民族的文化瑰宝。教师要积极鼓励学生阅读成语故事，积累成语，并试着根据来源的不同进行分类，如，历史故事演变的成语，神话故事演变的成语，寓言故事演变的成语等。在学习过程中，学生不仅能丰富词汇，扩大视野，增长知识，还能感受到成语蕴含的文化。

五、字词教学的整体性

语文教学具有整体性，体现了“字不离词，词不离句，句不离篇”的特点。字词句篇紧密相连，息息相关，字词教学无法脱离语言环境。在课文中，每一个字词都有自己的意义，特别是一些关键词语起着特别重要的作用。教师要从整体的视角出发，捕捉关键词语，引领学生理解词语的意思，深入体会词语与文本中的句段篇之间的内在联系，充分挖掘该词语可能给孩子们留下的想象空间，从而感悟文本蕴含的情感。

教学人教版第十册《再见了，亲人》，教师紧紧抓住“雪中送炭”这个与中心关系最密切的词语理解大娘和志愿军战士的“亲人”般的情谊。首先，教师请学生查字典说说这个成语的意思。学生很快就理解了成语的意思。接着，老师又请学生谈自己生活中经历过的“雪中送炭”的事。学生纷纷说起自己的经历。比如，“考试时，我发现自己竟然没有带水笔来，急得像热锅里的蚂蚁。这时，同桌向我递过来一支笔，这真是雪中送炭啊！”“天忽然下起雨来，我没有带雨伞，只好望着天空发呆。忽然，我发现妈妈为我送伞来了，真是雪中送炭啊！”学生联系生活说句子后，老师接着问：“文中‘雪中送炭’又指什么呢？”学生深入课文内容理解：文中指大娘在志愿军叔叔和敌人拼了三天三夜的时候为志愿军叔叔送去打糕。老师继续引导学生思考：课文怎样描写大娘雪中送炭的情景？学生再次深入文本，抓住大娘送打糕时“顶、冒、穿、送”等一系列动作词细细体会，从中体会大娘冒着危险送打糕的“不是亲人，胜似亲人”的深情厚谊。

教师关注了字词教学的整体性，从整体入手，紧紧抓住关键词语，既理解了词语的意思，又深入体会到了文章表达的情感。

第四章

低段字词教学的优化策略

教学策略是教学心理学中的术语。广义既包括教的策略又包括学的策略，而狭义则专指教的策略，属于教学设计的有机组成部分，即在特定教学情境中为完成教学目标和适应学生认知需要而制定的教学程序计划和采取的教学实施措施。[①] 字词教学的优化策略，指的是采取一定措施提升字词教学的效果。

在小学阶段，低段学生感知事物比较笼统，往往只注意表面现象和个别特征；注意集中性的水平较低，注意集中性的深度不足，注意集中的时间较短，不善于分配注意，注意转移的能力较差；无意记忆占比较主要的地位，学生的思维以具体形象思维为主，具有很大成分的具体形象性。

根据低段学生的特点，教师要把握字词教学的学段要求和内容，明确形象直观、寓教于乐、联系生活的基本取向，通过激发兴趣、丰富体验、加强语用、利用资源、促进积累等多种策略进行字词教学，针对出现的小问题灵活地运用“小”策略，从而优化字词教学。

第一节　低段字词教学的要求

《语文课程标准》指出：“语文课程致力于培养学生的语言文字运用能力，提升学生的综合素养，为学好其他课程打下基础。”围绕着这个总目标，《语文课程标准》明确地提出了小学第一学段识字与写字及字词与阅读相关的目标。

一、识字与写字

识字与写字作为阅读和写作的基础，历来都是语文学习的一项重要任务。语文课程标准在总目标和阶段目标中，明确地提出了第一学段识字与写字的学习目标。

① 车文博．当代西方心理学新词典．长春：吉林人民出版社，2001-10。

（一）培养识字情感

《语文课程标准》中第一学段提出“喜欢学习汉字，有主动识字、写字的愿望”。如果学生能对识字产生兴趣，识字的效率将大大提高。这就间接地要求教师在教学汉字的过程中要有一定的策略性和趣味性，激发学生的识字热情，培养学生热爱识字的情感。

（二）明确数量要求

《语文课程标准》的第一学段要求“认识常用汉字 1600 个左右，其中 800 个左右会写”。教材中的识字写字数量，第一学段累计识字 1800 个，写字 1000 个。教材的识字量和写字量与《语文课程标准》的要求相吻合。

（三）习得识字方法

《语文课程标准》中明确提出识字教学的目标之一要培养学生独立识字的能力，掌握一定的识字方法。第一学段要求“学习独立识字”。而对于学生的识字方法，《语文课程标准》中主要强调了查字典的方法。如第一学段提出“学会用音序检字法和部首检字法查字典”。尽管《语文课程标准》中只提出了用音序检字法和部首检字法查字典这一种识字方法，但是要提高学生的识字能力，教给学生更多的独立识字的方法是必要途径。

（四）培养写字习惯

《语文课程标准》对写字教学提出的目标有三个方面：写字习惯的培养、书写要规范端正、培养对汉字的审美。首先，《语文课程标准》非常注重学生写字习惯的培养，三个学段都明确强调要“努力养成良好的写字习惯，写字姿势正确”。对于写字习惯的培养是第一学段写字教学的重中之重。其次，对书写的规范性也提出了要求，第一学段提出“书写规范、端正、整洁”。第三个目标是培养对汉字的审美，第一学段“初步感受汉字的形体美”，这是对学生对汉字审美能力的培养。

二、词语

词语教学目标渗透进了阅读的行为性目标之中，把词句的学习纳入阅读能力的培养。《语文课程标准》主要从语用角度规定词语和句子的学习目标。

（一）注重词语理解方法

《语文课程标准》对词语的理解呈现出“了解—理解—体会”这样一个词语理解的渐进过程。第一学段提出“了解课文中词句的意思”，这一阶段的学生思维发展较慢，接触到的词语较多是日常词语比较简单，因此主要是根据语境了解某篇课文中这个词语的意思。

词语教学不仅要培养学生“解词”能力，还要在解词过程中掌握理解词语的方法，提高解词的能力。《语文课程标准》明确提出了多种理解词语的方法，第一学段提出“结合上下文和生活实际了解课文中词句的意思”。

（二）注重在阅读中积累

《语文课程标准》对小学每个学段的识字量都给予了明确的规定，但是对词语的掌握却没有数量上的明确要求。《语文课程标准》注重词语的积累，第一学段提出“在阅读中积累词语”。这个阶段的学生，刚开始识字、识词，词汇量不足，因此是大量“积累词语”，扩大学生的词汇量。

（三）强调词语的运用

张志公先生在《语文教育论集》中多次强调：“学习语言，最重要的是学习词汇。一个人如果知道的词很有限，或者知道不少的词，可是不知道怎么用，他的语言能力一定不高。”《语文课程标准》在第一学段提出“在写话中乐于运用阅读和生活中学到的词语”。因此，如何在教学中引导学生对所积累的词语进行运用也是小学阶段字词教学的重点内容。

第二节　低段字词教学的内容分析

小学阶段，人教版语文低段教材中包含哪些字词教学的内容呢？为了对低段字词教学的内容有更加清晰的认识，我们对低段的“生字表”和“词语量”进行了整理和分析。

一、人教版小学语文教材“生字表”分析

汉字和词语是教材知识体系的重要组成部分。人教版小学语文教材提供了两个常用字表。生字表一是“会认”的字，生字表二是“会写”的字。为了了解小学语文教材“生字表”的安排情况，特对教材的生字进行了统计和分析。详情如下：

人教版小学第一学段语文“生字表”安排情况表　　（单位：个）

学段	年级	生字表一（会认的字）	生字表二（会写的字）
第一学段	一年级	950	350
	二年级	850	650
	合计	1800	1000

小学阶段的识字量主要集中在第一学段和第二学段，其中第一学段会认的字就达到了1800字，占会认的字总数的60%。《语文课程标准》要求识字与写字分两条线走，但是从图表上可以看出第一学段识字量和写字量依旧高度集中，这对教师的“教”和学生的“学”都有极高的要求。因此，如何在短短的课内40分钟和课外的阅读中提高识字能力、扩大识字量就是本课题将详细阐述的内容。

二、人教版小学语文教材词语量分析

对人教版语文教材中词语量进行统计时比较复杂，词语不似生字一样每册后面有生字表，没有明确的数量说明。一、二年级的词语统计来自于课后的词语认读和园地，分布较为零散，主要是识记。

人教版小学语文教材第一学段词语量表　　（单位：个）

学段	年级	课文	园地	合计
第一学段	一年级	40	45	85
	二年级	190	109	299
	合计	230	154	384

我们发现，小学阶段第一学段主要是认读词语，对词语的掌握较为零散。第一学段的词语较为简单，多为名词性、概念性的词语，词语的分类较为零散，词义较为简单。

这样的安排充分符合了学情，第一学段的学生初入学，识字量小，通过大量的识字来保证阅读。而到了第二、三学段，学生有一定的识字量，词汇量的要求开始增多。把握了这一特点，对教师的识字教学和词语教学有一定的参考价值。

第三节　低段字词教学的基本取向

研究显示，2-4岁是儿童口语发展的最佳期，5-6岁是儿童书面语发展的最佳期，从口语向书面语转化的关键是认识和掌握汉字。可以说，学龄前儿童主要发展口语能力。进入小学之后，6-7岁的低段学龄儿童更主要的是发展书面语能力。因此，教师要根据低段学生的学习和思维特点，牢牢把握最佳期，在教学中要努力体现以下几个基本取向：

一、形象直观

小学阶段，学生的基本思维特征是以具体形象思维为主要形式过渡为以抽象逻辑思维为主要形式，以形象思维为主是小学低年级学生的思维特点。所以，教师在进行识字教学时应以形象思维为主线，把识字与熟知的事物相结合进行直观性教学。一般来说，入学前儿童在识字方面并不是一无所知的，在之前的生活中，他们已经接触过一两千个与事物相对应的文字，这为识字教学提供了有利的条件。所以教师在教学时要充分利用儿童已有的生活经验，用实物、图片、课件、语音、动作、模型等工具或手段进行直观教学，把文字与学生熟识的事物结合起来，使抽象的概念变成学生看得见、摸得着、听得到的事物，让学生的眼、耳、鼻、舌、手等感官都参与到获得知识的实践中，从而获得清晰明确的概念。

如，在教学部编版第一册《青蛙写诗》一课中，教师就在教学“一串”一词中运用了板画法。教师在黑板上画了“串”的古字，提问学生，让他们说说这个古字像什么。孩子们一下子就被直观形象的板画吸引了，兴趣立刻被激发。教师再问：生活中还有哪些东西是一串串的？这时，孩子们的回答热情就更高了。形象的“糖葫芦”古字，让学生过目难忘。板画不仅让学生记住了“串”这个字，也理解了“一串”这个词的意思。

目前，低年级的识字教学已逐步形成了多认少写的特点，教材的组织编排，有利于学生在短时间内加大汉字的识记量，其语境的创设也有利于学生对字义的理解；教师在教学策略上注重借助词串、图画等手段营造语境，唤醒孩子的个体生活经验，帮助学生了解字义、词意，在识记汉字的同时，也形成良好的语感。

二、寓教于乐

低年级学生的年龄和心理特点决定了在低段语文字词教学中应注重“教”与“乐”相互结合的原则。单一的教授法难以激发学生的学习兴趣。依据“儿童认知特点和心理发展水平”理论，识字教学中应考虑到学生的个体差异，以及对某种识字方法的适应性。如一年级上学期，儿童的形象思维占主要优势，对图像感知和接受的能力优于对文字和图表接受的能力，这时安排看图识字是符合这个阶段儿童心理发展水平的。但从一年级下学期开始，儿童机械识记处于优势，并开始逐步向意义识记过渡，对字形的分析能力明显提高，这时安排大量的韵文识字和各种归类集中识字，是行之有效的。反之，如果采用单一的识字方法，就不能充分利用不同阶段儿童智力发展的优势，也不适合儿童心理发展的特点。低年级学生爱玩好动，兴趣广泛，好奇心强，常常以兴趣为动力，这就要求字词教学应从学生的兴趣特点出发，采取灵活多样的形式，寓教于乐，这样既能增强学生参加语文字词教学课堂活动的兴趣，又能在娱乐游戏中复现语文字词教学的内容，巩固所学的字词。比如，在课堂教学中，可以实行多样化的教学模式，使听、说、读、写全面开花，鼓励学生在表达的时候用自己喜欢的形式，如图画、照片、剪报、互联网资料，甚至是手工制作等方式参与表达。寓教于乐的教学形式，容易激发学生的学习兴趣，使学生产生强大的学习动力，促进学生自主思考、探究，取得良好的学习效果。

如，部编版第二册《小猴子下山》出现了“扛、扔、摘、捧、抱”等同偏旁的生字。教师针对这个特点，设计了“读一读、圈一圈、做一做、猜一猜”四个教学环节，帮助孩子们来学习这些动作词。“你能跟小猴子一起做做这些动作吗？请几只‘小猴子’上来表演。”“老师来当‘小猴子’，我做动作，你来猜字。”这些环节让全班学生参与到学习生字词语中，学生在合作中，通过演示动作这一方法理解、辨析词语，寓教于乐，使学生体味到了学习生字词语的快乐。

三、联系生活

“培养学生的语文综合能力，全面提高学生的语文素养。”是《语文课程标准》中一个重要的理念。然而，要实现这一目标，光靠课内几十篇课文的学习是远远不够的。低年段学生的课内教学只是个引子，还需要将课内学到的知识、技能和方法等正确、巧妙地迁移到课外，拓展学生的课外知识量，使课内外学习有效结合。教师应遵循儿童识字的规律，识字教学心理学认为：“所谓识字就是意味着汉字的音、形、义三个基本要素之间统一联系的形成。只有把音形义这三个方面的教学统一起来，才能收到良好的效果。而儿童在建立音形义联系的过程中往往依赖于简单的直接联想和智慧性的间接联想。”因此在教学中教师应该做到先读后书、字不离词、词不离句、句不离文、生活化、游戏化的原则，准确把握儿童的心理特点正确开展识字教学。语文字词教学要把课堂延伸到课外，把课内学习和实际生活结合起来，拓宽学生的视野，为字词教学提供好的基础。学生可以利用在课堂中习得的字词学习方法，在课外自主学习、认识感兴趣的生字新词。

在部编版第二册《一个接一个》的教学中，“不过，回家睡着了，倒可以做各种各样的梦呢！”这个句子出现了“各、种、样、梦”四个生字。这篇课文就是儿童生活的真实写照，教师要让学生从文中找到自己，联系生活实际帮助学生理解词语，产生真切的感受。此时，教师可以引导学生思考：“你们做过各种各样的梦吗？能说说你做过的这些梦吗？”做梦，谁没有过呢？学生兴奋的小手开始高高举起。在交流中，他们对“各种各样的梦”有了自己的体验，“各、种、样、梦”这些生字的学习也因此更为扎实有效。

第四节　低段字词教学的主要策略

在低段字词教学中，教师要激发学生的兴趣，让字词教学有滋有味；丰富学生的体验，让字词教学生动起来；加强字词的运用，让字词教学鲜活起来；充分利用各种资源，让字词教学立体起来；努力促进学生的语言积累，让字词教学丰厚起来。

一、滋味：从激发兴趣入手

小学低年级的学生在身体发育上处在平稳发展的时期，大肌肉动作的协调性较幼儿期有很大的发展，但小肌肉动作的协调性还较差。比如，一年级的学生写字时，不仅速度慢而且不工整。这一阶段的儿童，不易做强度太大、时间太长的体育运动，在训练写字、弹琴等这些小肌肉运动的动作时，要注意动作的规范性。小学低年级学生的脑功能发育处于“飞跃”发展的阶段，大脑神经活动的兴奋性水平逐步提高，表现为既爱说又爱动。“他们的注意力不持久，一般只有 20-30 分钟。他们的形象思维仍占主导，逻辑思维很不发达，很难理解抽象的概念。他们的独立性和自觉性较差，在生活、学习、活动等各个方面都需要成人的监护和具体指导。”①

教师要根据低年级学生的特点，努力激发学生的兴趣，采用灵活多样的方法进行字词教学，学生才会学得有滋有味，扎实有效。

（一）看，让字词意思一目了然

根据低段学生思维和记忆的特点，教师可以采取一些直观性强的教学方法，调动学生识字的兴趣，让字词意思一目了然。

1. 看图。低年段的孩子以形象思维为主，教师可以针对学生的这一特点，在字词理解时适时让学生观察图片，在理解图画意思的基础上，明白词语背后所蕴含的意思。“在认知发展方面，一年级学生以形象思维为主，想象力比

① 小学生不同阶段的生理、心理特点 [EB/OL]. http://www.360doc.com/content/10/1116/10/3329602_69760567.shtml.

较丰富，喜欢图画类的刺激和游戏活动。”①

在教学部编版第一册《口耳目》时，教师采用图字结合的方式，引导孩子们认识“口、耳、目、手、足”。教师引导学生认真观察，思考：图上画的是什么？图画和字有什么联系？这样一来，图画和汉字紧密结合，学生通过看图轻松地了解了词义。

2. 看实物。在课堂上，出示具体的实物，能增强学生的学习兴趣，提高教学的时效性。教学部编版第一册《乌鸦喝水》，教师引导学生观察课件演示的情景：随着投放石子的增多，瓶子里的水渐渐升高。学习“升、高”，“升”就是升旗的“升”，“高”就是“高矮”的“高”。教学中既有实物演示，又联系了生活中熟悉的词语，加深了学生对词语的理解。

3. 看工具书。工具书的使用，有助于学生准确地理解词语含义。教师要恰当地引导学生使用工具书。在教学时，如果遇到意思相近或学生大概明白含义但又无法说出所以然，无法进行准确区分的字词时，就可以出示字典上的解释，让学生思考、选择并加以理解。不仅能引导学生对工具书的使用，更能丰富学生对具体字词的表达认知。比如，教学部编版第二册《小猴子下山》，教师让学生圈画小猴子的动作，并要求学生区别“捧”和“抱”这两个意思相近的动词。学生在表演时两个动作混淆，经过讨论还是无法理解，这时，教师适时出示字典上的解释，一个是“两手托着”，一个是“用手臂围住”，这样一来，学生马上理解了这两个意思相近的动词，又很好地区分了词义。

（二）猜，让字词形象生动活泼

当学生已初步具备认读生字的能力时，教师应把主动权交给学生，这有利于调动学生识字的积极性和创造性，培养学生识字的能力。

1. 猜意思。在甲骨文中，司（）和后（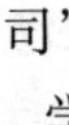）长得相近又不相同。一个老师在教学这两个生字的时候，巧妙地把生字和甲骨文的字形联系起来，让学生猜这个字所表达的意思学生先观察两个甲骨文，猜哪一个是“司”字，它可能表示什么意思。几个学生纷纷发言：是“司”，看上去像一个人侧身站着，手举向前方指挥，并且张口发号施令。由此，学生联想到了公司、司机、司令等词语。接着，老师请大家观察另一个甲骨文“后”字，让学生猜，“后”也代表一种人，是什么人？学生说，也是举着手，张着口发号施令的人。这时，老师引导学生，古代以右为尊，学生就猜，“后”是最大的指挥官，就是帝王。由此，学生联想到词语：皇后、王后。学生在游戏玩乐中猜字识记，区分了形近字，印象十分深刻。

① 李家成，王晓丽，李晓文.“新基础教育”学生发展与教育指导纲要[M]. 桂林：广西师范大学出版社，2009.4:126.

2. 猜读音。低段学生对汉字的读音经常会出现模棱两可的情况。教师要引导学生根据汉字形声字构字规律来猜测读音，增强学生习字的兴趣。如，学生经常分不清"屏"是前鼻音还是后鼻音，教师就教给学生分析这个字的形旁和声旁的方法，学生根据"并"字是后鼻音，猜测这个字也是后鼻音。又如，学生认识了"可"这个字，遇到"疴、苛、轲、舸"等生字时，学生就会根据形声字的构字规律猜测这类字的读音和"可"相近，形旁表示意思。再通过进一步验证，以一字带一串，在无形中掌握了很多生字。这样的猜测读音法避免了死记硬背，又帮助学生科学识字。

3. 猜字形。除了形声字，低年级学生常常会遇到同音字。教师可以引导学生科学地猜字形。低年级考试中会出现同音字填空，这时候，让学生根据字的意思和词语意思进行猜测，能降低做题的难度，增强学生的兴趣。如，语文测验中，有这么一道题，让学生填 jùn 字：（ ）俏、（ ）马、（ ）工、（ ）峭。学生可根据词义猜测"俊俏"和人有关，形容人俊秀俏丽，所以要填"俊俏"，"骏马"是形容马的，所以要填"骏马"。猜字形的方法可以帮助学生区分同音字，既帮助学生区分了同音字，避免错误的书写，又增强了识字写字的趣味性。

（三）演，让字词含义活灵活现

在字词理解的教学上，表演可以引导学生发挥想象，展示出字词背后表达的微妙，适时的表演，也能让课堂上动静结合，增强学生的注意力，提高学生的学习兴趣。

1. 演动作。在课文内容的学习中，学生会遇到一系列的动词，有些动词极具特殊性，很好理解，而有些动词极为相似又有自身的特点，需要学生加以区分。低段学生注意力时间短，对词语的书面理解力不强，这时候，教师根据低段学生的学龄特点，引导他们在课堂上通过表演来理解词意，使课堂动静结合，将提高学生学习的效率，激发学生学习的兴趣。教学部编版第二册《春夏秋冬》，教师引导学生做动作理解"吹、落、降、飘、游"这五个生字的意思。通过表演，学生在理解字义的基础上，感受春风、夏雨、秋霜、冬雪来到人们身边的方式，也调动了多重感官，在表演中明白了词意积累了语言。

2. 演感受。单纯的动作表演是不够的，一个动作或语言的背后往往包含着作者丰富的情感，是作者主观感受的体现。俗话说：一千个读者有一千个哈姆雷特。在教学时，教师要引导学生表演出文字背后作者要体现的内在感受，达到作者、教者、读者三者情感的交融。教学部编版第三册《小蝌蚪找妈妈》，教师引导学生用表演的方式很好地区分了"迎上去""追上去"和"游过去"的不同动作。不仅如此，教师还顺势采访表演者：你现在在想什么？

有什么感受？通过采访，大家明白了每一种动作，都包含着内心的不同感受："迎上去"是开心的，"追上去"是急切的，而"游过去"则是从容的。演出感受，学生就能更好地体悟每一个动作背后不同的情感。

3. 演想象。在表演了具体的动作表情、体悟了感受的基础上，教师可以顺势引导学生充分发挥想象，让课本中的人物形象更为丰满，充实故事的情节，同时，也加深学生对文本内容的理解与感受。教学部编版第三册《狐假虎威》，教师引导学生通过表演，把想象到的场景表演出来。教师引导学生想象表演：狐狸"眼珠子骨碌一转"，你觉得狐狸可能会想些什么呢？学生大胆想象，通过独白的形式演出了狐狸的内心活动，狐狸狡猾的形象就丰满起来了。教师还引导孩子想象：狐狸带着老虎来到森林后，会发生什么事呢？学生根据自己的想象表演了森林里各种动物见到狐狸和老虎时不同的反应，从而更加深入地理解了"狐假虎威"的含义。

二、生动：丰富学生的体验

张祖庆老师曾经说过"每一个词语都是有温度的"，每个词语背后都有着丰富的意蕴和感情色彩。在语文教学实践中，词语只有在孩子们的体验与感悟中才能获得意义。只有通过体验，才能使词语在孩子们的内心转化成一个个生动的形象。词语教学，因为体验而精彩！

（一）在想象中体验

单纯的想象只是对文章内容进行拓展的第一步，教师要引导学生在想象中加入自己的生活体验，让想象显得更为真实。在教学中，教师常常借助学生精神世界的积极活动，形象可感地理解感悟语言文字。例如，在人教版第二册《两只小狮子》一课中，为了让学生深刻地理解勤狮子的"刻苦"，教师让学生从多种角度展开丰富的想象：小狮子练习哪些本领？在练习本领时会吃哪些苦头？学生运用已有的生活体验和知识储备，展开积极的思维和丰富的想象，深刻地认识到"刻苦"的意思，感悟到了小狮子的勤奋。

【教学片段】

师：让我们一起来看看勤狮子，它每天练习哪些本领？

生：它每天练习滚、扑、撕、咬。

师：你能在头脑中想象出这些动作吗？谁能用动作演示一下？

（生边读边想象，动作演示滚、扑、撕、咬）

师：让我们加上动作朗读。

师：你们能想象一下，这只狮子练习这么多本领，他可能会吃哪些苦头？

生：小狮子可能会滚到尖尖的石头上，擦破身体。

生：小狮子在练习扑的时候可能会扑到带刺的草或者树，会流血。

生：小狮子练习咬的本领时，咬到很坚硬的东西，牙齿可能会断掉，还可能会流很多的血。

……

师：你们的想象真丰富，这么多苦头，小狮子怕吗？你们从哪个词可以看出来？刻苦。（师板书）读读这个句子，体会体会小狮子的刻苦。

师：你还从哪些词语读出小狮子的“刻苦”？

生：我还从“整天”看出它从早到晚地练习本领，练习的时间很长，非常刻苦。

生：我从“整天”中感觉到小狮子每一天都在练习本领，不怕苦不怕累，很刻苦。

师：是啊，你们能想象到在炎热的夏天，在寒冷的冬天，小狮子又是怎样练习本领的吗？

生：夏天，天气很热很热，小狮子的全身都被汗水浸湿了，可他仍然在练习本领。

生：夏天到了，有时候蚊子和虫子会用力地咬他，小狮子身上都被咬了一个个大疙瘩，可他一点也不在乎，还在练习本领。

生：寒冷的冬天，风呼呼地刮着，有时还会下大雪，大家都冷得发抖，可小狮子却还是整天在练习扑、滚、撕、咬的本领。

生：冬天的时候，地面会结冰，滑溜溜的，小狮子一不小心就会摔个大跟头，跌得鼻青脸肿，可是他跌倒了马上又爬起来继续练习。

师：是啊，无论严寒还是酷暑，无论刮风还是下雨，小狮子每天都这样坚持练习本领，同学们，这就是“刻苦”啊。来，把你们的敬佩和赞美送到朗读中去，让我们再读读这句子。

教师从文本出发，先引导学生想象勤狮子每天练习的动作，接着引导学生想象它可能会吃的苦头，最后拓展到不同时间、不同季节勤狮子都在勤奋地练习着。在“刻苦”一词的教学中，孩子们通过一次次的想象，在脑海中浮现了一幅幅小狮子克服种种困难，苦练本领的画面，在自身的体验与感悟中理解了这个词语的意思，并在情感上得到了升华。

（二）在情境中体验

由教师创设具体的情境，可以丰富学生的多种体验。在词语教学中，我们常常可以使用实物、插图、幻灯、音响、实验、简笔画等媒体创设情境，增强学生的直观感受，更好地帮助学生准确理解词语的意思。部编版第三册《植物妈妈有办法》一课中，教师这样引导学生理解“纷纷出发”。

【教学片段】

师：同学们，蒲公英宝宝是怎样离开妈妈的呢？让我们一起欣赏。

（媒体播放蒲公英随风飘飞的画面。）

师：同学们，看着美丽的画面，你们能用自己的话说说蒲公英宝宝是怎样离开妈妈吗？

生：蒲公英撑着小伞一个接一个随着风出发。

生：蒲公英宝宝一个一个地轻轻地飘向空中。

生：蒲公英宝宝背着降落伞，一个一个地飞向辽阔的天空，飞呀飞呀，飞到四面八方。

师：蒲公英宝宝一个接一个地离开了妈妈，让我们回到课文中去，第二节诗中有一个词就描写了这种情景，你们能找出来吗？

生：（齐说）纷纷出发。

师：好，让我们一起读读这一节小诗，通过朗读读出蒲公英宝宝纷纷出发的样子吧。

在以上的教学中，教师先是引导学生说说蒲公英宝宝是怎样离开妈妈的，接着，教师引导学生展开想象，把具体的情境说清楚，说完整，最后回顾原文，理解词语“纷纷出发”。通过动态的画面，优美的文字里，学生轻轻松松地理解了“纷纷出发”的意思。

（三）在链接中体验

在词语教学中，我们要充分利用各种课程资源，积极调动学生的生活经验与知识积累，链接多样信息，拓宽学生的思维，帮助学生更好地体会词语的意蕴。

人教版第二册《两只小狮子》中，狮子妈妈说了这样一段话：“孩子，将来我们老了，不在了，你靠谁呢？你也应该学会生活的本领，做一只真正的狮子！”怎么帮助学生理解“真正的”这个词语的含义呢？教师采用了链接相关资源让学生进行体验感悟。

【教学片段】

师：狮子妈妈希望自己的孩子能成为一只真正的狮子，你知道怎样的狮子才算是真正的狮子呢？先请同学们说说你们了解的狮子吧。

生：我以前读过故事书，知道了狮子是森林中的大王。

生：我去动物园的时候看到过狮子，狮子看上去很威武。

生：狮子看上去很神气。

生：我还知道狮子非常凶猛。

师：同学们，这是你们所了解的狮子。下面，我们一起来欣赏几幅狮子的图片吧。（图片展示，学生一片惊叹。）

师：在中央电视台的《动物世界》这个栏目中，赵忠祥叔叔又是怎么介绍狮子的呢？让我们一起来听一听，看一看。（播放《动物世界》相关片段。）

师：看了图片，听了介绍，我们再联系课文，你觉得怎样的狮子才是“真正的”狮子？你觉得狮子妈妈希望孩子成为怎样的狮子？

生：我觉得真正的狮子本领很高强，狮子妈妈希望自己的孩子能刻苦练习扑、滚、撕、咬的本领，将来成为森林中的大王。

生：我觉得真正的狮子是非常有力量的，遇到什么困难都不怕。狮子妈妈希望懒狮子能像勤狮子一样天天练习本领，将来成为“万兽之王”。

……

师：是啊，看来同学们已经读懂了狮子妈妈的心里话，让我们一起读读句子。

对于“真正的”一词的教学，教师没有以词解词，让学生仅仅停留在字面的理解，而是充分挖掘课程资源，通过丰富学生的感性认识，链接多方信息，引导学生互相交流，促使学生对“真正的狮子”的理解水到渠成。

（四）在比较中体验

在小学语文教材中，有些词语含义并不深奥，却用得十分准确、生动。教学这类词，教师往往引导学生在比较中进行体验，感悟词义。

教学人教版第三册《父亲和鸟》，文中有一句话：父亲突然站定，朝雾蒙蒙的树林，上上下下地望了又望，用鼻子闻了又闻。怎么让学生通过“望了又望，闻了又闻”体会父亲爱鸟的情感呢？

【教学片段】

出示两个句子：

①父亲突然站定，朝雾蒙蒙的树林，上上下下地望了望，用鼻子闻又闻。

②父亲突然站定，朝雾蒙蒙的树林，上上下下地望了又望，用鼻子闻了又闻。

师：读读两个句子，想想它们有什么不同？

生：第二句中“望了又望，闻了又闻”这两个词比第一句多了两个“又”。

师：两个词都有“又”表示什么意思？

生：不止看了一次，不止闻了一次，也就是望了好几次，闻了好几次。

师：可是，父亲对小鸟很熟悉，他应该一来树林就知道，为什么要望了又望，闻了又闻？

生１：因为这是个雾蒙蒙的早晨，不容易看清和闻到。

生2：他从小就这样，这是他的一种习惯。

师：同学们，面对怎样的东西你会望了又望，闻了又闻？

生1：我对自己非常喜欢的东西会望了又望，闻了又闻。

生2：我很喜欢玫瑰花，只要我看到它，我就会凑上去，怎么闻也闻不够。

生3：我看到自己喜欢的玩具，我也会望了又望，舍不得走开……

师：是啊，对于父亲来说，小鸟就是他最喜爱的朋友，难怪他会——

生：（读）突然站定，朝雾蒙蒙的树林，上上下下地望了又望，用鼻子闻了又闻。

就这样，学生通过对比琢磨加以理解，体验了父亲“望了又望”“闻了又闻”背后所包含的那份对鸟深深热爱的情感。

教学人教版第二册《四个太阳》，教师让学生比较句子：①我画了个绿绿的太阳。②我画了个绿的太阳。这两个句子换一换行不行？为什么？学生经过品读，感受到了“绿绿的”和“绿的”这两个词语的区别。教师适时总结像“绿绿的”这样的词语叫作叠词，这样的词给人可爱、活泼的感觉，再引导学生，说说类似的叠词。在比较和辨析中，学生不仅理解了词语的妙处，也丰富了词语积累。

三、鲜活：加强学生的语用

低年级的字词教学，教师要引导学生掌握音、形、义之间的内在联系进行识字教学，在语境中学习字词。字词教学更重要的是不能停留在对字词的识记和理解上，更重要的是要引导学生在语言实践中运用字词。

（一）对比揣摩，品味词语运用的精妙

字词的教学的目标首先表现在字词运用的准确性上，能用恰当、正确的词语进行准确地表达是词语运用的首要要求。因此，教学中可让学生揣摩文章中的重点词句，感受字词表达的准确性。

人教版第三册《识字7》教学片断：

生：“翱翔”的意思是什么。

师：哪个孩子知道，帮他解答？

生：就是飞的意思。

（师出示：翱翔齐读，注意“翔”后鼻音要读准。）

师：“翱翔”两个字发现了什么？

生：我发现了它们都有“羽”字旁。

师：右边都有“羽”字，原来“羽”字旁的字也跟鸟类有关呀！大家看图，老鹰在？

生：蓝天上翱翔。

师：动作演示（双手交叉作低飞状），小朋友，这是翱翔吗？

生：不是。

师：那怎样才算翱翔？（学生展开双臂作高飞状）那我们能把句子换成“雄鹰飞在蓝天”吗？

生：不能，“翱翔是飞得高飞得远”。

师：谁能用朗读让雄鹰飞高一点？（指名读，生声情并茂地读）

“飞”与“翱翔”的意思相近，教师通过偏旁的导向，图片的认知，动作的演示，让学生在比较中发现翱翔的深层含义，通过比较琢磨词语在语境中的准确含义，把握用词的准确性和生动性。

（二）勾连生活，在语境中运用词语

生活是识字的大舞台，联系儿童生活是字词教学的途径之一，它不仅关照了学生的学习起点，更体现了低年级的学习特点。低段的字词教学，要为学生创设生活情境，搭设字词“语用”的平台。

人教版第二册《古对今》采用对韵歌的形式识字。“和风对细雨”“朝霞对夕阳”，在学生熟读成诵的基础上，教师引导学生思考：“生活中你见过这样的场景吗？”“什么时候可以看到朝霞？你喜欢吗？”教师引导学生想象夕阳西下、朝霞满天的美景，为孩子们打开了生活的大门。学生的“生活经验”一下子调动起来，他们巧妙地将文本语言与生活语言进行勾连，有的学生说：

“傍晚，我看到太阳落山了，晚霞满天，红得似火在燃烧。”有的学生说：“春天来了，春风暖暖的，细雨斜斜的。”学生调动经验，运用生活情景生动地诠释了对词语的感性认识。

教师要提升学生字词运用的能力，需要有“生活的眼光”。教学部编版第二册《荷叶圆圆》，文中中出现了“圆圆的”、“绿绿的”这样的叠词。教学中，教师引导学生联系生活，配以直观的图画，感受荷叶的“圆”和“绿”的特点。为了帮助学生积累叠词，教师引导学生思考：生活中，你还见过哪些东西是“圆圆的”、“绿绿的”？学生由此引申拓展出一系列的叠词。“太阳是圆圆的。盘子是圆圆的。时钟是圆圆的。”“教室里的桌子高高的，凳子矮矮的，黑板方方的，墙壁白白的。”将词语的运用灵活地放在快乐的生活情境中进行，适合低段学生特点，激发了学生的学习兴趣，学生在情境中理解了叠词的特点，积累了大量的叠词，为在生活中正确运用词语打下了坚实的基础。

教学部编版第二册《我多想去看看》，教师请学生用“遥远”造句。一个学生说：“爸爸每天都要起得很早，到遥远的市区睡上班。”这个孩子显然没有理解“遥远”一词的意思。此时，教师积极引导学生联系生活进行思考：课文中，“我”走出天山坐火车到北京需要几天时间？你以前到过最远的地方是哪里呀？这样的路途非常远，就是“遥远”。而爸爸上班的地方虽然离家有一定的距离，但还不用那么长的时间，就用“很远”表达准确。这样，学生通过不同的语境辨析了“遥远”一词，今后在运用该词的时候就能用得恰当，用得贴切！

（三）拓展发现，在实践中运用词语

认读词语是低年级常见的词语教学方法，教学中如果能更进一步，引导学生发现词性特点，拓展练习，在实践中理解、运用词语，就能更好地唤醒学生的“语用”意识。

人教版第三册《识字 2》片段：

生：自由认读词组。

师：读着读着，你们发现什么吗？

生：我发现了每词组都是三个字；每一组都按类别排列。

师：同学们真聪明，请你选择自己喜欢的活动一边读一边演。

猜一猜：指名上讲台表演，其他同学来猜。

师：出示幻灯片：红色的字表示什么？

生：我发现……（引导学生讲出红色的字表示怎么做——动词，后边的词表示做什么。）

师小结：这里红色的字表示动作——怎么做，后边的词表示具体做的活动。

师示幻灯片：拓展训练

我会说打扫卫生的活动：

擦黑板　（　　）（　　）（　　）

我会说上课时的活动：

读课文　（　　）（　　）（　　）

我会说课外活动：

（　　）（　　）（　　）（　　）

师小结：同学们真了不起，不仅认识课本中的活动，还学会了用文中语言表达其他活动，快给自己鼓掌吧！

从上面的教学片断中可以发现，老师在教学中能遵循低年级学生的身心特点，力求在课堂上创设丰富多彩的教学情境，让学生在愉快的学习氛围中自主识字，识得扎实，识得有趣，从而培养学生的识字能力。同时，词语教学并未停留在理解的层面而是进一步拓展训练，让学生在同种类型的词语情境中学会运用和表达。

当然，"教无定法"，有效的教学策略要根据学生的年龄特点和思维规律入手并结合汉字本身的认知原理来设计，教师根据实际教学的情况选择优化教学的策略，为学生搭设语言实践与运用的平台，把握语言的生长点。以词语运用为纽带，串联美读、赏评等环节，有效地激活和放飞学习主体的生命意识和创造欲望，让学生在和谐的课堂环境中碰撞、契入、融化、整合字词知识，培养语感，学会鉴赏，在理解中运用。在运用中积累、提高。这样，师生双方都沉浸于趣味盎然的课堂字词教学活动中，使课堂焕发出充沛的生命活力，从而促进学生语言能力的不断生长。

四、立体：充分利用资源

进入小学，低年级学生从生活中、教材中接触大量字词。由于年龄和认知的局限，他们对于一些词语的理解比较困难，大多数只是浮于表面的，没有深入理解含义，更谈不上运用了。教师要充分利用校内外的课程资源，拓宽字词学习范围，让字词教学立体起来。

（一）利用学生资源

在字词教学中，学生也是重要的资源。如，低年级的学生特别喜欢用生动形象的表情图来表达自己的喜怒哀乐。我们就可以利用学生喜欢画表情图的特点帮助学生理解词语的意思。教学人教版第四册《玩具柜台前的孩子》，“柜台前有个小男孩，只要看到谁买小汽车，他就马上跟过去目不转睛地盯着柜台上跑动的汽车，眼里闪着兴奋的光芒。”句子中的“光芒”不同于日常所说太阳的光芒，而是表达了这个孩子想拥有一辆属于自己玩具汽车的心情。而大多数学生只能由字面上理解“光芒”在这里指的是“眼睛亮亮的”，而无法体会小男孩对小汽车强烈的喜爱之情及想把玩一下这种玩具的迫切之情。于是，教师借机引导孩子们画一画：此时此刻，小男孩的脸上会是什么表情呢？是“嘴角上扬”还是“眯眯笑”或是“眼睛直盯着”？孩子们展开想象，联系上下文认真思考，最终描绘出这样的表情：。在描绘人物表情图的过程中，学生体会到了这个小男孩的内心的心情和渴望。

人教版第三册《坐井观天》中，青蛙说；“朋友，别说大话了！天不过井口那么大，还用飞那么远吗？”此时，青蛙是带着怎样的表情说这一番话的？教师让孩子反复读句子，想象青蛙说话时的想法和表情，并试着用表情符号表示出来。孩子联系上下文，根据青蛙说的话，勾勒出青蛙的形象。这样一个傲慢的、自以为是的角色形象就跃然纸上，生动地留在了孩子们的心中。

（二）利用地方俗语

低年级的孩子刚刚接触学校的语文课堂学习，对于一些词语的理解无法到位。方言在有些词语的意思和意境的表达上生动形象。在教学中，教师恰当地运用地方俗语，能帮助学生轻松地理解词语的意思，往往能达到意想不到的效果。教学二年级下册《三个儿子》，前两个母亲对于自己儿子的评价是“我的儿子既聪明又有力气，谁也比不过他”、“我的儿子唱起歌来好听极了，谁也没有他那样的好嗓子”。在妈妈眼里，她们的儿子是多么有天赋，是人中龙凤啊！如何帮助学生更好地理解母亲的想法，正确地评价孩子的做法呢？教师结合闽南语教材中的俗语：“一粒一”“天下第一等”，联系生活让孩子全方位、多角度了解妈妈疼爱自己的儿子，都以为自己的儿子无人能及，同时也反衬出儿子只顾炫耀自己的才能，没能把孝顺父母落到真正的实际行动中，今后恐有“子欲养而亲不待”之忧。

人教版第四册《寓言两则——守株待兔》中，农夫不努力做事，心存侥幸，整天做白日梦妄图天天白捡兔子，殊不知只有自己勤勤恳恳才是硬道理啊，否则终将一事无成。教学中，教师运用闽南语中的“少年不别想，食老不成样”这些俗语，帮助学生更好地理解了书中农夫的死守树桩白日做梦的愚蠢行为，也更加深刻地体会到“少壮不努力，老大徒伤悲”的道理。

（三）争取家庭力量

“语文的外延就是生活”。在生活中，教师可以引导学生家长们开展“小组书写比赛""家庭听写大会"等系列活动。组织活动前，教师和家长们根据孩子们的住址大致分成小组，推选组长，统筹安排，每个家庭轮流准备好每次活动的内容、奖品。评奖的时候可以评出优胜奖，也要兼顾有进步的孩子，这样既有竞争又保护全员的积极性。每次主动参与活动都有积分，积分可以跟班主任老师兑换相应的班币，并且讲这些活动的参与记录作为户外活动的入场券，让活动可以持续开展。活动结束，各小组在班级展示平台上汇报学习成果，可以论坛形式点赞，发表评论等良性的竞争中让活动一直延续下去。班级活动小组还可以组织成员一起看儿童电影，小组观影后谈谈观影后的感受；可以定期组办"小小词语大会"，朗读自己的课外阅读中学到的词语，并结合自己的感受谈体会。

教师还可引导学生动手制作"我的字词宝库"，将每天学校学习的生字新词整理在其中，把课外学习的字词也收集在里面，使学生养成在生活环境中主动识字的好习惯。这个识字袋可以用于收集、巩固、展示、交流、评价等。教师可以每一周定时组织大家进行交流，组织学生进行自评、互评，评出"识字小能手"。

（四）利用社会资源

社会生活丰富多彩，有许多学习字词的资源。比如，社区的宣传栏，传单、标语、电子（手机、电脑）新闻，报纸等。教师可以让低年级孩子从报纸圈画自己了解到的或者不理解词语，通过查字典、搜索资料或者与家长同学交流理解。师还可以利用厦门实施的"垃圾分类"活动，引导孩子设计环保宣传标语，实践词语的应用。

总之，教师在日常字词教学中要不断挖掘和利用课程资源，拓宽字词学习的时间和空间，提升学生字词学习的效率。

五、丰富：促进学生的积累

《语文课程标准》十分注重学生语文学习的积累，对小学低段的词语积累和运用提出了具体的要求："结合上下文和生活实际了解课文中词句的意思，在阅读中积累词语"；"在写话中乐于运用阅读和生活中学到的词语"、"积累自己喜欢的成语和格言警句。背诵优秀诗文50篇（段）。课外阅读总量不少于5万字。"在小学低段的语文教学中，大多数教师认识到词语积累的重要性，十分重视引导学生积累词语。很多学生接触了大量的优美词句，甚至能背诵很多"精彩词语"，但是，在说话或写话时却词语贫乏，词不达意，语言干巴。如何引导低段学生进行有效的词语积累，为中高学段的语文学习夯实基础，是许多语文教师一直思考的问题。

（一）从“单纯积累”到“多维积累”

厚积薄发，“厚积”是“薄发”的基础，“薄发”是“厚积”的目的。在词语积累中，我们要引导学生“多维积累”，以达到“薄发”的目的。

1. 在语境中积累

词语不是孤立的存在，在具体的语境中，词语才能焕发出勃勃的生机。教师要引导学生在具体语境中感受词语运用的魅力，在语境中积累词语，熟记、背诵一些精彩的语句或片段。许多句子本身并没有我们传统意义上的所谓“好词语”，但它生动有趣，运用恰当，值得积累。如一位一年级的孩子描写自己放假前一天晚上的情景，“一想到明天开始放暑假，我就在床上翻来翻去，怎么也睡不着。哎，真是的！”句子没有一个华丽的辞藻，可是，一个“哎”，一个“真是的！”却鲜活地写出了孩子在暑假前一天的激动心情啊！因此，我们要鼓励学生联系语境积累这样的富有童真、童趣的词句！

2. 在理解中积累

心理学研究表明：意义识记无论是在识记的速度、保持的时间，还是在回忆的效果等方面均优于机械识记。学生对于那些没有真正理解的词语是不容易记住的，更谈不上准确、灵活地运用。教师在平时的词语教学中要教给学生理解词语的方法。如，教学人教版第四册《牧童和画家》，学习“浓墨涂抹”“轻笔细描”时，教师首先请学生说说词语的意思，并交流自己理解词语的方法。在交流的基础上，教师梳理了查字典、字义连接、联系生活实际、联系上下文等理解词语的方法。接着，教师请学生观看一段戴嵩画《斗牛图》的动画片，说说戴嵩画画时如何运用“浓墨涂抹”“轻笔细描”两种不同的画法。学生在观察、思考、交流的过程中，不仅理解了词语的意思，感悟到戴嵩高超的画技，还有效地积累了词语。

3. 在运用中积累

教师要引导学生在不断运用中积累词语，内化词语。教学人教版第四册《棉花姑娘》一课，学生理解了“碧绿碧绿、雪白雪白”的意思，教师出示一组图片，让学生用上表示颜色的叠词进行描述，“碧绿碧绿的荷叶”、“雪白雪白的云朵”、“火红火红的太阳”、“瓦蓝瓦蓝的天空”……接着，教师又出示一幅风景画，让学生用上表示颜色的叠词说一句话来描述画里的景物，“天空中有一轮火红火红的太阳。”“天空碧蓝碧蓝的。”“天空中飘着雪白雪白的云朵。”“金黄金黄的树叶从天空中飘落下来。”……学生在积累中运用，使积累的语言转化成了“积极语言”。

（二）从“随意积累”到“有的放矢”

小学儿童思维的基本特点是从以具体形象思维为主要形式逐步过渡到以

抽象逻辑思维为主要形式。但这种抽象逻辑思维在很大程度上，仍然是直接与感性经验相联系的，仍然具有很大成分的具体形象性。[①]低段学生尤其是这样。因此，在词语积累中，教师可着重引导学生从阅读中积累有特点的词语，从生活中积累有新鲜感的词语。

1. 积累形象性强的词语

儿童是通过形象去认识世界的。所以，我们要引导学生积累具有鲜明的形象特点的词语。如人教版第三册《丑小鸭》中，“灰灰的、大大的、瘦瘦的”这一组叠词生动形象地写出了丑小鸭的“丑”。教学时，首先，教师让学生朗读第二节，想象：丑小鸭长什么模样呢？学生交流了感受后，教师引导学生思考：安徒生爷爷是怎样描写丑小鸭的“丑”？学生通过再次阅读，找到了“灰灰的、大大的、瘦瘦的”这一组词语。教师出示原文的句子与“丑小鸭的毛是灰色的，嘴很大，身子很小。”进行比较，体会“叠词”运用的好处。接着，老师请学生观察插图中其他小鸭子，尝试用上叠词说说它们的模样。孩子们看着图片，运用叠词描述其他鸭子可爱的样子，如“其他鸭子的毛黄黄的，嘴巴扁扁的，身子圆圆的，多么惹人喜爱呀！”学生在学习、理解、运用的过程中不仅积累了一组叠词，还体会到了叠词的特点和妙用。

2. 积累情感性强的词语

情动而辞发。学生往往可以通过情感性强的词语品出词语蕴含的情感。如，人教版第四册《两只小狮子》，学生通过想象勤狮子“整天”“刻苦”练习本领时可能遇到的困难，深深地激发了他们对勤狮子的敬佩之情。教学人教版第三册《难忘的一天》，学生从“高兴地、仔细地、亲切地、赞许地”这一组词语中感受到邓小平爷爷的和蔼可亲，体会他对少年儿童的关心和爱护。这样的词语能有效地激发学生的情感，更好地体会词语的感情色彩，应鼓励学生积累。

3. 积累运用精准的词语

课文中有许多运用精准的词语，教学此类词语不仅能增强学生对词语的敏感度，也能增强学生的语感。教师要积极引导学生进行积累。如部编版第二册《小壁虎借尾巴》一文中“摇、甩、摆”准确地表达了不同动物尾巴活动时的动作，给人留下了深刻的印象。教学中，教师引导学生默读课文，划出表示动作的词语，想象：你的脑海中会浮现怎样的画面？交流后，教师请学生根据课文的描述，分组演一演不同动物的尾巴活动时的样子。指名表演时，师生根据学生动作表演的准确程度进行有针对性的评价。在表演中，学生再一次体会作者使用动词的准确性，促进词语的积累。

① 朱智贤．儿童心理学[M]，北京：人民教育出版社，1979：323。

4. 积累生活中有新鲜感的词语

孩子们生活在现实中，每天都跟周围的人、事、物接触，每天都接收到众多的语言信息。生活中的方言俗语、歇后语、谚语，身边的广告、宣传画、报纸、电视、多媒体、网络，以及人们在日常生活中表达的丰富的口头语言等都为孩子们提供了大量富有新鲜感的词语，是孩子们积累词语的源泉。

教师可以引导学生收集各种风趣幽默的广告词、让人过目不忘的商标、生动有趣的标志名称、影视剧中富有特色的人物语言、充满生活气息的方言俗语，在语境中轻松愉快地积累语言。如广告、标语中的优秀语言："送人玫瑰，手有余香。"（公益广告词）、"感受阳光，给予希望。"（"希望工程"宣传语）、"关注，关心，关爱。"（"希望工程"宣传语）等等，这些生动有趣的语言都值得孩子们积累。向生活学习，孩子们的语言才会变得更加鲜活，富有生活气息。

（三）从"一视同仁"到"分层要求"

学生个体差异是客观存在的，教师要尊重学生间的差异，用发展的眼光看待每个学生。在词语积累的过程中，教师对学生的要求要循序渐进，对不同程度的学生要分层要求。

1. 循序渐进

针对低段学生的特点，教师要降低难度，引导学生循序渐进地积累词语。如，在教学生字时，教师可以引导他们扩词，扩句，由浅入深，由字到词，由词到词组，由词组到句子，实现由积累到运用的过程。如，教学生字"树"时，教师先引导学生组词，"大树""小树""树苗""松树""柳树""凤凰树"……而后，教师出示图片，引导学生观察树木的数量，用上数量词描述，"一棵小树""一棵大树""一株小树苗""一排排松树"……教师再引导学生观察树木的颜色和样子，"一棵茂盛的凤凰树""一株株绿色的小树苗""一排排笔直的松树"……接着，教师引导学生想象：你在哪儿见过这些树？这些树怎么样？学生根据老师的提示描述，"公路两旁有一排排高大、笔直的松树。""我们学校有一棵茂盛的凤凰树，开了满树的花。"……教师有层次地引导学生积累、运用词语，能树立学生的自信心，从而激发学生积累词语的兴趣。

2. 弹性作业

叶澜教授说过："每个人不可能都站在同一起跑线，不可能用同样的速度沿着唯一的途径达到终点。”[①] 教师在要求学生词语积累时，可以分层要求，设计弹性作业。如教师布置学生课外积累词语：1. 必做题：阅读，用“——”划出你认为写得特别生动的句子，用“△”圈出句子中你认为用得好的词语。2. 选做题：A. 摘抄词句，用查字典、联系上下文、联系生活等方法理解词语的意思。（☆）B. 理解词语的意思，并把精彩词句背诵下来。（☆☆）C. 理解词语的意思，用其中一两个词语说几句话。（☆☆☆）必做题是每个学生必须达到的要求，选做题是学生根据自己的学情任选一项或多项完成。这样的弹性作业让学生有选择地完成自己力所能及的要求，不同层次的学生都能学有所获，得到更好的发展。

（四）从“机械单一”到“形式多样”

学生在各种形式中灵活地积累词语，才能让学生真正感受积累和运用词语的快乐，真正喜欢上词语。

1. 以一字引一串

给生字组词是丰富学生积累的常见方式。教师要教给学生组词的方法，引导学生拓宽思路，从不同角度给生字组词，激发学生的思维，丰富学生的词汇量。如人教版第一册《识字六》，教学生字“风”，教师引导学生从风的大小、样子、方向等不同角度说说带“风”的词语，学生很轻松地说出了一串词语：“狂风”“暴风”“微风”“清风”“龙卷风”“飓风”“台风”“东风”“西风”“南风”“北风”“东南风”“风向”……一位学生组词“威风凛凛”，教师鼓励他后又引导学生：除了直接描写风的词语，还有一些像“威风凛凛”一样和风有一定关系的词语，你们还了解哪些？学生又想到“风气”“风格”“风云人物”“风度翩翩”等。一字引一串，一词引一串，学生不仅有效地积累了词语，还找到了丰富词汇的方法。

2. 以新词引储存

学生往往容易遗忘。因此，我们在教学生词时要常常进行复习，调动学生的储存，帮助学生巩固积累的词语。学习人教版第四册《雷雨》，教学“黑沉沉”“绿油油”“红艳艳”这组词语的时候，教师请学生交流以前学过或者课外积累的描写颜色的“ABB”式的词语，学生调动储存，交流了“红彤彤、红通通、红扑扑、黑乎乎、黑漆漆、黄澄澄、白茫茫、白花花、灰蒙蒙、紫盈盈”等一串词语，有效地巩固了这一类与颜色有关的ABB式词语的积累。教师还可以引导学生给新学的词语找“近义词”“反义词”等朋友，看谁找的朋友又多又好。“给新词找朋友”既有效调动了学生的积累，又增强了学生对词语的归类意识。

① 陈金辉. 利用差异资源，促进个体发展 [J]，小学教学参考，2011（32）：50。

3. 以课内引课外

根据低段学生的年龄和认知特点，教师要打破课内外的界限，开展形式多样的活动，引导学生在丰富多彩的活动中进行词语积累。教师可以在黑板上开辟“一日一词”栏，学生每天轮流写上一个自己喜欢的词语。课前两分钟，提供词语的学生可以用词语解释、说句子、画图、动作演示、讲故事、情景剧等方式帮助大家理解这个词语的意思，记住这个词语。同学们根据效果，一周评选一个“词语小达人”。学习了成语故事后，教师让学生课外阅读其他的成语故事，自选作业：A. 说一说：请你给大家讲一个成语故事。B. 画一画：阅读一则成语故事，将故事画成一幅漫画。C. 演一演：阅读一则成语故事，邀上小伙伴演一演。D. 写一写：选择一两个成语，写上一段话。学生不仅在活动中增加了词汇量，也锻炼了自己的表达能力。

（五）从“单一评价”到“多元评价”

评价的目的不是为了检测，而是为了激励和促进学生的发展。我们要通过评价激发低段学生词语积累的兴趣，养成词语积累的习惯，促使学生积少成多，学以致用。

1. 评价主体多元

教师评价的结果容易出现片面性、主观性，不利于学生的可持续发展。我们应该充分利用家长和学生资源，发挥他们的主观能动性，和他们一同成为评价主体。

学生参与评价意味着学生应当成为评价全过程的主体，能有效地激发其学习积极性和主动性。心理学研究发现，当学生有机会做出选择和评价时，他们会更主动积极地参与教学。学生参与评价可以了解评价的关键因素，同时在掌握评价标准的过程中了解教学的重点和指向。在不知不觉中内化学习目标、加深对学习内容的理解。① 如教师可以引导学生互相交流“词语积累卡”“写话本”等，并在“同伴评价”栏目写下评价意见，提出建议，学习经验，达到共同提高的目的。

家长参与是影响儿童自我调节的一个关键性因素，而自我调节是认知功能发展的一个重要部分。② 学生大量的语言积累来自于家庭和社会。因此，教师要和家长达成共识，明确词语积累对学生语文学习的重要性，引导家长有意识地引导孩子在各种场合通过多种方式积累有价值的语言，并进行适时评价，及时地鼓励孩子积累、运用生动的词句。

2. 评价内容多元

① 杨璐 . 差异教学中的评价策略 [J] 山东：当代教育科学，2009：12。
② 戴尔 .H. 申克 . 学习理论（第六版）[M]，南京：江苏教育出版社，2012：456。

评价不仅要关注结果，更要关注学生的学习过程，从学生的情感、态度、过程与方法等多种角度进行评价，从而激发学生的学习热情。教学中，教师可以针对学生日常的口语交际情况及时评价，如，在课堂上，教师引导学生互相评价发言的情况，表达是否准确，是否用上平时积累的词语。平时，教师可以在学生的写话练习本上设计“家长评价”和“教师评价”，及时评价学生是否乐于用上积累的词语。

3. 评价方式多元

教师可以通过听写词语、词语搭配、选词填空等方式检测学生对词语的理解、积累和运用情况，从而调整自己的教学，对学生进行有针对性的指导和帮助。在检测的过程中，教师不能只要求学生复现积累内容，而要在语境中全面考查学生的词语积累情况。如，教师创设语境，学生选词填空：①新鲜；②清新。清晨，我和妈妈来到果园里，那里的空气多么（ ）啊！不一会儿，我和妈妈就摘下了一篮又大又红的草莓，每一颗都那么（ ），看了让人直流口水。在语境中选词填空，不仅考查了学生对词语的理解，还考查了学生对词语的辨析与运用的能力。

总之，我们要根据小学低段学生的特点，采用多元评价主体、多元评价内容和多元评价方式，让学生在评价中获取成功的喜悦，从而更加有效地积累词语，为他们的后续学习奠定坚实的基础。

第五节　低段字词教学的“小”策略

“小策略”是教师解决教育教学中遇到的各种各样小问题的办法和对策。在低段字词教学过程中，教师会遇到各种各样的问题。我们在研究中认真观察字词教学中的小现象，不断发现问题，解决小问题。针对低段字词教学常见的小问题，我们梳理并提炼了 17 个教学小策略。

针对低段学生识字量少、词汇量少的特点，我们从激发兴趣、利用资源、优化方法等方面入手，提炼了《小小姓名卡》《顺口溜识字》《小小啄木鸟》《换书识字》《转盘识字》《一字巧开花》《运用微课》《积分卡》《生字归类》；针对低段学生辨析能力弱、不会运用等问题，我们提炼了《巧用词串》《“同”中求“异”》《换词比较》《形旁辨义》《扩词成句》；我们还围绕学生在写字方面缺乏兴趣、没有方法、评价单一的问题，从激发兴趣、教给方法、科学评价入手，提炼了《五步激趣》《书写四要领》《书写评价表》。

这些教学小策略基于实践，用于实践，可操作性强，能比较有效地帮助我们解决字词教学中的一些小问题。

新生名片

前埔南区小学　曾玲玲

背景：一年级新生刚入学，彼此不认识，不适应校园生活；加上识字少，给学习、校园生活带来诸多不便，对于这些刚刚从幼儿园走入小学课堂的孩子们来说，怎样让他们迅速地融入小学的生活？尽快地认识彼此呢？我从学生的课堂学习生活中观察发现，孩子的姓名就是最好的识字资源，通过认识彼此的姓名，不仅可以增加识字量，还促进了彼此间的情感交流，尽快地适应校园生活。

操作：

1. 利用新生家长会引导家长制作学生名片，配上插图和照片。
2. 自我介绍，展示姓名卡
3. 交换名片，巩固识字成果。
4. 制作班级姓名树。

风险和对策：

风　险	对　策
个别孩子不熟悉、不会写自己的姓名，姓名中的生僻字成为识字中的难点。	1. 利用家长会进行讲解和动员工作 2. 发动孩子课前去了解自己姓名背后的故事 3. 通过分发作业，来巩固识字成果。

推荐指数：★★★★

教学案例：

小小姓名卡

开学了，一年级的新生第一次踏进校园，走进各自的班级。一张张稚嫩可爱的笑脸，既充满期待又略显拘谨，对于这些刚入学的孩子开学的第一周真是状况百出。第一次分发作业本，班级就乱成了一锅粥，“老师这是谁的本子呀？”“这不是我的，我的本子呢？”是呀，孩子们都还不认识彼此，认识的字也不多，怎么懂得分发作业本呢？我在班上一调查，能够认识同学名字的学生寥寥无几。全班有将近五十名孩子，如果让他们认识彼此的名字，那至少可以达到上百字的识字量，多好的点子呀！

很多一年级的老师在新生开学时，都会让一年级的家长做一张孩子的姓名卡片挂在胸前，可常常过了大学期，孩子们仍然只能认识少数同学。何不开展一次活动，让大家介绍彼此的姓名呢？

这是孩子们的第一堂识字课，课前我让家长们先帮每个孩子制作一张小名片，名片上要清晰地写明孩子的姓名，孩子们还能用五颜六色的彩笔装饰自己人生中的第一张名片，画一画自己的样子，或者自己的爱好特长。

上课了，每个孩子拿出自己精心制作的姓名卡，迫不及待地要介绍自己。“我叫谢舒晴，晴天的晴，有个日子，太阳出来了，天气就晴了；我叫邱鸿展，爸爸妈妈希望我像鸿雁一样展翅高飞；我叫陈鑫蓉，这个鑫字有三个金字，我喜欢……”“你会写自己的名字吧？”“会！”多么自豪的回答。请你把自己的名字写在黑板上。小手举得高高的，脚尖点得高高的，黑板上留下了自己的姓名，虽然书写还那样稚嫩，但孩子自信的笑容却始终挂在脸上。

不知不觉，大半节课过去了，还有半数孩子没有介绍自己，接下来就让大家在小组中认识彼此的姓名，再扩大到全班，寻找你想认识的小伙伴。短短的十分钟，有的孩子就认识了不少新朋友。最后通过一个小游戏，让孩子们通过“发名片、找朋友”的游戏来巩固这节课的识字成果。

这节课，通过开放课堂，引导学生寻找生活中的识字素材，激发了孩子们识字的热情，真可谓，小小姓名卡，识字有方法！

顺口溜识字

前埔南区小学　曾玲玲

背景：形近字混淆是学生常出现的问题，汉字本身具有“以形表意”的造字规律，如果能用学生喜闻乐见的方式，深入浅出地把汉字的特点融入识字中，便能有效地提高识字的效率。对于低年级的孩子，儿歌是激发和调动识字兴趣的有效形式。

操作：

1. 搜集学生易于混淆的错别字。
2. 分析和梳理出具有相同规律的一组形近字。
3. 依据形旁特点，创编顺口溜。
4. 反复诵读，拍手识记顺口溜。

风险和对策：

风险	对策
创编顺口溜有一定难度，初期学生会有畏难心理，特别是后进生在编写时，出现信心不足的情况。	创编伊始，要多向学生提供范例，同时在生字教学中要引导学生仔细观察，发现汉字的规律，掌握汉字的特点。

推荐指数：★★★★★

教学案例：

一次课堂听写之后，讲评时发现很多人把“晴天”的“晴”字写成了“睛”。我把这个词语写在黑板上，“谁有好办法区别这一组形近字呢？”有位学生举手了，“老师，我能编个顺口溜记住它们，日出天空晴，有目眨眼睛。”同学们立刻拍手叫好。对呀！我们的汉字中有许多形近字，学生容易混淆，如果能用上学生喜欢的顺口溜来帮助识记，识字教学岂不是起到了事半功倍的作用。

于是，我就根据形声字的构字规律，把平时学生最容易混淆的这些字编成一首首顺口溜。例如：

有目瞪大眼，有足慢慢跟。

双人就是很，树木长深根。

待人要诚恳，有心别怨恨。

这一组形声字的部首都是“艮”字，但是形旁不同，顺口溜就是根据“形旁表意”的特点来编写的，学生识记这一组形近字时就不会张冠李戴了。

学生对“操、澡、噪、燥、躁”这一组形近字也很容易混淆，师生合作一起创编了这样一段顺口溜。

伸手能做操，（操）

用水来洗澡，（澡）

噪音令人恼，（噪）

暴躁直跺脚。（躁）

这样一首顺口溜，结合了汉字“音形义”的特点来辨析汉字，因为押韵，所以朗朗上口，学生十分喜欢。

学生也试着编出了一首首顺口溜，例如他们为这样一组字编出的顺口溜

有木开桃花。（桃）

有足快快逃。（逃）

有手能挑水。（挑）

有目可远眺。（眺）

顺口溜朗朗上口，激发了学生识字的兴趣，同时也让他们掌握了区别形近字的方法，真是我们识字教学的“妙招”！

小小啄木鸟

前埔南区小学　李晓莉

背景： 课堂“开火车”读词的过程中往往存在读错现象，老师另请同学仍需要占用课堂一部分时间，合作互助学习有利于学生得到锻炼和提高。

操作：

1. 用“开火车”的方式来认读生字或词语；
2. 读对的词语请大家跟读一遍；
3. 读错，同桌做“小小啄木鸟”主动起立纠正；
4. 同桌错误，由四人小组中的组长做“小小啄木鸟”帮助纠正；

风险与对策：

风　险	对　策
同桌或组长有可能无法胜任“小小啄木鸟”，读错生字或词语。	1. 正音范围扩大至全班同学，由其他同学争当“小小啄木鸟”进行正音。 2. 必要时，老师进行示范，正音。

推荐指数： ★★★★☆

教学案例：

可爱的啄木鸟

识字是低年级教学的重中之重，不仅任务重，识字量也大。“开火车”是老师在课堂上普遍运用的一种教学方法。然而实施过程中，我经常感到困惑。孩子们的水平参差不齐，开火车时错误屡屡存在。每当这时，我总是请其他同学来帮助正音，有时一个同学错误，还得再请另一个同学，长此循环，不仅占用了课堂宝贵的时间，也时常打断了正常的教学，影响了教学任务的完成。如何让“开火车”省时高效，我尝试采用“小小啄木鸟”这个方法，来改善课堂目前“开火车”存在的问题。

我先跟孩子们讲述什么是“啄木鸟”——即帮助其他同学正音；怎样当“小小啄木鸟”——读错，同桌主动正音，若有错，四人小组长再正音，帮助孩子了解这个学习方式的目的和意义，树立正确的操作方法。并动员孩子们在做好预习的情况下，争做“小小啄木鸟”，每一节课都会评出“最佳啄木鸟”，以此激励孩子的学习兴趣与动力。

上《爱迪生救妈妈》一课时，我问孩子们：“你们预习过了吗？”学生纷纷点头。我满意地看着孩子们，“认为能把生字全部读准的小朋友，请大胆地举手！”唰唰唰，放眼望去，孩子们的小手举得高高的。

接下来，我出示本课中一组难读、易错的且没有拼音的词语，孩子们先自己读一读，看看谁能全读出来。学生兴致勃勃地开始读词。在同学们读完词语后，就开始“开火车”进行检查了。我提醒孩子们不仅要认真读，也要认真听，这样才是认真的“啄木鸟”。“小火车，哪里开？”“小火车，这里开。”我随机指向一组。开火车开始进行得很顺利，在“小老师”们带读之下，班级的气氛也活跃起来。就在此时，“一溜烟”这个词难倒了一个学生。他显然对自己的答案不够确定，声音小小的，将“溜”读成第一声，班级顿时宁静了下来，全班没有跟他读词，他意识到自己犯了错误，呆呆地望着课件，却仍然重复了一遍错误的读音。他的同桌见情形，立刻站起来，读出了“一溜烟”的，去还是将“溜”字读成第一声。四人小组长见状，立即起立，帮助组员纠正读音，并提醒“溜”在这个词中读第四声。全班响起了正确而又准确的“一溜烟”，同时又响起了“你可以，请你读。”读错的孩子站起来纠正了自己的读音。我及时表扬了小组长预习做得到位，同时又望向读错的孩子。读错的同学并没有感到难为情，而是读完了之后，自己又在座位上小声地重复了一遍。我被他们的举动感动了。重复，是学习过程中重要的一个环节。很多孩子觉得浮躁无味，然而他们的行为体现出来的是他对错误的重视，是一种认真的学习态度。我相信认真一定是有效果的。果然，在同桌一起读的环节时，他们没有读错，并且读得更大声，因为他们已拥有了自信。

课后，我宣布：“XXX是今天的最佳啄木鸟！每个人都很棒，其实预习多下一点功夫，你就更能自信满满地当小小啄木鸟了！”孩子们的眼里闪烁着自信的光芒。

啄木鸟的活动仍在班级继续进行着。通过这样的形式，孩子们不仅形成了互助小组，主动帮助组员正音，而且倾听能力也得到了锻炼。

换书识字

前埔南区小学　林巧彬

背景：在识字教学中我们常常注重识字方法的研究，课堂枯燥乏味，学生常常对识字交流提不起兴趣。

操作：将课本翻开至要学习的页数，同桌交换课本。先由A学生认读生字，B学生边听边做记号，在读错或者不会读的的字下面打点；接着换B学生读，A学生做记号。同桌都读完后，将课本交换回自己的手中，根据标记借助拼音或请教他人将字音读准。

风险与对策：

风 险	对 策
学生能力不同，有些难字始终读不准或不会读。	1. 先由作标记的学生进行示范读。 2. 教师加强巡视，对有困难的学生加强指导。 3. 对于多数学生出现的难认字，教师进行全班性指导，并通过复现，巩固识字。

推荐指数：★★★★☆

教学案例：

“换”出的精彩

《语文课程标准》倡导学生自主、合作、探究的学习方式，这也是我们“生本”实验所需要的一种重要学习方式。对于今年新接手的一年级小朋友来说，学校的许多事物都是新鲜的，各种习惯都还在逐步养成，如何培养他们的自主合作意识呢?

带着这样的思索，我走进课堂又开始了新的一课。虽说是新的一课，但孩子们好像对我固定的教学模式有了一丝厌倦，识字环节上孩子们无精打采，交流识字方法的人寥寥无几，好不容易遇上几次精彩的发言，仿佛我就是那唯一听众，其他的小朋友灵魂出窍般无动于衷。我就像是个泄了气的皮球……回家后，我不断在思考，如何让孩子们都主动参与到课堂中来呢?

第二天，到了识字环节，我故意提高声调：“今天，我们要让每位同学都来当当小老师，教教你的同桌！”一听到“小老师”这三个字，孩子们眼睛一亮，班级里有些沸腾了。打铁趁热，我顺势往下说：“不过啊，小老师要仔细听清楚大老师的要求哦！”“哈哈哈哈哈……”一个“大老师”把孩子们逗得哈哈大笑，也顺利地将他们注意力集中过来。“待会请同桌交换课本，先由左边的同学认读生字，右边的同学当小老师，认真听，边听边做标记，在读错的字下面画上上小圆点。”由于是首次尝试，我尽可能慢地将要求讲清楚。合作开始了，我扫视全班，有四、五组能力较强的同桌已经交换课本，认真地听读了，但仍有一些同桌还没有进行交换课本，各自读各自的。我迅速走到他们身边，一组一组地提醒他们要先交换课本，再由左边同学读，右边同学标记。五分钟过去了，左边的同学陆续读完了，我示意大家安静下来，这次我用较简洁的语言说明要求：“接下来书本不动，右边的同学读，左边的同学标记，开始！”话音刚落，右边的同学们一个接一个地读起来，班级虽然声响不小，但没有一个同学在开小差的，大家各司其职，可认真啦！滴答滴答，随着时间一分一秒地过去，班级也渐渐安静下来，“这回用时三分钟！”我激动地肯定着孩子们的进步，“接下来，是最后一个环节，也是最关键的一个环节，拿回自己的书，将带点字借助拼音再读一读。”孩子们满怀期待地拿回自己的课本，迫不及待地寻找书上小老师留下的批注，有的满脸不服气地向同桌讨说法，有的则虚心地向拼音老师请教，还有的将小手举得高高，请我这个大老师来当法官进行评判……教室里再次掀起一阵沸腾。

“丁零零……”下课了，孩子们意犹未尽地围着我，告诉我他们今天读对多少个字，找出同桌读错的几个字，看着他们那副认真的模样，我不禁笑了，心想：兴趣真是最好的老师，要让孩子主动学习，一定要从他们的兴趣入手，变换花样的激发他们的学习兴趣。

转盘识字

厦门市前埔南区小学　陈莉恒

背景：在小学低年级的识字复习中，有很多形近字容易被学生混淆，原因在于学生没有真正理解形声字的意义，对字的理解不到位，造成了在书写过程中的错别字频出的现象，不知晓生字所代表的含义。

操作：

1. 运用“生字大转盘”的游戏，让学生根据一个本字，添加不同的偏旁部首构成新字。

2. 进行字义的区分。

3. 新字组词。

4. 增强对字形的理解掌握，加深对生字的巩固识记。

风险和对策：

风　险	对　策
1. 学生组成的新字可能是他们不认识或超纲的字，如果此处再让学生组成或书写或造成学生的学习负担。 2. 基本字与新字之间的联系不明显。	1. 教师要明确教材中的“四会字”与“二会字”，最好能有针对性地对本册书或学过的生字进行转盘识字游戏。 2. 出示古汉字与繁体字，讲明某一汉字的演变规律。

推荐指数：★★★★★

教学案例：

在期末生字复习中，可先教给学生辨析形声字的形旁和声旁所表示的含义，形旁表意，声旁表音。然后根据这一构字规律，出示构字能力强的基本字，让学生根据“转盘识字”的构字游戏，通过添加不同的偏旁，组成新字，并进行字义的区分。

如在二年级上册的生字表（二）中，有一个基本字"票"，学生常常分不清课文中的"飘"与"漂"字。在复习时，我们就可以根据在基本字旁添部首，组成新字。根据形旁的不同，新字的意义也完全不同。再让学生通过"票"这一基本字加偏旁构成新字时，学生就会加深记忆：与风有关的就是"飘"，与水有关的就是"漂"。除此之外，学生还会总结出课外习得的"瞟"、"瓢"等字。

我想，运用"转盘识字"的游戏对形近字进行复习，能加深学生对汉字的理解，也能培养学生敏锐的辨析能力。

一字巧开花

前埔南区小学　陈莉恒

背景：小学语文教学中，组词是低年级语文教师在识字教学中常用的一种方法，它有助于学生了解字义，发展语言和思维。但小学低年级学生往往因为定势作用，所组的词语范围比较狭窄，以至于词语匮乏。

操作：

1. 理解文中带生字的词语。
2. 出示本课四会字中构词能力强的生字。
3. 学生尝试组词。引导学生组词时"瞻前"、"顾后"，开拓思维。
4. 梳理，总结方法。

风险和对策：

风险	对策
有的词如"萝卜"、"蜘蛛"、"蝌蚪"这一类联绵词既不能拆开来讲解，更不能拆开构词	1. 教师强调这些词的整体意义。 2. 引导学生根据词汇特点进行教学。

推荐指数：★★★★☆

教学案例：

在教学人教版一年级上册识字（一）第6课《静夜思》一文中，"头"字是本课的生字。在学生尝试自己组词后，我引导孩子们进行梳理：①"头"字前面加一个字，可以表示物体顶端。如：床头、龙头、车头、牛头、词头、个头、开头、伞头。②"头"字前加一个字，"头"在读音上弱化为轻声，不表示意义。如：水龙头、跟头、石头、木头、舌头。③"头"前面加一个字，表示头发。如：留头、剃头。④"头"字后面加一个字，表示首领。如：头目、头子。⑤“头”字后面加一个字，表示人或动物身体的最上部分。如：头骨、头脑、头角、头型。头顶。⑥“头”字当量词使用，前加数量词，后加名词，如：一头牛。当然，每个词汇都有各自的特点，在课堂上，我们应根据词汇特点进行教学，丰富学生的词汇，发展学生的语言。

运用微课

前埔南区小学　陈莉恒

背景：随着现代信息技术的飞速发展，微课技术应运而生。微课是一种新型的教学模式，突破传统教学课堂在时空上的限制，相对于较宽泛的传统课堂，“微课”的问题聚集，主题突出，更适合教师的需要。在低年级识字教学中，由于学生的年龄特点，对某些汉字难以理解掌握。微课的使用可以让学生在较短的时间里，利用生动活泼的讲解，突破生字学习方面的重难点。

操作：

1. 了解学情，分析学生学习的障碍点。
2. 根据学情制作微课或查找相关资源；
3. 适时播放微课；
4. 学生交流分享。

风险和对策：

风险	对策
教师过于追求微课的识字形式，忽视了学生的真实需要，大量使用微课无法解决识字教学上的重、难点，更不能促进学生思维品质的提升。	教师抓住有代表性的生字使用微课，让学生记忆深刻，有针对性地突破重、难点，促进思维的发展。

推荐指数：★★★☆☆

教学案例：

微课识字真有趣！

在以往的教学中，每当教学“初”这个字时，我总是是采取“加一加”、“换一换”的方式让学生简单地记住字形，但是，学生对“初”字义并不清楚，书写时也经常把衣字旁写成示字旁，组词更是显得贫乏。面对这样的情况，作为老师，我似乎也只能简单地让学生死记硬背……

一次外出听课，一位老师在执教部编版一年级下册识字 8《人之初》一课时，巧妙地利用微课引导学习“初”字，让人耳目一新！在老师精心制作的微课引导下，学生仔细观察“初”字的字形，了解“初”字的来源以及它的本义、引申义。短短的35秒的微课教学中，学生不仅明晰了“初”字的结构，字源的由来，本义和引申义，还进一步巩固了对“初”字的理解，巧妙地突破了重难点。观看微课之后，教师引导学生根据“初”字引申义进行组词，学生趣味盎然，跃跃欲试，“初春”、“初夏”、“人之初”等词语脱口而出。我内心不禁发出这样的感慨：“微课识字不仅有趣，而且高效！”

积分卡

前埔南区小学　吴聪娣

背景：喜欢学习汉字，有主动识字的愿望，这是《语文课程标准》对低年级识字教学提出的要求。第一学段要求学生要认识常用汉字1600 ~ 1800个左右，其中800 ~ 1000个左右会写。低年段的学生认知水平有限，缺乏独立识字的方法，引导学生养成自主学习汉字的习惯是帮助他们识字认字的重要方法。

操作：

1. 成立四人小组，分配小组成员的职责。
2. 制定规则，发放“识字积分卡”。
3. 小组成员在组内交流、学习自己学到的汉字。
4. 评选“识字大王”，并给予奖励。

风险和对策：

风 险	对 策
学生对一些生僻字的认识存在偏差。	教师要花时间浏览学生的积分卡，做简单的指导。

推荐指数：★★★★★

教学案例：

小小积分卡

为激发低年级学生主动识字的兴趣，培养他们独立识字的能力，我进行了“识字积分卡”的尝试。

老师在班级成立四人小组，每组推选一个识字量较大的学生担任组长，每周五统计小组成员的积分。每位同学发放一张“积分卡”，即带格卡纸。认识一个生字，学生就在“积分卡”的格子里写下生字，或者剪贴上去。认识一个汉字即积一分。每周五为“学习日”和“统计日”，小组成员交流自己课外认识的汉字，共同学习字形、字音、字意或不同的识字方法。组长统计积分，积分最高者当选“识字大王”，并担任下一周组长。同时，老师给予奖励。

活动开始了，孩子们的兴致可高了！他们争着认字、记字，比赛谁积的分多。到了周五，学生争当“小老师”，在小组内分享自己学到的汉字，不仅自己掌握了生字，别人也认识了生字朋友！最后，我们评选出了本周“识字大王”，并奖励一张贺卡。孩子们的脸上写满了自豪。其他学生也不甘示弱，纷纷地给自己定下小目标——下周的“识字大王”非我莫属！

“积分卡”，让孩子们的课外识字变得有情有趣！

生字归类

前埔南区小学　陈莉恒

背景： 小学低段语文复习中，生字的巩固是其中的重难点之一。教师要运用多种方式，加强已识汉字的复现巩固，防止回生。小学低段语文教学重视培养学生的识字兴趣，但生字复习方式比较单一，复习效果不容乐观。

操作：

1. 学生自由组成学习小组，每组 6 人左右。

2. 打开课本的生字表（一）、（二），让学生自由思考、讨论如何能更好区分生字的好办法。

3. 小组代表汇报本小组归类识字的方向。

4. 教师引导点拨，开拓思维。

5. 梳理，总结方法

6. 归类后，就本小组的成果进行组内自测。

7. 设置闯关游戏，考考其他小组的成员。

8. 展示各小组的归类成果，班级共享。

风险和对策：

风险	对策
1. 开始实施时，学生的思考面比较窄，归类的方式单一。 2. 归类后，学生的掌握情况不够良好，学生对整理出来的内容依然会产生记忆混淆。 3. 一节课复习时间不够。 4. 学生的讨论、整理不能做到全员参与。	1. 教师从不同方面引导学生进行归类。 2. 利用小组自测、班级闯关等游戏形式让学生在游戏中再次掌握知识点。 3. 学生可以用整块的时间进行小组内的整理归纳，用零散的时间进行游戏测评。 4. 请有经验的组长适时调控，事先老师也明确小组合作的规则。

推荐指数：★★★★☆

教学案例：

生字可以这样复习！

人教版第四册语文教材要求学生会认的字400个以上，其中要求会写的有300个字。期末复习中，生字的复习是一道难关。学生年纪小，经过一个学期的学习，经常是学了后面忘了前面，遗忘率惊人。平日里，都是我将容易混淆的字列出来让学生指认、评讲。这一方面加大了我的工作量，另一方面学生的学习兴趣也不高，教学效果不佳。在期末复习中，我就采用了这个字词复习的小策略，让学生以小组的形式合作学习。当我抛出问题：“同学们，看看生字表（一）和（二）中这么多朋友，你们有什么好办法能很快又很准确地认出他们呢？”话音刚落，学生们兴趣盎然：有的说根据读音归类，有的说根据字形区分，孩子们很快就行动起来了！经过班级同学的一番梳理，全班八个小组形成了不同的归类方式：有的组从“读音”上对易混淆的平舌音、翘舌音、前鼻音、有鼻音进行归类；有的组对同音字进行归类；有的组罗列的是本册书中的多音字；有的组根据每个字的字形结构进行归类；有的组按单元把平日里易写错、读错的字进行整理；有的组根据拼音的声调进行归类；有的组利用本册的生字进行写句比赛，看谁用的生字多；还有的组按八个单元，画了八棵智慧树，而智慧树上的生字果实就等着其他同学来摘取呢！

就这样，一节课时间匆匆而过，课堂上众说纷纭的场景让我欣慰，我想，经过他们动手又动脑的整理，掌握生字的情况一定令我欣喜！孰料，当我走到学生身边单独考查他们时，新的问题又出现了：有的学生在刚刚的小组讨论中开小差，本小组整理的内容，掌握情况依旧不好；有的小组只局限于自己小组的成果，不去欣赏、学习其他小组的学习成果；一节课时间不够用，实际效果真的能如学生们热火朝天地讨论的那么好吗？我惘然。

因此，我没有止步于学生的整理。为了检测复习效果，我利用平日里的零散时间，让他们小组组员轮流当考官互相检测；每小组挑出自己认为难写、易混的字供全班进行辨认闯关；最后，张贴每个小组的归类成果，全班同学借鉴、学习。

这种建立在学生兴趣的支点上的复习，把复习的主动权交给学生，化被动复习为主动参与、主动梳理、主动建构，学生的个性得到充分尊重，复习的实效大大提升。

巧用词串

前埔南区小学 吴聪娣

背景：在词语教学中，大多数老师没有关注词语之间的内在联系，学生虽然理解大概意思，但无法更深地体会其中的内涵及情感。我们可以捕捉相关联的词语，引导学生抓住词串，深入领会词语的意思及内在联系，丰富学生的情感体验。

操作：

1. 出示语境中的词串，引导学生发现关联点。
2. 创设情境，深入理解词语的意义，加深对词串的理解。
3. 引导学生理解词语之间的联系，体会词串蕴含的情感。
4. 学生带着自己的感受和体会朗读句子。

风险和对策：

风 险	对 策
1. 学生年龄与知识局限，对词串的各个词语理解比较肤浅。 2. 有些孩子无法理清词串之间的关系。	1. 教师要创设情境，引导学生抓住关键字眼由浅入深准确理解不同词语的意思。 2. 教师在学生交流的基础上适时点拨，引导学生理清关系。

推荐指数：★★★★☆

教学案例：

巧用词串

词串，是把一系列的词语按照某种分类方式组合起来的一串词语。在词语教学中，我们往往可以根据某种关系将一些相关联的词语组合成词串，进行集中教学，抓住关键字眼引导学生深入理解词语的意思，领会词语之间的内在联系，从而深入体会词语蕴含的情感。

在教学《浅水洼里的小鱼》这篇课文时，文中出现这样的句子：用不了多久，浅水洼里的水就会被吸干，被太阳蒸干，这些小鱼都会干死。这个句子中出现了“吸干”“蒸干”“干死”这三个词语。这三个词语有一定的联系，学生虽然了解大意，但是对三个词语的内涵和联系却不太清楚，以至于无法感同身受地体会被困在水洼里的小鱼儿的痛苦和绝望，也无法有效地激发学生的深切同情。在教学中，我首先出示了这三个词语，问学生：“读读这三个词语，你发现了什么？”学生很快发现三个词语的共同点，就是都有一个“干”。我问学生：“你知道干是什么意思？”学生都知道干的意思就是缺乏水分，或者是水分很少。我引导学生联系生活实际和自己的亲身经历思考：“在生活中，你有口干的感受吗？”学生都表示有过这样的经历，特别难受，口干舌燥，嗓子都要冒烟了。说完，我引导学生观察几幅图，用自己的语言描述画中的情景。“大地那么干旱，植物都无法生长，寸草不生，真荒凉啊！”“没有水，那些小草都干枯了，花儿都枯萎了，多么可怕啊！”……一个“干”字，给学生带来了那么丰富的感受。我请同学们再读“吸干、蒸干、干死”，问：“你们能想象，那么多被困的小鱼儿正遭受着怎样的痛苦吗？”孩子们纷纷交流，“小鱼儿被困在浅水洼里，沙粒吸干了水分，太阳的温度越来越高，正在蒸干那剩余的一点点水，小鱼儿很快就会因为缺水而干死了。”“浅水洼里的水越来越少，小鱼儿连气都喘不过来了。”“小鱼儿全身都被晒得滚烫滚烫的，它在巴掌大的小水洼里绝望地挣扎着。”“小鱼儿的呼吸越来越困难，他觉得自己马上就要死去了！”“小鱼儿可能会哭着说：救救我吧！让我想回到大海里去吧！”……“同学们，想到这样的画面，你的心情怎么样呢？”“我的心里很难过，多么可怜的小鱼儿！我真想帮他们！”“我觉得，这些小鱼儿多么不幸啊，我真想去救他们！”“每一条鱼都是一个生命，看着他们即将干死，真让人心痛！”“我多么盼望老天爷能下一场雨，让他们活下去啊！”我引导学生带着自己的同情和美好的心愿，一起读读这句话。孩子们动情的朗读，深深地打动了我的心……

同中求异

前埔南区小学　何婉蓉

背景：随着词语积累量的增加，二年级学生对近义词的接触开始增多，他们乐于积累近义词，并能初步运用近义词替换的方法进行字词的理解。但是近义词并非同义词，它们在语义、使用范围、情感表达、程度深浅等方面存在着细微的差异，既把握共同点，又能清楚地辨析它们之间的差异，才能使学生更准确地掌握近义词，更精确地运用近义词，在语言表达上更加生动、具体、准确。

操作：

1. 引导学生进行近义词比较。
2. 引导学生找出相同点和不同点。
3. 创设语境进行表达运用。

风险和对策：

风险	对策
近义词之间的差异过于细微，难以把握。	1. 认真备课，精细备“词”，挖掘近义词之间的同异点。 2. 结合词语特点，精心设计教学情境，引导学生捕捉差异点。

推荐指数：★★★★☆

教学案例：

“同”中有“异”

二年级下册《葡萄沟》里有这样一个重点句：“到了秋季，葡萄一大串一大串地挂在绿叶底下，有红的、白的、紫的、暗红的、淡绿的，五光十色，美丽极了。”在教学时，让孩子结合看图片、看视频感受了葡萄沟的葡萄多，品种多，收获也多后，我抓住了“五光十色”一词进行语义的挖掘。首先，让孩子们说说他们对“五光十色”这个词语的理解，孩子们大多说到了颜色多的层面。接下来，引导孩子思考：你们能把它换一个词，意思不变吗？孩子们纷纷回答，有的答五颜六色，有的说五彩缤纷，有的说色彩鲜艳。在互动评价中，他们留下了“五颜六色”，觉得这是最准确的。这时，我出示了葡萄沟葡萄的近景图片，让孩子们仔细观察，还有什么发现。孩子们说葡萄会发光，有的说葡萄像宝石一样，这时再引导孩子思考：那这个词到底能不能换呢？孩子们有了答案，我在给予肯定后，进行小结：虽然“五光十色”和“五颜六色”都有很多颜色的意思，但，“五光十色”侧重光泽的色彩，而“五颜六色”主要体现颜色的多，这里使用“五光十色”更加准确。接下来，设置了几个选词填空的习题加以巩固。

通过这样的辨析，孩子们对于近义词之间的差异，敏锐度大大提高，遣词造句的能力也无形中得到渗透。

换词比较

前埔南区小学　何婉蓉

背景：我们常常要求学生注意积累词语，可是稍加留心就会发现，不少学生积累的“好词”，无非是一些成语或四字好词，再看看他们的日记、小短文，便可以发现，其实他们并不太理解这些词“好”在哪里，没有建立在理解基础上的词语积累，只是数量的增加、华丽辞藻的堆砌。词语的有效积累应是理解了其精妙之处，并能加以灵活运用的。“换词比较”是低年级学生理解词语最简便、高效的方法。

操作：

1. 读句，定位重点词语。

2. 尝试用其他意思相近的词语进行替换。

3. 比较换词后两个句子的不同之处。

4. 教师小结。

风险和对策：

风 险	对 策
1. 有的语句进行换词后，表达效果没有不同。 2. 学生无法体会换词后的不同之处。	1. 教师深入研读文本，把握含义深刻的重点词。 2. 借助图片、生活经验、想象等方法进行引导。

推荐指数：★★★★☆

教学案例：

“整天”与“每天”

在《两只小狮子》的教学中，引导学生通过重点词、句来体会两只狮子的“勤”和“懒”是个重要的教学环节。在品读感悟勤狮子的“勤”时，学生很快找到了“一只小狮子整天练习滚、扑、撕、咬，非常刻苦。”这句话，我通过想象、演示、补白的方式引导孩子一点点地感受勤狮子的刻苦。“滚、扑、撕、咬”这几个动作通过孩子们生动形象的表演理解得十分到位。而“整天”这个关键词不够具象，该用什么策略来引导他们呢？我运用了“换词比较”的方法。

教学时，我提问：“谁能给‘整天’换一个词，让句子的意思一样呢？”一个学生回答：“每天。”座位上的孩子们纷纷表示赞同，我心里一沉：“整天”与“每天”从字面上看确实相近，替换后也不会让人感到别扭，但在词义上二者却是存在着微小但至关重要的区别的。一个“整”字把一天的时间全部包括在内，而“每”字则是指一段时间中的任何一天。二者指向的时间是不同的，虽然替换后仍然可以体会到勤狮子的勤奋刻苦，但如果就这样含糊过去，学生在积累词语，准确表达方面将形成错误的观念。

对学生的回答，我暂时不置可否，在黑板上板书：整天＝每天？告诉他们，我们再来检验一下，换个句子换词比较一下：我________都要刷牙。学生纷纷进行换词练习，两个句子一读，他们乐了，这个说：我只有早上和晚上才刷牙。那个说：一整天都在刷牙，太好笑了。我顺势而导，那“整天”与“每天”到底有什么不同呢？孩子们渐渐开窍了，有的说：“每天就是今天、明天、后天，一直到星期天。”有的说：“每天是指不同的天，整天就是在一天里面的。”还有的说：“整天应该是一天从早上到晚上。”我肯定了他们，出示了口头填空练习：

____________________，小狮子就开始练习滚、扑、撕、咬，非常刻苦。

____________________，小狮子还在练习滚、扑、撕、咬，非常刻苦。

____________________，小狮子仍然在练习滚、扑、撕、咬，非常刻苦。

这时孩子们已经理解了“整天”是从早到晚的意思，让他们再进行换词时，能用上“一天”“从早到晚”了。

换词比较，是语文课堂理解字词常用的教学策略，可以通过换词认识近义词、体会遣词造句的精妙之处，深挖字词含义，讲究策略引导，能让我们的字词理解更加到位，积累更加有效。

形旁辨义

金鸡亭小学 吕火明

背景：在学习过程中，学生经常出现同音错写或者形近字错读的问题，纠正多次，收效甚微。深究其原因，主要是学生对生字的字义没有真正的理解掌握而形成的。那么在理解字义的基础上再进行识记，就可以提高学生生字的识记辨别能力，降低这种错误的发生。

操作：

1. 整理易错词的基本字。
2. 运用加一加方法，组成新字。
3. 根据形旁表义的作用，理解字义。
4. 放到具体的句子，加以运用，促使进一步掌握。
5. 总结规律方法。

风险和对策：

风 险	对 策
1. 个别的形近字的意思是由本义而引申的，较难于理解。 2. 特殊的形近字的意思脱离形旁本义。	1. 可借助字理进行理解。 2. 鼓励引导学生养成探究，结合实际情景进行理解。

推荐指数：★★★★☆

教学案例：

巧辨形近字

工作室曾老师执教《有趣的形声字》一课，开始环节出现了字谜：有水能吐泡，有火能放炮，有手能拥抱，有食肚子饱。学生根据字的组成猜谜，泡、炮、抱、饱这几个形近字都是在“包”的基础上添加形旁组成的新字，接着曾老师出示汉字常见的一个部首“艮”，加上偏旁组成新字，组成了“根、跟、恨、很、狠”，再引导学生抓住偏旁大胆猜测字的意思，接着放到具体的句子中去理解字义。五年级上册的第五单元的综合性学习也出现相关的字谜：有心走不快（慢），见水装不完（漫），长草难收拾（蔓），遇食就可餐（馒）。这些都是利用形近字形旁表义的功能。那么，我们平常在学习生字的时候，就可以引导孩子利用生字的形旁理解字义，再举一反三联想形近字来进行识记，这样学生在理解字义的基础上来识记就更加的容易且不再混淆。

扩词成句

前埔南区小学　何婉蓉

背景： 当前小学低段字词教学存在着重数量、轻质量；重音形、轻字义；重机械积累、轻灵活运用的情况，造成学生字词积累和运用效率低下，口头表达、书面语言贫乏的问题。低年级的识字教学必须关注这种现象，有意识地指导学生扩词，适时引导扩词成句，扩成超过单一意义的句子，甚至句群。让学生将积累的字词盘活运用，实现低段词语教学的"语用"特点。

操作：

1. 选择一个典型生字，给生字扩词。
2. 手段辅助（借助图片、影片、动作表演等）扩充短语。
3. 问题引领想象，扩词成句。
4. 创设情境形成句群。

风险和对策：

风　险	对 策
1. 课堂操作耗时大。	1. 以点带面，每次上课有所侧重地选择一类词性进行训练。 2. 见缝插针，课前课后当成游戏来操作。
2. 学生差异，受益不均。	3. 关注差异，分层评价，让每个学生在自己原有基础上有所提升即可。

推荐指数： ★★★★★

教学案例：

词语变"胖"了！

在运用了"一字巧开花"、"一词引一串"的词语积累策略后，我们班的小朋友在组词的数量和速度上渐入佳境，越来越顺溜了。但，新的问题又出现了，他们在日常表达、看图写话、日记中仍停留在以词代句、多用短句的基础上，积累的词语仿佛沉睡的精灵，等待着唤醒，等待着焕发新生！

这一天，在指导"花"一字的书写之前，我让学生做了"一字巧开花"的游戏，从花的名字、花的部位、带有花的东西到花的成语，学生扩展出了一长串的词，我激励他们："你们可真了不起，把带有'花'的词语变多了！我们不但能把词语变多，还能把这些词语变'胖'呢！"学生一听可兴奋了，我趁热打铁："不信，谁来挑出一个词，我们全班合作来把它变'胖'？"小手如雨后春笋般冒了出来，少宇选了"小花"这个词语，我随即在黑板上画出了一朵小花，问："这是——？"学生喊了出来："一朵小花！"我板书了出来，并给小花涂上了红色，问："现在它变成了一朵——？""红色的小花"、"鲜红的小花"、"红艳艳的小花"、"美丽的小花"，孩子们争先恐后地回答。我再次板书——一朵红色的小花，并抛出一个问题："想象一下，什么时间，在什么地方，谁看到了一朵红色的小花？"孩子们沉默了片刻，小手又举起来了。"早晨，在公园里，小红看到了一朵红色的小花。"伴随着我的一句："谁还有不一样的想象？""春游的时候，我在植物园看到了一朵美丽的小花。""来上学的时候，我在小区里看到了一朵红红的小花。"、"下课的时候，我在操场旁边看到了一朵红色的小花。"一个个表达完整流畅的句子出现了，我适时小结："看，从小花——一朵小花——一朵红色的小花——句子，我们这不就让'小花'这个词语变'胖'了吗？"学生兴奋得欢呼起来。

此后，我们班经常玩这个游戏，有时在课前，有时在课中，有时在课后，学生的表达日渐完整、清晰，沉睡的词语精灵被唤醒了，被盘活了！

五步激趣

前埔南区小学　陈莉恒

背景：汉字是一门艺术，是我国众多艺术中的瑰宝。写字可以陶冶一个人的情操，增强个人的审美能力。《课标》指出：规范、端正、整洁地书写汉字，是学生终身学习能力的基础。养成良好的写字习惯，具备熟练的写字技能，具有初步的书法欣赏能力，是现代中国公民应有的基本素养。指导学生写好字，对于提高学生的文化素养起着重要作用。但是，在日常教学中，部分学生没能从书写中感受到汉字的形体美，造成兴趣缺失，一些学生书写的态度马虎，一些学生对自己的书写要求仅仅停留于工整。在教学中，我采取了"五步激趣"法，努力激发学生的书写兴趣，养成良好的书写习惯，发挥书写的育人功能。

操作：

1. 探寻文化；
2. 故事激趣；
3. 名作欣赏；
4. 分享心得；
5. 书法展示。

风险和对策：

风险	对策
教师一味地教学生如何写字，往往使他们感到单调与枯燥，甚至被视为负担。	这些操作与方法应循序渐进。教师在教学中注意策略采取的针对性、计划性和系统性，以此来切实提高教学的实效。

推荐指数：★★★☆☆

教学案例：

让孩子感受汉字美

新学期，我刚接手一个班。这个班的孩子由于先前没有打好良好的基础，书写情况堪忧：书写不工整、卷面凌乱、字迹龙飞凤舞……作为接班的语文老师，如何改变班级现有的情况，转变学生对书写的认识，激发学生对书写的兴趣，成了我苦苦思索的难题……经过一段时间的摸索，我采取了“五步激趣”法，让学生感受汉字美，激发学生的书写兴趣。

一、探寻文化

在平日的教学中，我常常采用系统识字的方式，带领学生们通过了解字源，感受中国汉字历史悠久，充满魅力与神奇。我给学生们介绍仓颉造字的神话，讲述甲骨文的发现，让学生对中国汉字充满了兴趣。

二、故事激趣

为使学生一上课就产生浓厚的写字兴趣，教师一定要注重写前的导入，采取不同的方式激起学生的写字欲望。我根据班级学生崇拜名人、喜欢模仿名人的心理，收集古今书法大师少年时代练字的传说故事，讲给学生听，从而激发学生热爱写字的感情。爱听故事是小孩的天性，自古至今有许多书法家或书法爱好者练字的轶事趣闻。通过向学生讲王羲之“临池学书”清池变墨池等有关勤学苦练书法的故事，激发学生对练字的兴趣。例如：在教学苏教版语文第一册《怀素写字》的文章后，怀素成了学生们练字的榜样。这时，我激励学生：“你们如果像怀素一样从小认真练字，肯定都能写出一手好字！”老师的期望，使学生个个信心倍增，为学生平时认真写好每一个字奠定了良好的情感基础。

三、名作欣赏

环境对学生有着潜移默化的影响作用。良好的艺术氛围能激发学生的写字兴趣，提高其欣赏美、感受美的能力。因此，在教室室内环境的布置，应尽可能地体现书法艺术气息。室内墙壁挂书法作品，可以是买来的条幅、格言等，也可以是老师自己书写的，甚至学生优秀的作品也可以装裱悬挂，来创造一个书法的学习环境，创设一个积极上进的良好氛围。

“定期展览”是将写得好的学生作品和报刊上的优秀书法作品放进学习园地。让学生看到自身的价值，增强学生的自信心，提高他们对写字的兴趣。整个班级也因此形成良好的写字氛围。

班级的图书角摆放一些书法类的读物，如《小学生写字方法指导》《名家作品欣赏》等。学生平时可以抽空翻阅、欣赏，这样使他们长期处于浓郁的艺术氛围之中，耳濡目染，便会自然而然地产生浓厚的写字兴趣。

四、分享心得

班内的后墙设立“书法园地”，专供展览本班学生的写字心得。有条件的话，可以给每一个学生开辟一块个人的展示区，将学生每一段学习时间中最有代表性的作品放在上面，这样可以对每一个人的学习成果一目了然，便于发现问题，同时鼓励进步。对学生而言也是一笔宝贵的财富。多给学生以展示自己的机会，多使他们体验成功。学生们通过阅读班级伙伴的练字故事，明白了习字的艰辛与坚持不懈的重要性，纷纷表示要向刻苦练字的同学学习。

五、书法展示

定期在班里进行作业展览，或举行写字比赛、评选写字之星。 会使学生在潜移默化中有了竞争意识，从而也就有了写字的兴趣，他们在相互交流中学会了欣赏，学会了评价。

“榜样的力量是无穷的”，而来自学生中的榜样是最有说服力的。因此，不断在学生中树立榜样，是激励的重要手段。在作业批阅后，课堂上采用板演、用实物投影仪等手段展示学生习作。课后，在教室办学生作业专栏或举办作业展览，挑选一些好的作品上墙“公开发表”，供大家欣赏学习，并注重让这些学生谈心得体会，与同学们交流书写技巧，然后教师再加以适当的表扬奖励。同时也为写字进步的同学另辟一角，使他们感觉到自己也在不断进步。这样，大大激发了每一个学生的写字积极性，全班出现“比、学、赶、超”的场面。

竞赛不但能调动学生写字的积极性，还能培养学生良好的竞争意识、同学之间互相合作的集体意识，如开展最佳作品评选、最佳坐姿评比、“每周一星”评选等，展示一些佳作品，引导学生欣赏品评，并让学生对自己的作品品头论足，从而激起他们强烈的写字兴趣。同时引导学生欣赏优秀作品，不仅能陶冶学生的审美情操，也能提高学生的欣赏能力。

书写四要领

前埔南区小学 陈莉恒

背景：《义务教育语文课程标准》(2011 年版）对写字教学提出了建议：“按照规范要求认真写好汉字是教学的基本要求，练字的过程也是学生性情、态度、审美趣味养成的过程。每个学段都要指导学生写好汉字。要求学生写字姿势正确，指导学生掌握基本的书写技能，养成良好的书写习惯，提高书写质量。”但是，在日常教学中，低段学生因年龄特点对汉字书写的结构、笔画等方面缺乏关注，在学习的过程中只学会了对单个字书写的要领掌握，习得的要领对其他生字无法迁移运用。因而，我在小学语文低段写字教学中引导学生有方法、有策略地学习汉字的书写，掌握书写规律，促进学生书写取得长足的进步。

操作：

一看：看汉字笔画结构；

二想：笔画及笔画书写；

三动笔：坐姿握姿标准；

四对照：寻找差异并改正。

风险和对策：

风险	对 策
按照美学规律，写好硬笔正楷字的造型方法，归纳起来有六个方面，学生死记硬背不得要领。	结体要领必须在反复练习中潜心体味，绝不是背诵几条规则所能掌握的。

推荐指数：★★★☆☆

教学案例：

书写练习有要领！

一年前，我听了一位见习期老师的语文课，她授课的对象是一年级的小学生。在她的课堂上，教师对每一个生字认真讲解，讲完后学生马上练习书写。展评的书写作业却让我吃惊：学生书写的汉字不规范，结构混乱，笔画不到位……课后，我找这个老师私下沟通，和她谈了我的想法，希望她在教学生字的时候有意识地引导学生关注“书写练习四要领”，这样会使学生掌握汉字书写的规律，形成良好的书写习惯。

我以为，故事就这样结束了，殊不知，半年以后，这个老师又一次邀请我来到了她的课堂上。那节课，她教学的是人教版小学语文二年级上册第二课《黄山奇石》中的生字——“块”字：

课件出示独体字“土”和提土旁，请同学们认真观察两者的区别。学生胸有成竹地说：最后的一笔横变成提。这时，教师适时引导他们，他们所说的是笔画上的不同，谁能从田字格的位置上也来找找这两者的不同？学生就不难发现土字占田字格中间，提土旁只占田字格的左半格。在学生互相提醒书写时要注意的地方后，教师在黑板上范写、讲解要点。接下来，教师引导学生看着规范字，静静思考一下“块”这个字的笔画和书写要点。然后，临摹，记住所描笔画的位置、特点，并注意笔顺，书写时注意写字姿势。最后，请同学们在刚刚描的满意的“提土旁”下面画个圈。

在描写之后，教师指导孩子进一步临写：临摹时眼睛要观察范字，再次注意书写笔画和要点。接着，自评、互评看看提土旁临写的如何，有什么发现，启发学生自我发现硬笔正楷书写的规律，比如：提土旁的字左窄右宽。临写之后，再请学生们运用学到的规律书写“块”字，请同桌互当小老师，把写得好的画圈，写得不好的地方互相纠正、提醒。学生评的非常认真、投入……

在这位老师的课堂上，从临写提土旁到描红“块”字，再到运用规律书写“块”字，难度逐步提高，体现了写字训练的梯度。我想，写字教学如果能即让学生认识规律，又能引导学生运用规律来练写，学生就一定能掌握书写技巧，形成书写能力。我永远也忘不了，这位老师欣喜地和我分享着她在和我交流后，在生字教学方面的成长体验时感触颇深的一句话：“原来，练习是有要领的啊！”

书写评价表

前埔南区小学　陈莉恒

背景：在日常的教学中，许多教师在写字教学中都设计了生生互评的环节。可是，老师没有教给学生评价的方法，学生的评价显得零散，缺乏针对性，十分低效。在教学中，我尝试运用书写评价表，在书写练习后进行生生互评或者自我评价，引导学生从汉字的结构笔画及书写姿势对汉字进行评价，帮助学生在一定程度上掌握对汉字书写的规范性认识，促进学生写好汉字，在潜移默化中掌握汉字的书写规律。

操作：

1. 学生书写练习；

2. 引导学生依据表格进行评价；

3. 学生根据评价意见进行再次修改。

风险和对策：

风 险	对 策
有些学生因概念不清等原因，无法准确地就汉字的结构 / 笔画等做出评定。	教师抓住有代表性的生字使用该项表格做出示范性评定，让学生明确使用此表的方法。

推荐指数：★★★☆☆

教学案例：

小小评价表

在教学人教版二年级上册第六课《雷锋叔叔，你在哪里》一课时，我引导学生利用“书写评价表”巩固汉字“冒”字的书写。在教学中，我先请学生仔细观察“冒”字上半部分与“日”字的区别，再利用字源的讲解告诉学生“冒”字的由来，之后，请学生运用此表对同桌的书写做出评价，在评价的过程中，学生又再一次明晰了“冒”字是上下结构，上面不是日字，而且两横没有连接左右两竖，以及书写的笔画顺序和书写时的坐姿、握姿。学生在生生互评之后，又再一次明确了书写的要求，反过来又促进了“冒”字的书写。

书写评价表

评价内容	星级评价	备注
汉字的结构	☆☆☆☆☆	好★★★★★ 一般 ★★★★ 待提高 ★★★
汉字的笔画	☆☆☆☆☆	
书写的姿势（坐姿和握姿）	☆☆☆☆☆	

第六节　低段字词教学的典型课例

字词教学在小学阶段贯穿始终，但对于低年级来说，字词教学是重中之重。在教学中，我们要根据低段学生的认知特点和思维特点，遵循“字不离词，词不离文”的字、词、句的整合规律，精心选择灵活多样的字词教学策略，为学生的语文学习打下坚实的基础。在《咕咚》《寒号鸟》《小猴子下山》这三个典型课例中，我们感受到了字词教学的特点和亮点！

将字词教学落到实处

——《咕咚》教学课例

厦门市前埔南区小学　林巧彬

【教学目标】

1. 会认“吓”、“跟”等生字，会写“吓”、“怕”两个生字。通过想象、联系生活实际等方法理解“害怕”的意思，会用“一边……一边”、“一……就”说话。

2. 联系生活，以演促读，感受小动物们心里的害怕，并探究害怕的原因。

3. 以演促思，初步懂得遇事要思考，不盲目跟从。

【教学提升点】

1. 借助表演等手段理解关键字词，以演促读，探究小动物害怕的原因。

2. 以演促思，初步懂得遇事要思考，不盲目跟从。

【教学设计和过程】

课前热身：小朋友们，请你们仔细听，猜猜这是什么。（说象声词）

一、质疑导入，整体感知

1. 播放音频，这是什么声音？

2.（板书：咕咚）这“咕咚”究竟是什么？让我们走进课文瞧瞧吧。请小朋友们打开语文书 P106，自由读读课文，读准字音，读通句子。

3.（出示课文插图）谁来看图说说课文主要讲了一个什么故事？

4. 读了课文，你知道咕咚是什么了吗？

5. 听到咕咚，小动物们有什么感觉？（板书：害怕）

二、指导书写，互评改进

1. 出示生字“怕”。这是一个形声字，白是它的声旁，表读音；竖心旁是它的形旁，表示从心里感到害怕。课文里还有一个表示害怕的生字，它就是“吓”，你能给它找找朋友吗？（吓人、吓唬）

2. 指导书写“吓”和“怕”。这两个字在书写的时候要注意什么呢？

（相同点：左右结构，左窄右宽。不同点：“怕”左长右短，“吓”左短右长，口字旁在左上格，右边的“下”起笔与“口”同高。）

3. 师范写，生临写。

4. 同桌互评：同桌交换书本，如果你觉得他写得好的就给他一面小红旗，如果你觉得有哪些地方需要修改的可以做记号，并告诉他怎么写会更好看。

5. 同桌展示、评议。

6. 你从哪些句子感受到小动物们的害怕？请小朋友们自由读 2—4 自然段，

用横线画出来句子。

7. 交流句子。

三、展开想象，以演促读

1. 学习第 2 自然段

（1）谁最先听到“咕咚”声？（兔子）师引读：听到“咕咚”声，兔子——吓了一跳，拔腿就跑。他一边跑一边叫——不好啦，“咕咚”可怕极了！

（2）采访：兔子，兔子你为什么拔腿就跑？(因为咕“咕咚”可怕极了！)

（3）联系实际生活展开想象：平时有什么让你觉得很可怕的吗？（妖怪、魔鬼、怪兽……）

（4）想象补白：此时，兔子还可能想到什么，觉得“咕咚”可怕极了？

出示：突然，湖里传来一声“咕咚”，兔子心想：____________________。

（5）让我们同桌合作演一演吧。

（6）请一组同桌展示。

（7）学生点评。

（8）根据同学们的意见，我们同桌合作再演一演。

（9）让我们插上想象的翅膀，带上动作一起读读第 2 自然段吧。

2. 学习 3、4 自然段

过渡：

（1）听到兔子的叫声，小猴子又是什么反应呢？

（从“一……就……”感受小猴子害怕。他害怕到想都没想就跟着跑起来。）

（2）其他小动物是不是也像小猴子这样的反应呢？你们能用上“一……就”来说说吗？

生 1：狐狸一听，就跟着跑起来。他一边跑一边大叫：“______________。”

生 2：山羊一听，就跟着跑起来。他一边跑一边大叫：“______________。”

生 3：小鹿一听，就跟着跑起来。他一边跑一边大叫：“______________。”

合：大家一个跟着一个跑起来。大伙一边跑一边叫：“快逃命啊，‘咕咚’来了！”

（3）大家想都没想就跟着跑起来。采访台上的小动物：你知道“跟”在这里是什么意思吗？（跟从、跟随、紧接着）那请你们跟着我回座位吧。

过渡：除了从小动物们的动作感受到他们的害怕，我们还从他们的——叫声感受到害怕。

（4）出示兔子、小猴子和大伙儿的叫声。比较这三次呼喊，你有什么发现？

四、小组合作，以演促思

1. 小动物们的害怕同学们不仅感受到了，还能通过朗读展现出来。现在请四人小组合作演一演 1—4 自然段。

2. 展示、点评。

3. 采访：兔子兔子，你为什么这么害怕“咕咚”呢？小猴子，你为什么也害怕呢？其他小动物们，你们呢？

4. 小朋友们，你有什么话想对他们说吗？

五、设置悬念，小结收获

小动物们最后还会怕咕咚吗，他们又是怎么知道咕咚是什么的呢，下节课我们接着学习。这节课你有什么收获呢？

【课例评析】

在《咕咚》一课的教学中，林老师立足字词教学，有效地促进了学生的语文学习。林老师教学“跟”字，在孩子们从“一……就……”感受到猴子的害怕之后，引导孩子们迁移运用，用“一……就”说说其他小动物的反应，边说边让孩子即兴表演——一个跟着一个跑起来。形象的表演让孩子们一下子明白了“跟”的意思。

整堂课中，林老师紧紧围绕“害怕”这个关键词语，引导学生一步步深入文本。首先，林老师引导学生通过字理分析理解“怕”字，通过想象、联系生活实际等方法理解“害怕”的意思。接着，她请学生走入文本，思考：你从课文中的哪些句子感受到小动物们的害怕？请用横线画出来。学生在阅读过程中再次理解“害怕”的意思。然后，林老师引导学生运用想象表演的方法，用心感受、体会小动物们的害怕，并探究害怕的原因。学生在层层深入的学习中不仅读懂了“害怕”的意思，也进一步理解了文本，发展了学生的思维，提高了学生的语言能力。

总之，林老师的《咕咚》一课将字词教学落到了实处，让课堂扎实有效！

因为体验，所以精彩

——《寒号鸟》（第二课时）教学课例

厦门市前埔南区小学　魏珍珍

【教学目标】

1. 认识“堵、缝”等 15 个生字，读准多音字“号、当”，会写“面、阵”等 8 个字，会写“山脚、当作”等 13 个词语。

2. 抓住人物对话，通过想象补白感受角色的特点，并分角色表演故事。

3. 理解故事寓意。

【第一课时目标】

1. 认识“堵、缝”等15个生字，读准多音字“号、当”，会写“面、阵”等8个字，会写“山脚、当作”等13个词语。

2. 初读课文，理清文章脉络，初步感知喜鹊和寒号鸟的形象。

【第二课时目标】

1. 抓住人物对话，借助想象补白、以演促读感受角色特点。

2. 通过表演，回归文本，感受语言特色。

3. 领会故事寓意：懒惰、得过且过是没有好结果的，幸福生活只有通过辛勤劳作才能得到。

【提升点】

通过表演帮助学生想象补白，积累内化语言。

【教学过程】

一、情境引入

1. 引入课题：这节课我们接着学习《寒号鸟》。

2. 创设情境：山脚下有一堵石崖，崖缝里住着寒号鸟；河对岸有一棵大杨树，那是喜鹊的家。它们是一对邻居。几阵秋风过后，树叶落尽，冬天快要到了。

二、整体感知

1. 此时，喜鹊和寒号鸟在干什么呢？你能用课文里的句子说一说吗？

（1）交流句子。

喜鹊：喜鹊一早飞出去，东寻西找，衔回来一些枯草，就忙着做窝，准备过冬。

寒号鸟：寒号鸟却只知道出去玩，累了就回来睡觉。

（2）我们一起读一读这两个句子吧。

（3）学习“却”字。

同样的天气，它们的做法却完全不同。瞧，我们来看看这个生字——却。

谁来说一说，写的时候要注意什么？

2. 喜鹊和寒号鸟做法完全不同，最后结果也不一样。赶紧到文中找找吧。

（1）交流。出示句子：喜鹊在枝头呼唤寒号鸟。寒号鸟已经在夜里冻死了。

（2）谁能用上“却”把这两个句子连起来说一说？

（3）全班读。

三、细读感悟

1. 为什么喜鹊能顺利过冬，而寒号鸟却冻死了？

2. 喜鹊是怎么劝告寒号鸟的？结果又怎样？自由读课文3—9自然段，用横线画出喜鹊的话，波浪线画出寒号鸟的话。

（1）找对话。谁来交流？喜鹊怎么劝告？寒号鸟怎么回应？冬天，它还说了什么？

（2）出示两次劝告。你们发现了什么？

（这两次劝告都先写了喜鹊的劝告，再写寒号鸟的回应。）

3. 走进“第一次对话”，出示三句话，请同桌带上自己的感受分角色读一读。

寒号鸟，别睡了。天气暖和，赶快做窝。

傻喜鹊，不要吵。太阳高照，正好睡觉。

哆啰啰，哆啰啰，寒风冻死我，明天就做窝。

1. 采访：小喜鹊，你为什么读得这么着急？

2. 采访：寒号鸟，听了喜鹊的劝告，你在想什么呀？

3. 读对话，演一演。

冬天说到就到，寒风呼呼地刮着。寒号鸟——在崖缝里冻得直打哆嗦，不停地叫着：“哆啰啰，哆啰啰，寒风冻死我，明天就做窝。”

7. 刚才我们通过“读对话、想内心”的方法学习了第一次劝告。让我们戴上头饰，带上想象分角色读“第一次劝告”。

四、品读比较

1. 请同桌用上对对话、想内心的方法，同桌合作学习第二次劝告。

2. 展示：一人当寒号鸟，一人当喜鹊。旁白全班读。

3. 学习完两次劝告，我们再来读一读，想一想：对比两次劝告，你有什么发现呢？（内容、语气、语言、结果 ....）

相同点：

内容：寒号鸟两次号叫的内容一样。

喜鹊都在劝寒号鸟做窝。

寒号鸟两次都说喜鹊傻。

语言：字数相同。

不同点：

语气：喜鹊一次比一次着急。

寒号鸟更加无所谓。

号叫语气不一样，第一次是不停地叫，第二次是重复着哀号，学习“哀”。

①出示 5-8 自然段。

②寒号鸟的语气为什么不同？（天气更冷了）

③学习“冷得像冰窖”。

冬天冷得像冰窖，夏天，骄阳似火，天气热得像火炉、蒸笼 。

书本不见了，他急得像 热锅上的蚂蚁，无头的苍蝇。

比赛得奖了，她笑得像一朵花。

天气这么冷，怪不得寒号鸟一次又一次哀号：“哆啰啰，哆啰啰，寒风冻死我，明天就做窝。”

结果：第一次是冻得直打哆嗦，第二次是冻死了。

4. 指导朗读：整体对比读；同桌合作读一读两次劝告。

五、表演内化

刚才通过读对话和想内心，我们认识了勤劳的喜鹊，和懒惰、不听劝告的寒号鸟。接下来，让我们带上想象来演一演。四人小组分工，（一桌演第一次劝告，一桌演第二次劝告）

1. 表演。（两组同桌同时上台，依次表演两次劝告）

2. 评价。（自评——互评——观众评）

动作都演出来了，能加入自己的话，表情也很着急。

除了演好对话，能把想象到的说出来演出来就更棒了。

表演的时候只有对话不够生动，还得有动作和表情。快到文中找找喜鹊和寒号鸟动作的句子吧读一读，再演一演吧。

3. 重建。

六、交流感悟

1. 故事学到这里，你想对寒号鸟说什么？你身边有寒号鸟这样的人吗？你想对他们说什么？

2. 学生交流感悟。

【课例评析】

魏老师执教《寒号鸟》一课，有情有趣，扎实有效。在字词教学，这堂课有以下几个亮点：

1. 溯源，让字词教学得法。古语云：“授之以鱼，不如授之以渔”，教师在教学生知识的同时，更重要的是教会学生学习的方法。在生字教学上，魏老师借助多媒体帮助学生学习，引导学生更直观地识记生字。如，在教学“将”字时，很多学生容易将左右结构写成上下结构。魏老师借用汉字的字理演变让学生明白“将”是一个人手拿木片，有带领、扶持的意思，让学生知其形也知其源。学生就不容易写错别字了。

2. 语境，让字词教学扎实。生字教学注重“字不离词，词不离句”，这是在生字教学中渗透学生语文素养的一种方法。在教学中，教师先让学生从课文中找出“此时喜鹊和寒号鸟在干什么？”学生马上找到相关句子：“喜鹊一早飞出去，东寻西找，衔回来一些枯草，就忙着做窝，准备过冬”、“寒号鸟却只知道出去玩，累了就回来睡觉。”教师借机引导同样的天气，它们的做法却完全不同，从而引出生字“却”，这就是从文本出发。学生书写生字后，老师再次引导学生回到文本中，找出喜鹊和寒号鸟不同结果的句子：“喜鹊在枝头呼唤寒号鸟”、“寒号鸟已经在夜里冻死了”，并且引导学生用“却”字将两个句子连接起来。这样的生字教学使学生不仅学会生字的字音字形，又让学生理解字义并学会运用生字，扎实有效。

3. 体验，让字词教学鲜活。课例中的“哀”字对低年级的学生来说较为抽象，是个理解的难点，教师设计了三个层次，层层深入地理解，首先是在朗读中理解“哀号”的含义，接着在表演中重现寒号鸟哀号时候的动作和神情，学生在角色扮演中体验词语传递出的情感和表达效果，最后回扣文本，理解哀号的原因，进行字词运用的训练。这样，“哀”字的学习经历了一个从文本理解到体验运用的穿梭，这样的字词学习更扎实更有效。

让表演与字词教学共舞

——《小猴子下山》（第二课时）教学课例

厦门市前埔南区小学　林巧彬

【教学目标】

1. 借助表演，理解“掰、扛、摘、捧、抱”等动词，并体会用词的准确性。

2. 以演促读，能推断“小猴子最后为什么只好空着手回家去”的原因，初步明白做事情要目标明确，有始有终。

【教学过程】

一、游戏热身

1. 我做你猜：课前我们来玩个小游戏吧，名字叫做——你做我猜。哪只聪明的小猴子要上来猜一猜同学们的动作呢？（指名上台猜，下面的同学做动作。）

2. 你们真厉害，现在就让我们赶紧跟着小猴子下山吧！

二、品词促演

1. 看一看，说一说。

播放动画，小猴子，你们看见这么多玉米，会想些什么呢？

2. 圈一圈，做一做。

（1）请同学们打开书 P94 页，轻声读读第一自然段，圈出表示小猴子动作的词。

（2）指名读句子，交流圈出的词语。

·你找到哪些动词呢？让我们带上动作来读一读吧。

·同学们做“掰”这个动作时各种各样，老师这里就有一个玉米，哪只小猴子愿意上来掰一掰？（这动作做对了吗？）

·出示汉字“掰”：

①小朋友们，你们仔细观察这个“掰”字，你有什么发现？（有两只手，中间一个“分”字）是啊，掰就是用双手把东西分开或折断。课文里，小猴子把玉米从玉米树上折下来。

②让我们来做做掰这个动作吧。（全班体验“掰”这一动作。）

③除了把玉米掰下来，你们看，老师这里有个好吃的橘子，谁也来掰一掰？哦，他正在把橘子——掰开。

④生活中，我们还可以掰什么东西呢？（掰柚子、掰巧克力、掰馒头……）

·出示“扛”：

① 小猴子是怎么扛玉米的呢？（指名表演）

② 采访小猴子，你感觉怎么样？（玉米好重，我都快走不动啦！）

③ 你能带上这种感觉读一读吗？（指名读，评价，再读）

平常你们有没有像小猴子这样扛过什么东西啊？（引导学生把话说完整。）

3. 读一读，演一演。

（1）出示：第一自然段

让我们带上动作，男女生合作读一读这段吧。

（2）你们想演一演吗？同桌合作，演一演第一自然段，表演时除了有动作，还可以加入我们刚刚的想象。

（3）指名表演。

（4）点评。（动作、表情、想象、朗读）

4. 小结学法。

我们通过读一读，圈一圈，找到描写小猴子动作的词，最后通过朗读和表演的方式来展示我们的学习成果。现在请同学们根据这样的学习方法，轻声读一读 2—4 自然段，圈一圈描写小猴子动作的词，试着做一做。

三、读演悟情

1. 指名朗读。

2. 交流圈出的动词：扛、扔、摘、捧、抱、追。

3. 比较、辨析动词。

圈出了这些动词，你有什么发现呢？

·除了“追”，其他的动作都和手有关系。

·“抱”和“捧”意思接近。

（1）出示“抱”和“捧”谁来做一做这两个动作？

（2）你是怎么区分的？“抱”用双手把东西环绕住，抱球、抱妹妹。“捧”联系古汉字（双手捧着禾麦奉献给神祖，向神祖祭拜祷告，祈求丰收的意思。表示一种尊敬。）

（3）出示：小猴子捧着几个桃子，走到一片瓜地里。此时小猴子捧着它最爱的桃子，应该感到——（自豪、开心、神圣）你能带着这种感觉来读一读吗？

（4）生活中，我们会捧着什么东西干什么呢？（我捧着一束花送给妈妈。我捧着书津津有味地看着。）

·“摘”和“掰”意思接近。

这两个动作有什么不一样呢？

（掰：把东西分开或折断；摘：把东西取下来，较为轻松。）

那你能来做一做“摘”这动作吗？你能用“摘”说一句话吗？

朗读比较。（出示：1. 小猴子就掰了一个玉米，扛着往前走。2. 小猴子就扔了桃子去摘西瓜。）

4. 带上动作，男女生合作来读一读 2—4 自然段吧。

5. 同桌合作，选择其中一个自然段演一演。

6. 请同桌合作表演 2—4 自然段，其他同学抓住动作、表情、朗读点评。

7. 采访最后一组的小猴子：小猴子，你追到兔子了吗？（没有）现在太阳下山了，咱们要回家了，你有什么收获吗？（没有）那你现在心里想些什么呢？

8. 同学们，你们想对这只小猴子说些什么呢？

四、指导书写

1. 出示“空”：课文里的“空”指的是——什么都没有。你还可以给“空”组什么词吗？

2. 观察字形：穴宝盖，上下结构，上下同宽，起笔在竖中线，下横长平。

3. 师范写，学生临摹。

4. 展示、点评。

五、畅谈收获。

1. 学生交流收获。

2. 师小结。

【课例评析】

在教学中，林巧彬老师以识字与写字教学为重点，依托童话故事，结合学生年龄特点进行阅读教学活动，从而实现基础知识的夯实与基本能力的提高。

在课堂伊始，林老师努力创设情境，让学生玩游戏“你做我猜”，为下文的动作词的教学埋下伏笔，也将学生带到一个生动有趣的童话故事中。教学中，林老师将学生引入情境，紧紧抓住本文关键词，随文识字。她围绕小猴子的动作，借助表演，理解“掰、扛、摘、捧、抱”等动词，并体会用词的准确性。这些教学方法不仅让学生轻松抓住本课重点，突破难点，而且将随文识字与积累语言巧妙结合，有效地提高语文教学的实效性。教师依托文本，结合课文进行字词句的训练，关注了学生语言的发展，实现了表演与字词教学共舞。

第五章

中段字词教学的优化策略

中段是由低段向高段过渡的学段。中段学生的思维逐渐从以具体形象思维为主要形式向以抽象逻辑思维为主要形式过渡，但他们的抽象逻辑思维在很大程度上仍是直接与感性经验相联系的，具有很大成分的具体形象性。

中段学生在字词学习上有自己的特点：有了一定的字词学习方法，学习生字的音、形不再困难，重点是理解字义；因为储存了大量汉字，容易误读字音，混淆字形，错别字增多；积累了一定的词语，但无法积极运用、准确表达。

针对中段学生的特点，教师要明确学段教学要求，准确把握学段教学内容，努力体现字词教学的科学性、文化性、方法性。教师在字词教学要有的放矢，教给学习方法；勾连语境，走入感性空间；增强体验，品悟情感内涵；开辟途径，丰富语言积累。教师还要灵活运用多种小策略解决各种“小问题”，努力实现中段字词教学的有效性。

第一节　中段字词教学的要求

在实现低段字词教学目标的基础上，《语文课程标准》明确地提出了小学中段识字与阅读、习作等与字词教学有关的目标。

一、识字与写字

《语文课程标准》在总目标和阶段目标中，明确地提出了中段识字与写字的学习目标。

（一）养成主动识字习惯

《语文课程标准》在第一学段提出“喜欢学习汉字，有主动识字、写字的愿望”的基础上，在第二学段关于识字情感的要求有所提高，提出了“对学习汉字有浓厚的兴趣，养成主动识字的习惯”。识字情感从“喜欢”提高到“浓厚的兴趣”。这也要求教师在教学汉字的过程中要采取灵活多样的策略，才能有效地激发学生的识字情感，帮助学生养成主动识字的习惯。

（二）提升识字数量

《语文课程标准》第二学段要求“累计认识常用汉字2500个左右，其中1600个左右会写”。从《语文课程标准》可以看出，它要求中段学生的识字写字数量有所提升。而教材的识字写字数量，第一学段累计识字1800个，写字1000个；第二学段累计识字2600个，写字2000个。教材的识字量写字量与语文课程标准的要求相吻合。

（三）培养识字能力

《语文课程标准》中明确提出识字教学的目标之一是要培养学生独立识字的能力，掌握一定的识字方法。第一学段提出“学习独立识字”，而第二学段要求“有初步的独立识字能力”。

而对于学生的识字方法，《语文课程标准》中主要强调了查字典的方法。如第一学段提出“学会用音序检字法和部首检字法查字典”，第二学段则提出“会运用音序检字法和部首检字法查字典、词典”。

（四）培养写字习惯

《语文课程标准》非常注重学生写字习惯的培养，对于写字习惯的培养是第一学段写字教学的重中之重，到第二学段要不断巩固写字习惯。其次，对书写的规范性的要求，提出“书写规范、端正、整洁”。

二、词语

词语教学目标渗透进了阅读的行为性目标中，把词句的学习纳入阅读能力的培养。《语文课程标准》关于词句学习提出了以下要求：

（一）注重词语理解方法

《语文课程标准》对词语的理解提出了明确要求，第二学段提出“体会课文中关键词句表情达意的作用”，这一阶段的学生开始要体会关键词在语境中的表达作用。词语教学不仅要培养学生“解词”能力，还要在解词过程中掌握理解词语的方法，提高解词的能力。

（二）注重在阅读中积累

《语文课程标准》注重词语的积累，在第一学段提出“在阅读中积累词语”的基础上，第二学段提出“积累课文中的优美词语、精彩句段，以及在课外阅读和生活中获得的语言材料”。《语文课程标准》对不同学段词语积累的类型也是有不同的要求，第一学段是“积累词语”，这个阶段的学生，刚开始识字、识词，词汇量不足，大量“积累词语”有利于扩大学生的词汇量；第二学段是“积累优美词语”。第一阶段学生积累了大量的生活常用词语，这一学段的要求提高了，积累的是“优美的词语”，为学生词语的应用做一定的准备。

《语文课程标准》不仅对词语积累的类型有所规定，还明确指出词语积累的途径。第二学段提出“积累课文中的词语，在课外阅读和生活中获得的语言材料”。由此可见，词语积累主要有三种途径：在教材文本中积累、在课外阅读中积累，在日常生活实际中积累。

（三）注重词语的运用

《语文课程标准》十分强调词语的运用，主要体现在习作要求上。《语文课程标准》在第二学段提出“尝试在习作中运用自己平时积累的语言材料，特别是有新鲜感的词句”。语言学习要指向表达，因此，如何在教学中引导学生对所积累的词语进行运用也是小学阶段字词教学的重点内容。

第二节　中段字词教学的内容分析

为了帮助老师们对中段字词教学的主要内容有更加清晰的认识，我们对中段的“生字表”和“词语量”进行了整理和分析。

一、人教版小学语文教材“生字表”分析

人教版小学语文教材提供了两个常用字表。生字表一是“会认”的字，生字表二是“会写”的字。为了了解小学语文教材“生字表”的安排情况，特对教材的生字进行了统计和分析。详情如下：

人教版小学语文第二学段“生字表”安排情况　　（单位：个）

学段	年级	生字表一（会认的字）	生字表二（会写的字）
第二学段	三年级	400	600
	四年级	400	400
	合计	800	1000

小学阶段的识字量主要集中在第一学段和第二学段，其中第一学段会认的字就达到了 1800 字，占会认的字总数的 60%；第二学段会认的字达到了 1000 字，占总数的 33%。小学阶段要求会写的字数量是 2500 字，主要集中在二年级和三年级，一共是 1250 字，占整个小学阶段要求会写的字数量的

50%。其次是在一年级和四年级，共要求会写750字，从会认到会写在学段上逐步过渡。识字量和写字量依旧高度集中在第一学段和第二学段，这对教师的“教”和学生的“学”都有极高的要求。

二、人教版小学语文教材词语量分析

中段教材中，三年级有专门的词语表，要求会写。四年级、五年级、六年级的词语主要来自于园地的“读读写写”和“读读记记”，其中“读读写写”要求会写，“读读记记”仅要求识记。

人教版小学语文教材第二学段词语量表 （单位：个）

<table>
<tr><th>学段</th><th>年级</th><th>课文</th><th colspan="2">园地</th><th>合计</th></tr>
<tr><td rowspan="3">第二学段</td><td>三年级</td><td>773</td><td colspan="2">88</td><td>861</td></tr>
<tr><td>四年级</td><td></td><td>读写
410</td><td>读记
412</td><td>822</td></tr>
<tr><td>合计</td><td>773</td><td colspan="2">910</td><td>1683</td></tr>
</table>

通过对教材分析，我们得出以下结论：

1. 小学第二学段不仅要求大量识记词语，而且还要求会写词语。

2. 对不同学段的词语进行分析后发现，第一学段的词语较为简单，多为名词性、概念性的词语，词语的分类较为零散，词义较为简单。第二学段开始词语的种类增多，有一定的系统性，比如，“语文园地”要求识记有关动物的四字词语，有关数字的四字词语，有关心情的词语等等，词义也较为复杂。

第三节　中段字词教学的基本取向

随着年龄的增长，小学生的认知由最开始的笼统认识到后来的精细认识，开始能够分辨一些细微的差别。教师始终都要努力教育孩子尽量运用各种感官来接触世界，尤其是对汉字进行认知。久而久之，孩子的记忆就会得到长足的发展。当学生记忆数量开始增加时，他们都会自动地选择进行有意识地记忆，并时常检查记忆的结果。而且对学生来说，在记忆的选择上，也随着年龄的增加，越来越多地进行意义识记，意义识记也将成为孩子们的主要识记方法，原来的机械式识记比例在逐渐减小。因此，中段字词教学要努力体现科学性、文化性、方法性等基本取向。

一、科学性

成功的字词教学要体现该文字本身特有的规律，与该文字的特点、体系相适应。当前有的教师只讲笔画、笔顺、部首，无法教授给学生科学而系统的汉字知识。甚至有的教师教学生字没有一点理论依据，把“春”解释为“三人一起晒太阳”，把“悲伤”的“悲”解释为“心里像长了韭菜一样悲凉”。这样的教学忽视了汉字学的理论知识，不能使学生正确地认识字形，使他们的头脑中建立字形与字义的正确的联系，也不能使学生对汉字形成科学而深刻的认识，因此不利于识字能力的培养。

小学低段学生学习生字词属于初期积累阶段，学生识字主要学习字的音和义，完全靠机械记忆，以整体识记为主，较少理性分析。到了小学中年级这个中期积累阶段，识字量大量增加，同音字、同形字的频率上升，在字词教学上应立足于启发引导学生建立字形与字义之间科学的系统的联系这一基点，紧紧抓住表意文字是因义构形这一核心的问题来教学，改变识字教学中不讲科学、顾其一点不及其余的短视行为，在潜移默化中引导学生在识字的认知领域中建立一个科学有序的系统。

二、文化性

汉字，是中华文明流传至今的结晶，是中华民族文化发展的产物和精髓。汉字的产生和发展与人们的生产生活密不可分。我们常常将汉字比喻为活化石，就是因为汉字对于我国源远流长的历史的记录和传递功能，历久弥新。作为当下小学语文教育的实践者，我们应当充分体验汉字经久不衰的语言魅力和历史厚重感，在日常的识字教学当中，将我们所熟知的汉字文化知识渗透到课堂教学活动当中，让孩子们在学习汉字的音形义的同时，更能感受到汉字的博大精深和文化魅力。比如“妇”这个字，从现在的字形已经看不出造字最初的含义了，有人曾经用“女性推到三座大山”来解释，这是完全违背“妇”造字本意的。“妇”是会意字，意思是拿着扫帚打扫的人。在教学中，如果让学生懂得古代家庭的分工，那么学生很快就能够理解“妇”的意思，并且能够与当前的家庭生活联系起来。我国数量庞大的汉字，充分体现了先民的生活状态，表达了他们对自然和社会的认识，在识字教学中充分利用汉字这一特点，进行深度挖掘，不仅能够让学生体会到先民造字的智慧，还能增加学生对自然、历史和文化的认识，从而培养学生对家庭和社会的热爱。

三、方法性

小学的识字量要达到2500个汉字，中段的识字量最大，若只是单一地由老师、家长一个字一个字地教，效率太低，效果也不好，这就需要学生能自主识字。而小学中段的学生抽象思维开始发展，识记不再以机械记忆为主，主观能动性提高了很多。这就为字词教学提供了更大的可能性。因此小学中段识字教学的重点，不仅是增加学生识字量，更主要的是教给学生识字的方法，锻炼他们的识字能力，培养他们独立识字、自主识字、主动识字的习惯。教师在字词教学中就需要注意方法性原则，多教给学生识字方法，让他们自主识字。比如，进入中年级的学习，音同形似义近的汉字越来越多，为了更好地帮助学生区分这些汉字的特点，教师可以教给学生归类法。如，常见的按照偏旁部首归类、同音字归类、同义词归类、反义词归类等。

第四节　中段字词教学的主要策略

针对中年级学生的特点，教师在字词教学中要有的放矢，引导学生掌握字词学习的方法；勾连语境，引领学生走入词语的感性空间；增强学生的体验，感悟字词的情感内涵；通过多种途径，丰富学生的语言积累。

一、有的放矢，教给学习方法

对于小学中段的孩子来说，识字教学不是一项新的任务。小学中段识字教学的重点，不仅要增加识字量，更重要的是教给学生学习字词的方法。

（一）因字而异，区别渗透

在字词教学中，教师要通过渗透一些造字方法，引导学生去感受、辨析，让他们既能够记住字形，又能够理解字义，提高他们的识字能力。如，"溪、海、滩"这三个字都带有"氵"，其中"溪、滩"是形声字，"海"是会意字，他们都跟水有密切的关系。教"海"时可以先引导学生观察"海"右边，在学生特别想知道答案的时候告诉他们，右边是模拟古代妇女头上漂亮的装饰品，用它来代表那些年龄最长、生孩子最多的妇女，所以"海"最早的意思就是指水的母亲。很多溪流、河水、山川都汇聚流入大海，"海"是水的母亲。这样的教学不仅帮助学生快速记忆字形，而且有助于学生对字义的理解。而"滩"字结合学生生活实际，无须过多讲解，如果将该字的字体演变过程全盘搬出，则是画蛇添足的教法，只需进行简要的字理分析，"滩"是形声字，左边"三点水”表意，右边“难”表音即可。

（二）随机纠偏，及时渗透

汉字带有不同的偏旁，可能就蕴含不同的意思，教师在教学中要尽量引导学生比较、辨析和理解。如，教学“往”，认识新偏旁“双立人”时，有个别学生认为带有单立人“亻”的字与人有关，那么带有双立人“彳”的字就是指人很多。这是个错误的概念，如果不及时纠正，那么错误就会伴随他们一生。教师可以画“彳”的甲骨文“”，引导学生观察，学生一眼就看明白这是十字路口。老师告诉学生它不叫双立人，而是“chì”，并将结合“行”进行分析。“行”这个字最早可以分成两部分，左边读“chì”，右边读“chù”，意思是行走在路上。最后，教师带领学生回归“往”字的教学，出示“往”的金文写法，告诉学生它右边上面模拟一只脚，表示意思；下面是王，表示读音。左边的“彳”（“chì”，行路），用来突出前往的意思。这样，学生就不会混淆“亻”和“彳”了，对相关字义也有了更深的理解。

（三）同形异义，比较渗透

有些汉字即使带有相同形状的偏旁，也可能蕴含不同的意思。如月字旁与肉月旁虽然形状一样，但是意思完全不同。在教学中，教师应该改变以往将二者混为一谈的做法，引导学生清晰辨认二者意思上的差别，才能帮助学生对所学带有“月”的系列汉字的正确理解。象形字“月”的教学时，学生观察发现，它就是指“月亮”。教师再让学生思考：带有月字旁的字跟什么有关？学生当然不难发现带有“月字旁”的字与月亮、时间、光亮有关。那是不是带有“月”字的都与月亮有关呢？学生马上质疑：“肚”与月亮有什么关系呀？这是一个很好的疑问，老师不失时机地告诉他们，其实“肚”和月亮没有一点儿关系，它不叫月字旁，而叫“肉月旁”，带有肉月旁的字大部分跟人的身体有关，很多表示身体器官的汉字都带有“肉月旁”。如“脸”、“腹”等，这时学生恍然大悟，二者形同意异，能够很好辨析。

（四）异形同义，辨析渗透

由于形体的演变，有的形旁在不同位置有不同写法，但表示相同的意义。如，“玉”在左边时就写作“王”，带有王字旁的字很多跟玉石有关。教师在教学中如果没有及时渗透，就不利于学生理解一系列带有“王”字旁的字。如，“珠”为什么带有“王字旁”？学生在识记汉字时只是懂得它是左右结构的字，左边一个王字旁，右边一个朱，左边表意，右边表音。在识记这一环节，老师要及时点拨，“珠”是形声字，从玉，朱声。小篆“玉”与“王”字形相近，隶书、楷书“玉”作左偏旁时写作“王”。本来意思是蚌壳体内生的珍珠，乳白色或略带黄色，有光泽。引申指像珠子的东西，如“水珠儿”、

“滚珠儿”。识字教学中，教师有机渗透汉字学知识，学生在学习珍、球、珊、琥、珀等带有“王字旁”的字就容易理解了。

（五）根据特点，归纳识字

汉字就是以形、音、义三者的关系形成的一套文字系统。在现代世界各主要语言中，这种文字系统是独特的。了解这种文字系统的特点，可以减少学习时的困难，并且有助于认识它的长短得失，以便于正确地对待它。在识字教学中，教师注意发挥孩子们的想象力，根据汉字的音、形、义特点，利用规律识记生字，不仅能让识字教学更加顺利，而且还能让孩子们的想象力和语言表达力得到长足的进步。

形声字教学主要形式基本字带字就是根据形声字的特点提出来的。如教一个“包”字，就可以带出“跑、炮、泡、抱”。这样既可以抓声旁帮学生记字音、字形，又可以抓形旁帮学生进一步记字义、分析字形。如“跑、炮、泡、抱”都与“包”音近，“包”当声旁，“跑”跑步用足（脚），“炮”放炮用火，“泡”泡东西用水，“抱”抱东西用手，形表义，形旁不同，声旁韵母相同，学生掌握了汉字音、形、义的联系，就学会了识字方法。

有一些字可以根据发音上的区别进行辨析。声旁相近，学生易写错。教师可以从声旁的发音不同让学生记住字形。如“琴”字声旁为“今”，“铃”字声旁为“令”，也因声旁形近，学生往往把“铃”写成“钤”（ling）。教师也可抓声旁的发音特点订正，记往凡是韵母是“in”的声旁是“今”如：“琴、妗、矜、衿、吟”，凡韵母是“ing”的声旁是“令”如“铃、伶、岭、翎”。我们利用这一规律可以解决一连串问题。如“段与假”、“肖与贞”、“艮与良”等声旁形近的形声字，这样学生不仅记住了字音，同时也掌握了字形。我们还可以运用形声字形旁表意特点，辨析声旁相同的形近字。如“暮”与日有关，“墓”与土有关，“幕”与长幅布有关，“慕”与内心活动有关，从而记住字形，减少别字。

那么，根据形声字的这些特点进行归纳，学生在识字的时候也能根据字形特点进行归类。

例如：

左形右声：材　偏　铜　冻　证　骑　秧　破

右形左声：攻　颈　削　瓢　放　鹉　雌　故

上形下声：管　露　爸　芳　崖　宵　界　字

下形上声：架　案　慈　斧　贡　膏　凳　赏

外形内声：固　病　庭　阀　园　匾　裹　衷

内形外声：闷　问　闻　辫

形在一角：裁 载 栽

声在一角：醛 渠

（六）对比辨析，准确识记。

在学习过程中，学生往往会遇到一些字形相近的汉字，容易引起混淆。教师要及时引导学生将易混淆的字进行对比，找出不同之处，以便轻松地识记。如：“延，蜒，筵”与“廷，挺，蜓，艇”这些字形相近，在书写过程中，学生很容易出现错误，那么将他们进行对比识别，提醒学生这些字都是形声字，左表义，右表音。与分开单独识记相比，直观的对比教学效率就更高了。

二、勾连语境，走入感性空间

词语教学，在小学语文教学中的重要性毋庸置疑。然而，在词语教学中，许多老师忽视学生的语用体验，或者“蜻蜓点水”，或者“一蹴而就”，学生对词语的学习只停留在记忆字面意思，无法感受词语的鲜活生命，更无法做到活学活用。教师只有关注词语的语用价值，在教学中引领学生联系语境促理解、走入语境悟秘妙、迁移语境促活用，才能真正走入词语的“感性空间”。

（一）联系语境促理解

苏霍姆林斯基说过：“……理解词语不能离开具体的语言环境，只有以具体的语境为依托，词语才有肥沃的土壤，理解词义才会水到渠成。”在词语教学中，教师要引导学生联系语境理解词语的意思，感悟词语的丰富内涵，才能让词语深入到学生的精神世界里。

1. 联系“文本语境”

孤立的词汇只有一般的词典意义，只有在特定文本的规定性语境中，词语才被赋予具体的表达意义。因此，词语教学中，教师要引导学生借助文本语境理解词语的意思，感悟词语的内涵。教学人教版四年级上册《搭石》，教师抓住“理所当然”这个词，先让学生说说词语的意思，而后设问：“请同学们联系课文内容想想，对家乡人来说，哪些事情是理所当然的？”学生联系上下文，再次回味课文描述的画面：每到秋天，人们就精心挑选石头，在溪中摆搭石；上了点年岁的人发现搭石不稳，马上调整；人们走搭石协调有序，姿态优美；乡亲们走搭石时互相谦让，喜欢叙叙家常；年轻人背着老人走搭石……学生在交流中感受这一幕幕美好的情景对于乡亲们来说都是“理所当然”，从而感悟人与人之间纯真的感情。如此教学，学生既理解了词意，又加深了对课文内容的感悟。

2. 联系"作者语境"

教学中，联系"作者语境"能够使学生设身处地地思考，有助于学生理解词义，获得真切的感受。人教版四年级上册《那片绿绿的爬山虎》中，肖复兴这样写："我15岁时的那个夏天意义非凡。"教师请学生交流对"意义非凡"的理解，大多数学生都认为，"对肖复兴来说，15岁时的那个夏天有很重要的意义。""叶圣陶先生对肖复兴充满了关心和鼓励，使他对文学产生了兴趣，后来也成了一位作家。对他来说，15岁时的那个夏天非常有意义。"教师补充了两份资料，一份资料介绍了肖复兴走上作家的成长之路，另一份资料介绍了他被评为首届"全国中小学生最喜爱的当代作家"后的感言。学生从资料中了解了肖复兴的成长历程，走进了他的内心深处。联系"作者语境"，学生更加深刻地体会到了"意义非凡"的含义！

3. 联系"学生语境"

除了作品和作者的语境外，学生本身也有自己的语境，包括个人阅历、性格、爱好等。词语教学中，教师往往可以联系"学生语境"引导学生理解词语的意思。词语教学中联系学生语境，能促进学生对词语的理解和内化，也能为词语的活学活用打下基础。教学人教版四年级上册《白公鹅》一课，学生很容易理解"慢条斯理"的字面意思，也能联系上下文理解"慢条斯理"在文中的意思。于是，我引导学生联系自己的生活，说说自己在生活中看过哪些说话或做事慢条斯理的人。学生调动自己的生活积累，搜索身边的人和事。如，"妈妈不管和任何人说话都是慢条斯理的。""我们马上就要出发去看电影了，姐姐还在慢条斯理地穿袜子，真是急死人了！"……联系学生语境，词语的理解也变得鲜活起来！

（二）走入语境悟秘妙

《语文课程标准》指出："体会课文中关键词句在表达情意方面的作用……"，"联系上下文和自己的积累，推想课文中有关词句的意思，辨别词语的感情色彩，体会其表达效果……"词语教学中，教师可以通过再现"文本语境"、体验"文本语境"等方法引导学生走入语境，感悟词语的表达效果，为词语的"活学活用"奠定良好的基础。

1. 再现"文本语境"

教材中的一些词语虽然含义并不深奥，却用得准确、传神，耐人寻味。教师可以通过观看视频、图片等方式再现语境，引导学生走入语境，感悟词语表达的准确性。教学人教版四年级下册《颐和园》时，学生对"游船、画舫在湖面慢慢地滑过。"感到有疑问：为什么游船、画舫是"慢慢地滑过"，而不是"慢慢地划过"呢？教师请同学们观看一段游人乘坐画舫在湖面上游玩的视频，并思考：你认为文中的句子应该用“滑过”还是“划过”？在交流中，有人认为，小船在水里的动作就应该是“划过”，而有的同学则认为，湖面那么平静，那么绿，就像一块绿色的绸缎那么光滑。小船行驶得那么慢，就像是在绿毯上轻轻柔柔地滑过一样，所以用“滑”比较好。学生通过讨论、比较，认为“滑”比“划”更能突出湖水的宁静，用得特别准确。学生通过观看视频，不仅体会到“滑”的含义，也体会到了课文用词的精准。

2.体验“文本语境”

张祖庆老师曾经说过，每一个词语都是有温度的。每个词语背后都有着丰富的意蕴和感情色彩。词语教学中，教师要引导学生通过联系生活实际、激发想象等方式体验“文本语境”，从而感悟词语表达的情感性。学习人教版四年级上册《为中华之崛起而读书》时，“得意扬扬”这个词触动了学生的心。教师问学生：你觉得洋人撞死人后应该有怎样的表现？学生认为，洋人应该道歉，赔款……教师请他们仔细观察课文插图中洋人的表情和动作，想象他当时可能在想什么？一学生说，那位洋人两只手交叉在胸前，看上去一副无所谓的样子。他心里可能会想：只是一个中国的老百姓，撞死了就撞死了，有什么关系？一学生说，洋人的表情看上去很轻松，嘴角微微往上扬，好像在说：没什么大不了的，只要和中国的政府官员说一声，他们就能摆平这件事了。一学生说，他的眼神看上去很冷漠，好像撞死人的事和他没关系似的。他可能会想：这是我们外国人的租界，中国人进来干什么？撞死了活该。一学生说，你看，洋人脸上一副满不在乎的样子，好像在示威：你们能拿我怎么样？中国警察不是也在帮我吗？……学生在文本语境的体验中，不仅感受到洋人的无耻和旧社会的黑暗，激发了他们内心的愤慨之情，也深深地感悟到“得意扬扬”所表达的情感性。

（三）迁移语境促活用

词语教学的目的不仅是理解和积累词语，更重要的是能准确地运用词语。词语只有在运用中才能具有生命力，才能真正达到“活学活用”的效果。所以，我们要通过借用“文本语境”、妙用“学生语境”、迁移“相关语境”等方式，促进学生对词语的迁移运用。

1.借用“文本语境”

教师可以借用“文本语境”促进学生对词语的迁移运用，提高表达能力。教学人教版五年级下册《自己的花是让别人看的》，学完课文后，学生再次朗读句子：多么奇丽的景色！多么独特的民族！教师引导学生思考：学了课文，相信同学们一定和季羡林先生有相同的感受。那么，你能把这个独特的民族、这些奇丽的景色介绍给自己的朋友吗？请你回忆文中一幅幅动人的画面，写一写自己的感受，写的时候可以适当用上文中的一些词语。通过思考，学生自主选择与运用文中的精彩词语，如花团锦簇、姹紫嫣红、应接不暇等，并结合课外查找的相关资料和平时的语言积累，尽情地表达了自己对德国民族风情的欣赏和赞美之情！

2. 妙用“学生语境”

“学生语境”中进行词语的迁移运用，不仅让学生“有话可说”，也能激发学生强烈的表达兴趣。教学人教版五年级下册《祖父的园子》，通过学习，学生明白了，“一切景语皆情语”，祖父的园子里的“自由”和“快乐”，表达的其实是作者萧红童年时的那份快乐和自由！于是，我引导学生想一想，写一写：“是的，如果一个人是快乐的、自由的，那么他眼中的一切都是快乐的、自由的！你们也一定有过这种感受，你也能像作者一样写出这种‘快乐’或者‘自由’的感觉吗？”同学们联系自己的生活体验，纷纷描述自己的独特感受。如，“公园里的一切都是快乐的。花儿欣欣然地张开了笑脸。小草摆动着柔嫩的身子，兴致勃勃地和我们打招呼。池里的小鱼兴高采烈地吐出一串小泡泡，时而甩着尾巴，时而欢快地翻上几个跟斗……”又如，“暑假，我来到大草原，那里的一切都是自由的！牛群自由自在地行走在草原上，想吃草就吃草，想散步就散步。蝴蝶是自由的，高兴了就在野花丛中舞蹈，不高兴了就停落在草尖上静静地欣赏美丽的草原风光。天上的云朵也是自由的，变成一只小绵羊也好，变成一朵棉花也行，变成一只大南瓜也可以，只要高兴就好……”学生在练笔中生动地描绘了一幅幅“快乐”、“自由”的画面，趣味盎然！

3. 迁移“相关语境”

相关语境的迁移，不仅可以促进学生学以致用，还能拓宽学生的思路，提高表达能力。教学人教版四年级上册《火烧云》，教师引导学生找出文中描写颜色的词语，如，“葡萄灰”、“梨黄”、“茄子紫”等。教师引导学生比较这些词语和平常表示颜色词语的不同之处，感受这类词语的形象性。教师还引导学生发现、积累同类词语，如“柠檬黄”、“西瓜红”、“橄榄绿”、“葱绿”、“雪白”、“漆黑”等。而后，教师出示了一幅幅生活中常见的画面：校园的花草；商场的衣服；夏日的天空……要求学生运用这类颜色词描述其中一处景物。学生在相关语境中，用富有特点的颜色词描绘了身边多彩的景物，语言也变得生动、形象。

总之，在词语教学中，我们要引导学生联系语境促理解，走入语境悟秘妙，迁移语境促活用，才能真正实现词语的“活学活用”。

三、增强体验，品悟情感内涵

《语文课程标准》在第二学段的“词语和句子的学习目标”中指出：“能联系上下文，理解词句的意思，体会课文中关键词句在表情达意方面的作用。能借助字典、词典和生活积累，理解生词的意义。”

在中年级语文教学中，教师要通过多种方式增强学生的体验，引领学生扎实有效、有滋有味地学习词语，让字词教学发挥自己的重要作用。

（一）比较琢磨中体验

在语文教材中，有些词语虽然含义并不深奥，却用得准确、传神，耐人寻味。有些词语，还在文章不同处反复出现。教学这类词，教师可指导学生运用比较、琢磨的方法增强语感，体会词语在不同语言环境中的不同意蕴。

【教学片段】（人教版小学语文第七册《22. 跨越海峡的生命桥》）

（出示句子1：小钱静静地躺在病床上。）

师：你从“静静地”这个词语中体会到什么？

生：小钱患了白血病，很可怜，只能静静地躺在病床上。

生：小钱患的是白血病，很难医治，小钱躺在病床上，已经奄奄一息。

生：我感觉到，小钱已经不像别的年轻人，没有一点生命活力。

（出示句子2：“……那位青年也静静地躺在病床上。”）

师：此时此刻，台湾的那位青年也静静地躺在病床上。你从这里的“静静地”又体会到什么呢？

生：前一天，台湾发生了里氏7.3级大地震。这位青年是在余震中躺在病床上为小钱捐献骨髓的。

生：台湾青年知道当时还很危险，但他仍然静静地躺在病床上，因为他知道杭州青年小钱在等着他捐骨髓救命。

师：你们知道当时的台湾地区发生大地震，是怎样的一种情景吗？

（出示台湾当时地震时残垣断壁、触目惊心的图片以及相关文字资料。）

生：（看图，阅读相关资料。）

师：在这样危险的时刻，这位台湾青年却静静地躺在病床上。从这个“静静地”这个词语中，你又感受到什么呢？

生：我感受到台湾青年一心只想到救小钱，顾不得自己的生命安危。

生：我觉得这位台湾青年很有勇气和决心，非常了不起。

同样的词语，在不同的地方出现，有着不同的表达效果。教师引导学生通过比较，联系上下文深究词义，体会到两个"静静地"背后不同的含义，既激发了学生对小钱的同情，又深深地体会到台湾青年不顾安危挽救他人生命的高尚情怀。

（二）词文结合中体验

孤立的词汇和句子只有一般的词典意义，只有在特定文本的规定性语境中，作者才赋予它具体的表达意义。所以，词语教学要善于借助文本，联系上下文理解词句的意思，从而促进学生对课文内容的感悟。

【教学片段】(人教版小学语文第七册《25. 为中华之崛起而读书》)

师：因为中华不振，周恩来立下了为中华之崛起而读书的志向。那么，"中华不振"是什么意思呢？

生1;"中华不振"的意思是当时的中国十分腐败，十分无能。

生2;"中华不振"指当时的旧中国十分落后，受人欺负。

师：文中怎样描写"中华不振"的呢？请同学们认真默读课文，在描写中华不振的地方做个记号。(生默读课文，一边思考一边批注。)

师：谁能联系上下文，说说你从文中哪里读懂了"中华不振"？

生1：我从妇女"衣衫褴褛"、"哭诉"可以看出妇女很痛苦，没有人帮她抓住犯人，这都是因为"中华不振"。

生2：亲人的不幸使妇女痛苦，我从"原指望"、"谁知"、"不但不，反而"这几个词语感受到"中华不振"，在我们中国人自己的土地上，却被外国人欺负，真是"中华不振"啊！

(教师引导学生带着自己的感受和体会朗读句子。)

生1：我从巡警"耀武扬威"体会到"中华不振"。巡警明明是中国人，不帮中国人，却成了外国人的走狗。

生2：洋人撞死妇女的亲人还"得意洋洋"这就是"中华不振"！洋人撞死了人，本来应该道歉、赔款……可他却得意洋洋，满不在乎。因为他知道巡警会保护他，中国人不敢拿他怎么样。所以，他才敢在中国的土地上横行霸道，这都是"中华不振"的原因！

生3：我还从围观者"握紧拳头"体会到了中国人的"敢怒不敢言"，从"只能"感受到中国人充满了无奈。这也是因为"中华不振"的原因！

师：是啊，联系课文，同学们读懂了"中华不振"的含义，正因为这样，周恩来立下了为中华之崛起而读书的志向！

在教学中，老师紧紧抓住“中华不振”，巧妙设问：“联系课文内容想想，你从哪儿读懂了‘中华不振’”？老师的问题引导学生联系上下文，不断从文本中搜索，想象一幅幅令人悲愤的画面：亲人被撞死，妇女只能悲伤地哭诉；巡警耀武扬威，保护犯人；撞死人的洋人得意洋洋，无所畏惧；中国同胞敢怒不敢言，只能握紧拳头……一幅幅悲惨的画面，这就是“中华不振”，这就是少年周恩来立下志向的原因。学生联系上下文细细品读，不但深入理解了“中华不振”的内涵，也促进了对课文内容的整体感悟。

（三）展开想象中体验

教材中不少词语蕴含着丰富的形象，而由于理解能力和生活阅历的限制，学生从词语中得到的往往只是抽象的意义，难以形成具体的画面，难以获得真切的感受。对课文中具有丰富形象内涵的词语，老师要积极引导学生联系语境，展开合理想象，显化形象，使词语变成活的画面，化作活的情境，以加深学生对语言的内化。

【教学片段】（人教版小学语文第七册《去年的树》）

（课件出示：鸟儿睁大眼睛，盯着灯火看了一会儿。）

师：同学们，鸟儿盯着灯火“看”了一会儿。透过这个“看”字，你能想象鸟儿心里会想些什么吗？

生1：鸟儿想，好朋友，经历了那么多困难，我终于找到你了！

生2：鸟儿想，树，我的好朋友，我没有忘记对你许下的诺言，我来唱歌

给你听了。

生3：好朋友，我现在要为你唱一首你最喜欢的歌。你能听到吗？

师：同学们的想象合情合理，充满了对朋友的情谊，真令人感动！

（课件出示：唱完了歌，鸟儿又对着灯火看了一会儿，就飞走了。）

师：同样是一个“看”字，你又仿佛听见鸟儿说什么了呢？

生1：好朋友，我要走了。我永远不会忘记你的！

生2：好朋友，虽然我们永远不会再见，但你永远都会在我的心里！

生3：树，再见。无论在哪里，我都会继续为你歌唱。我希望你能听见。

生4：好朋友，我要离开这里了。我会一直记着你的！

师：同学们真善于想象！透过两个“看”，我们不仅感受到了鸟儿的信守承诺，还深切感受到了鸟和树之间真挚的友情！

在这个教学片段中，老师引导学生抓住两个“看”，展开丰富的想象，体会鸟儿的内心活动，进行情景描述，从而深刻地体会到鸟儿信守承诺的品格，以及它和树这一对好朋友的深情厚谊。两个“看”背后丰富的情感深深地印在学生的心里。

（四）拓展延伸中体验

由于学生的认知特点以及阅读的局限性，学生对词语的理解往往停留在表层。为了帮助学生更好地感悟词语的内涵，教师可以补充相关资料，在阅读过程中促使学生加深、拓宽对词语的理解和感悟。

【教学片段】（人教版小学语文第八册《全神贯注》）

师：课文学完了，你们对“全神贯注”有自己的理解吗？

生1：“全神贯注”指的就是做任何事情都要注意力高度集中。

生2：“全神贯注”在文中指罗丹工作时是十分专注，聚精会神的，忘我地陶醉于工作中，非常令人感动。

生3：“全神贯注”是罗丹工作时的样子，它让我们看到了他精益求精的精神。

师：好的，请同学们阅读这份资料，或许你会更加深刻地体会到“全神贯注”的含义。

课件出示：作为法国大雕塑家罗丹，他把自己的一生奉献给了雕塑艺术，创作了大量的作品，其中许多作品成为世界雕塑艺术宝库的珍品。让我们一起来欣赏他留下的不朽的作品吧！（展示《思想者》《青铜时代》等，简要介绍。）

师：现在，你对“全神贯注”有了哪些新的感悟？

生1：我感悟到，“全神贯注”不仅是一种态度，还是一种了不起的精神！

生2：伟大的作品来自于艺术家“全神贯注”的付出和努力！

老师适时引入相关的资料，不仅拓宽了学生的视野，增进了对人物的了解，也对“全神贯注”有了更深的感悟。

四、多种途径，丰富语言积累

中段是习作起步阶段，词语积累是中段语文教学的重要目标，老师们花了大量的时间和精力，用了不少方法和技巧引导学生理解、积累词语。可是，大多数学生并不能在习作和日常生活中有效地运用所学词语，在习作中常常出现“词不达意”甚至是“巧妇难为无米之炊”等问题。

词语积累的过程如同“采蜜”一样，是一个长期艰巨的过程，教师要不断开辟词语积累的途径，教给学生积累词语的方法，巧搭词语理解和词语运用的桥梁，使词语成为建设学生语文素养的坚固基石。

（一）在生字学习中积累

人教版课本都附上了《生字表》，教师除了平时在每课的生字教学中进行比较归纳以外，在期末复习阶段，还可以利用《生字表》，根据联系和平时容易混淆，写错的词语，进行归类复习，拓展巩固。

在生字学习中，教师可以引导学生进行同族归类，即将拥有共同词根的一组词聚合起来。如四年级下册的生字“挺”字，可以构成“挺立”、“挺拔”、“挺直”、“笔挺”、“挺身而出”、“力挺”等等，通过这样的复习归类，引导学生将零散的词语纳入词族，借助同族词的内在联系进行积累。

其次，我们可以对生字新词进行同义归类，将意义相同相近的一组词语聚合起来。比如由生字“嘲”引出同义词语“嘲笑”、“嘲讽”、“冷嘲热讽”。

教师还可以针对难学易错的生字进行辨析归类。同一个字在与不同的字组合后具有不同的含义，如，生字“释”组词“解释”时是“解说，说明”的意思；组词“释疑”、“释怨”、“涣然冰释”是“消除，消散”的意思；组词“释放”、“保释”、“手不释卷”时，是“放开，放下”的意思。在教学中适时辨析，学生对词语的理解就会更深刻，运用就会更加自如。

除此之外，教师还可以通过家长或者家委会统一组织，利用课余周末时间进行学生书写比赛、运用生字表组词比赛等活动。

（二）在词语理解中积累

词语的积累要建立在对词语的理解上，只有真正理解了词义才能灵活运用所积累的词语。因此，教师在阅读教学中要引导学生理解关键词语，在理解中积累词语，以质促量，让积累的词语成为积极的词汇。

教学人教版四年级下册《鱼游到了纸上》，教师出示语言材料：他老是一个人呆呆地站在金鱼缸边，静静地看着金鱼在水里游动，而且从来不说一句话。老师问：“这位青年看鱼有什么与众不同之处？”学生答，他看鱼总是“呆呆地”、“静静地”。教师引导：“那位青年看鱼是静静的，而且从来不说一句话，请问，这样的看，就是怎样的看？你想到了哪些词语？”“一丝不苟地看，聚精会神地看，仔细地看，投入地看，全神贯注地看，专心致志地看，一心一意地看……”教师继续引导：“青年看鱼看得很投入，很专注，他的眼里只有金鱼，他的心里只有金鱼，这样看鱼不是怎样地看？”学生思考后回答，“不是三心二意地看，不是漫无目的地看，不是走马观花地看，不是随随便便地看……”这位老师巧妙地将词语理解与积累融为一体，一举两得。

教学“口语交际”时，学生交流“我的课余生活”这个主题，大多涉及到运动，比如打羽毛球、打篮球、游泳等等。学生在交流时，对于动作的表述都显得比较单一，苍白无力。教师在“口语交际”后，有针对性地布置学生课外积累有关动作描写的词语，或根据自己想写的课余生活进行词语积累。在习作课上，教师先让学生交流自己搜集到的精彩词语。接着，教师再出示事先准备好的几类词语，让学生在习作时自由选择运用，有目的地帮助学生积累和运用，最后发现学生习作中描写生动的片段，教师在讲评课上及时进行鼓励，激发学生积累和运用词语的兴趣。

（三）在“日积月累”中积累

在小学语文人教版教材中，“日积月累”贯穿第一学段到第三学段始终。这就是一个很好的词语积累资源，但很多时候教师只是简单地让学生背诵默写，让“日积月累”成了“读读背背”。

教师可以在日常教学中设计丰富多彩的活动来激活课堂。比如，积累一组成语，在理解成语意思后，设计类似“九宫格”的填字游戏，将成语学习和填字游戏巧妙结合起来，学生的学习兴致就被激发起来了。教师还可以根据成语的特点进行归类，如带有数字的、动植物名的成语归类等等，这样有意识地引导学生进行归类积累并进行课外拓展，效果明显优于零散机械记忆。同时，班级也可以不定期进行成语闯关、成语听写、成语故事比赛，激发学生积累成语的乐趣。

（四）在练笔中积累

词语积累的最终目的是运用。如果不会运用，词语积累再多也只能算个“两脚书柜”。中段的练笔和习作是促进学生词语积累的重要途径，能有力地促进词语积累与词语运用的良性循环。

课堂小练笔要做到把“力”用在“刀刃”上。教师要能够对文本进行全面的分析，把握好练笔的时机和练笔的关键点。如教学《火烧云》一文，教师在引导学生理解“葡萄灰、茄子紫”这些表示颜色的词语的基础上，让学生想象文中还有哪些说也说不出来，见也没见过的颜色？你能试着用这样的词语来描述火烧云吗？学生纷纷运用“苹果绿、橘黄、桃红、橄榄绿、玫瑰红”等词语描述文中的绚丽多姿的火烧云，生动形象。在这个活用的过程中，学生对词语的理解不再仅限于朦胧理解和机械记忆，而把它变成语言仓库的所得，需要时招之即来，呼之即出。

师生共读完《草房子》后，教师选择了这么一段文字进行品读。“桑桑和杜小康嘴里不停地咀嚼着这个富有刺激性的字眼，仿佛在咬一个鲜红的辣椒。他们还不停地吐着如火舌一样鲜红的舌头。火光里，两对目光纯粹是小兽的目光，雪亮雪亮的。他们紧紧地盯住魔幻般的火，仿佛眼珠儿马上就要跳到火里，然后与火苗共舞。”教师引导学生圈画出自己觉得用得好的词语，并说一说理由。学生都感受到“咀嚼”用得好。教师引导学生试着用上“咀嚼”仿写一段话。刚开始，学生的仿写并不理想。慢慢地，经过一次次的练笔，学生会有意识地将学到的词语和写法运用到自己的习作中了。

（五）在生活中积累

从日常生活中积累词汇，是扩充词汇量的一条重要途径。孩子们的生活是五彩斑斓的，除了学校生活还有丰富多彩的社会生活。听大人聊天，跟同学交谈，听教师讲课，看电视听广播……到处都可以学到新鲜活泼、有生命力的词汇。

其一，看广告积累。生活中，广告招牌遍布大街小巷，电视媒体等铺天盖地，随处可见。从商店的名称到广告词、宣传画报等都有丰富多彩的鲜活的词汇，而积累这些词汇，对孩子们来讲易如反掌，因为它们形象生动、朗朗上口。小朋友们爱吃的东西，喜欢的玩具，商家通过广告的形式，对自己的商品进行营销。其中的广告词，一般都是诗词般简洁精练、悠悠入耳的优美语句。如表现尊师重教的“薪火相传，尊师重教”，表现关爱他人的“赠人玫瑰，手有余香”。一些比较艰涩难懂的字词，只要在孩子们喜欢的食品或玩具广告或招牌中出现过，他们就一定能记住。教师要充分利用这些资源，引导学生进行积累。

其二，在旅游中积累。外出旅游时，孩子们会接触到很多书本上、日常生活中不曾认识了解的历史典故、名人诗词、经典的对联等。每个旅游胜地，特别是名胜古迹都积淀着丰富的文化内涵和精神底蕴。孩子们如果能有意识地积累这些典故、对联、古诗、解说词等，他们的词汇积累会越加丰富。如从旅游中积累的俗语“不到长城非好汉”“五岳归来不看山”“山无水不灵，水无山不活”；从风景中积累的歇后语“花架下养鸡鸭——煞风景”“望远镜看风景——近在眼前”“卢沟桥上石狮子——数不清”；从景区中积累的警示语“勿以恶小而为之，勿以善小而不为”等。

其三，在游戏中积累。做游戏有趣味，有竞赛，有规则，有赏罚，可以使自己的聪明才智得到充分的发挥并被小伙伴们所承认，符合少年儿童活泼好动，争胜好强的年龄特征。教师要利用游戏的优势，把学与玩结合起来，让学习和积累词汇进入游戏的天地。比如，学生在四人小组中玩词语扑克游戏，先由老师或小组长在扑克牌写上“全神贯注”一词，牌面上分值设计如下：解释1分，同义词1分，反义词1分，造句2分。摸到这张牌，如果答对一项，就得一项的分，属于不太确切的，由其他三人酌情定分。一局结束，由小组长统计得分，多者为胜。每次“斗词语”游戏的最后得分都记录在公布栏，累计分达到100分，升为组长，之后随着分数递增，可依次升级为班长、排长、连长，直至司令。当上“司令”的同学，有组织下次班级活动的特权。

其四，在口语交际中积累。生活中人们生动的口语是学生积累的源泉。一些成语、谚语、俗语、歇后语来源于群众口中并广为流传，这些词语浅显、通俗，接近口语，生活气息很浓，在习作中适时引用能使文章生色。比如来自口语的成语：将计就计、趁热打铁、灵丹妙药、没有规矩不成方圆、种瓜得瓜种豆得豆、八仙过海各显神通、百闻不如一见、冰冻三尺非一日之寒等。学生如果能在日常的口语交际中有意地积累这些词语用于习作中，就能有效地解决“词语贫乏症”的问题。

第五节　中段字词教学的“小”策略

在中段字词教学中，我们遵循它的科学性、文化性、方法性，并通过多种途径寻求字词教学的优化策略。在研究中，我们不断观察学生的字词学习现象，不断发现小问题。针对这些小问题，我们梳理并提炼了10个教学小策略。

针对学生归类意识差的问题，我们提炼了《词语分组》；针对学生字词学习不够深入的问题，我们从方法入手，提炼了《借助资源》《三步追问》《创设“真实”情境》《“画”词语》《借用典故》；针对学生词语辨析力差的问题，我们梳理了《“盘清”词义》《评一评，辨一辨》；我们还充分利用资源，提炼了《课前三分钟》《错别字收集表》。这些教学小策略从实践中来，到实践中去，针对性强，可操作性强，能比较有效地帮助我们解决中段字词教学中的一些小问题。

词语分组

前埔南区小学　吴聪娣

背景：大多数教师让学生学习词语时，只提供一些词语，没有关注词语之间的联系，没有教给学生词语归类的意识。学生对词语与词语之间的关系也缺乏思考。

操作：

1. 教师在教学中，研读文本，把握词语之间的关系。
2. 提供几组有联系的词语，随机排列。
3. 读词语后，引导学生回到文本，思考给词语分组。
4. 指名分组，并说出理由。
5. 教师梳理、归纳几组词语之间的关系。

风险和对策：

风险	对策
1. 教师无法把握文本中词语与词语之间的逻辑关系。 2. 部分学生无法准确分组。	1. 教师在平时的教学中培养学生词语归类意识，认真体会每个词语的内涵，探究词语之间的关联。 2. 充分利用学生的差异资源，让学生对词语不同的分组情况进行比较分析，帮助学生形成归类意识。

推荐指数：★★★★☆

教学案例：

让学生自己发现词语之间的秘密

在语文教学中，我们常常会选择自己认为课文中特别重要的词语，一个一个让学生理解、感悟，认为这样的词语教学扎实有效。但是，我们常常发现：学生虽然理解了词语，但是让他们用上书中的一些词语说上一段话，他们却十分为难，很难把词语串联起来。问题的症结在哪里呢？

在教学《鱼游到了纸上》一课时，我尝试着寻找词语与词语之间的关系。后来，我发现文中的一些词语组合在一起，就是一幅幅生动的画面，“清澈见底、自由自在、赏心悦目”描写的是西湖玉泉的美景；“举止特别、秀气、聋哑青年”描写的都是文中那个画鱼的年轻人；“呆呆地站、静静地看”描写的是青年看鱼的情景；“工笔细描、一丝不苟、挥笔速写”描写的是青年画鱼的情景。于是，我紧紧抓住这四组词语，让学生想象画面，并让学生把这几幅画面连起来说一说，就是课文的主要内容。这样的教学方法实现了我的设计意图：概括主要内容是中年级语文教学的一个难点，以四组词语为抓手，激发想象，形成画面，串联画面概括主要内容，有利于学生对课文的整体把握，化难为易。

但是，这一切都是老师给的，这些词语为什么这样分组？学生是不曾思考的，当然也不会去思考词语之间的关系。我们是否要引导学生去思考这问题呢？在公开课上，我进行了尝试：我把几组词语打乱顺序后，请同学们朗读词语。而后，我把这些词语分成了4组，要求学生认真默读课文，思考：老师为什么把这些词语这样分组呢？学生发言的情况让我发现，只要我们给他们思考的时间，他们是可以发现词语之间的奥秘的。这样的思考带给他们的不仅仅是分组，更重要的是词语归类的意识。

上完研讨课后，我想：我们的课堂还可以再开放一点吗？其实，我们完全可以让学生自己给词语分组，自己说说分组的理由，在交流中不断思考，不断完善自己的看法啊！因为是公开课，我担心时间不足。所以，我还是采用了老师分组，学生谈理由的方法。

让课堂开放一点，让词语分组激发学生的思考，迸发更多思维的火花，值得我们尝试！

借助资源

前埔南区小学 洪秀梅

背景：关键词运用于阅读、写作，有助于提升学生提炼、概括、思维能力。可学生对文本中的关键词往往置若罔闻，无法体会词语包含的意思，更无法领略作者用词的精妙。在教学中，教师要借助各种资源，引导学生品评关键词。

操作：

1. 找出关键词；
2. 借助工具书、课外资料、生活实际等理解关键词；
3. 创设情境，尝试运用；
4. 评价反馈，恰当运用。

风险和对策：

风险	对策
1. 部分学生借助联系上下文、生活经验等方法仍不能理解词语的文中意； 2. 尝试运用不合理。	1. 教师准备充分，运用更多的方法或换个角度理解； 2. 采用生生评价，师生评价，并举一反三。

推荐指数：★★★★☆

教学案例：

品读关键词

前埔南区小学 洪秀梅

人教版四年级上册肖复兴先生撰写的《那片绿绿的爬山虎》是篇脍炙人口的文章。文中的叶老先生对青少年真诚的教导和无私的关怀真如“春风拂面”，给人留下深刻的印象。

如何教学这个在文中起着举足轻重作用的关键词，让学生不仅能深入体会作者表达的情感并学会在具体的语言环境中运用这样的词语呢？我先让学生默读课文 1-5 自然段，并找出哪个词集中表现叶老给“我”的感觉？学生根据预习中查找工具书说说词语的意思，并让他们说说“春风拂面”是一种什么样的感觉，学生纷纷回答：“舒服”“惬意”“温暖”“愉快”等。然后我再让学生思考它在文中的意思，学生一时面面相觑。我提醒他们到文中去寻找答案，学生大多能说出叶老帮助作者修改作文让作者感觉好像春风轻轻拂过脸庞，令人感觉特别舒服。

接着，我把“叶老修改稿的原稿”这一直观作品呈现在同学面前，看看叶老从哪些方面修改作文，一篇短短的文章他一共改动了多少处。学生惊讶之情溢于言表。此时，我再出示叶老的身份简介，并启发学生想象 70 岁的叶老坐在灯下、戴着老花眼镜，为“我”一字一标点地修改作文的情景，“假如这是叶老为你修改的作文，你有什么感受？”此时，学生对叶老的崇敬感激之情油然而生。学生透彻地了解了词语的意思，也就能运用词语说句子。“老师的谆谆教诲如同春风拂面，消散了我的不安和彷徨。”“我和她躺在公园的草坪上，春风拂面，感觉好舒服。”

在课的结尾，我总结：关键词，就是揭示文中核心意义的词语。理解关键词必须学会联系上下文、结合生活实际、课后资料袋，作者简介等深入品味，才能深刻体会作者表达的情感。

三步追问

前埔南区小学 吴聪娣

背景：成语是一种形式简洁，意思精辟的定型词组或短语，是中华民族的文化瑰宝。学生从小接触成语，积累了不少成语。但是，他们对成语理解大多停留在字面的意思，无法领会内涵，也无法做到灵活运用。三步追问，可以帮助学生更好地理解成语的意思，感悟成语背后的含义，从而准确地运用。

操作：

1. 你了解这个成语的意思吗？

2. 你了解成语相关的故事或来历吗？

3. 你能联系生活想想什么情况可以用上这个成语吗？

风险和对策：

风 险	对 策
有些成语没有故事，学生无法寻找它的来历	教给学生查找来历的方法，如，网上搜索，查找文献资料，请教老师、专家等。

推荐指数：★★★★★

教学案例：

从“高山流水”说起

在《走进奇妙的成语世界》的教学中，我出示“高山流水”这个成语，请学生猜一猜：你觉得“高山流水”这个成语是用来描写什么的呢？学生们纷纷交流，有的猜这个成语是描写山水的，有的猜是描写风景的。那么，它到底是什么意思呢？我请他们查找词典，找到成语的解释。可是，学生仍然不明白，高山流水和朋友有什么关系呢？于是，我出示了《伯牙绝弦》的故事，让学生静静地阅读。读后，学生恍然大悟：原来它的背后竟然有这样一个感人的故事，它表达的是知心朋友之间的那份情谊啊！我继续引导学生思考：这个成语在使用时容易望文生义，知道了它背后的故事，我们就明白它其实表达的是“高山流水遇知音”的那份情义啊。那么，生活中，我们可以在什么情况下用上这个成语呢？

学完“高山流水”这个成语后，我引导学生小结自己的学习收获，并且和他们一起梳理出学习成语的“三步追问”法，即学习一个新成语的时候，我们问问自己：1. 你了解这个成语的意思吗？你了解成语相关的故事或来历吗？ 3. 你能联系生活想想什么情况可以用上这个成语？这样的学习方法，不仅让孩子们深入理解了成语的意思，还能学会准确地运用，学得扎实，学得有效！

创设情境

瑞景小学　刘晓

背景：传统的查字典释义式或教师直接告诉词义的词语教学，不但调动不起学生学习词语的兴趣，而且实效性差，无法在学生头脑中留下印象。适当地创设“真实”情境，让学生经历这个情境后悟到这个词语的含义，这种顿悟在脑子里留下的印象会很深刻。

操作：

1. 让学生讲解这个词在字典中的释义，或者让学生说说自己对这个词的理解。

2. 创设“真实”情境，让学生在情境经历中理解词语。

3. 师生共同交流词语的意思。

风险和对策：

风 险	对 策
个别学生在体验“真实”情境后，仍不能理解词语的意思。	教师可采取“创设‘真实’情境”与其他词语教学方法相结合的方法。

推荐指数：★★★★☆

教学案例：

在教学人教版四年级上册《那片绿绿的爬山虎》中“推荐”这个词语，教师精心创设了这样一个“真实”的情境：教师先请学生甲来说出“推荐”一词在字典中的释义：介绍好的人或事物希望被任用或接受。学生甲回答完毕后，教师并未就此结束对这个词语的理解教学。教师紧接着对学生甲说：“请你向我推荐我们班级里书写最好的一位同学，老师想让他在黑板上教大家书写‘推荐’一词。”在学生甲的推荐下，班级里书写最好的同学乙缓缓从自己的座位站起来，走向黑板，一笔一画地在黑板上写下“推荐”一词。教师对学生乙的书写进行评价，并同时感谢学生甲的推荐，希望同学们都能向学生乙学习，认真书写。通过这一创设“真实”情境的教学方法，学生能轻松理解“推荐”的意思，还能正确地书写、运用，可谓一举多得。

这种理解词意的方式，让学生置身于教师特意创设的“真实”情境之中，让学生在实际的情感体验中，自然而然地理解词语，这与以往单纯地让学生解释词语并造句的传统教学策略相比，效果要好得多，真正起到了“润物细无声”的效果。

“画”词语

前埔南区小学　吴聪娣

背景：词语教学中，大多数老师注重引导学生理解词语的字面意思。学生无法感知词语表达的准确性，也无法感悟词语呈现的画面感。久而久之，学生往往缺乏语感。

操作：

1. 读句子，理解词义，用简笔画表达自己对词语的理解。
2. 互相评议，再品词语，完善画面。
3. 朗读句子，想象画面，读出画面。

风险和对策：

风 险	对 策
1. 学生无法区分相近词语的细微差别，画得比较含糊。 2. 部分学生动笔画的能力较弱，无法准确表达自己对词语的理解。	1. 引导学生关注词语之间的差别，准确把握词语的特点。 2. 关注学生是否画出词语的特点，不注重画面的美观。

推荐指数：★★★★☆

教学案例：

在《槐乡五月》的教学中，学生对"槐乡的山山洼洼、坡坡岗岗，似瑞雪初降，一片白茫茫"这句话中的"山山洼洼、坡坡岗岗"理解比较含糊。首先，老师让学生查字典理解"山"、"洼"、"坡"、"岗"这几个字的意思，试着用简笔画表示"山山洼洼、坡坡岗岗"。画完后，老师请学生互相评议：你觉得他画得准确吗？怎样才能更好地画出山山洼洼、坡坡岗岗呢？学生一方面评价是否准确地画出了"山洼"、"山坡"、"山岗"的特点，一方面又思考是否画出了"山洼"、"坡岗"的"多"。在评议中，学生完善画面。接着，老师引导学生想象：槐乡五月，这些山山洼洼、坡坡岗岗处处槐花盛开，这是一幅怎样的画面啊？请你带着自己的想象，美美地读一读。带着对词语的理解和感悟，带着美好的想象，学生读出了一幅美好的画面……

借用典故

前埔南区小学　吴聪娣

背景：在理解词语的时候，有些词语学生虽然理解大概意思，但无法深刻地体会其中的内涵，也无法做到活学活用。在教学中，我们可以引导学生通过了解词语典故深入词语的感性空间，激发学生热爱祖国语言文字的情感。

操作：

1. 学生用自己的话说说词语的意思。
2. 引导学生了解词语的典故，进一步加深对词语的理解。
3. 学生再次交流自己对词语的理解和感悟。
4. 尝试运用词语说话。

风险和对策：

风 险	对 策
1. 学生知识局限，有些词语的典故不容易查找。 2. 有些孩子无法准确运用词语	1. 教师提供一些词语的典故以激发兴趣，教给学生了解词语典故的方法。 2. 联系生活或结合课文内容，有层次地训练。

推荐指数：★★★★☆

教学案例：

巧用词语典故

典故，是指诗文等作品中引用的古书中的故事或有出处的词句。在词语教学中，我们巧用词语典故，不仅能帮助学生深入理解词语的内涵，还能感受中国文字蕴含的文化，激发学生对祖国语言文字的热爱。

在教学《那片绿绿的爬山虎》这篇课文时，学生对“楷模”这个词语大体是理解的，但是“楷模”为什么都带有“木”，这个词语背后又怎样的来历呢？有些学生感到困惑。我查找了相关资料，了解了词语的典故，一切问题迎刃而解。

首先，我问学生：“经历了这样两件事情，在肖复兴心中，叶圣陶先生是一个怎样的人？”学生回答：“在肖复兴心中，叶圣陶先生是一个人品与作品都堪称楷模的大作家 。”“那么，你能用近义词说说楷模的意思吗 ?”“楷模就是榜样的意思。”“楷模就是模范的意思。”“关于‘楷模’，你们知道它有趣的来历吗？我们一起来了解。”学生阅读“楷模”的来由：楷，树名，黄连树。据说长在孔子坟上，刚直挺拔。模，树名，生长在周公坟上，相传他的叶子色泽纯正，是所有树的榜样。后来，人们就取“楷”和“模”两种树的特征来代指品格高尚的优秀人物，写作“楷模”。阅读后，我又问：“在肖复兴心中，叶圣陶先生就是一位堪称楷模的人。学习了本文及学过的课文《爬山虎的脚》，你对叶圣陶先生的作品和人品一定有了更多了解吧，谁来说一说？”我引导学生联系上下文及自己了解的课外资料交流：叶圣陶先生为人______________；叶圣陶先生写作____________。他的确是一位人品与作品都堪称楷模的大作家啊！学生在交流中表达了自己对词语的理解，如，“叶圣陶先生为人认真、平和；叶圣陶先生写作善于观察，精益求精。他的确是一位人品与作品都堪称楷模的大作家啊！”“叶圣陶先生为人亲切、真诚；叶圣陶先生写作认真、细致。他的确是一位人品与作品都堪称楷模的大作家啊！”学生在交流与运用中进一步加深了对词语的感悟。

拓展运用

前埔南区小学 洪秀梅

背景：中高年级的“词语盘点”词汇量大，每一组有50个左右的词语。教师没能真正理解教材编排的作用和要求，词语教学与句子、语境脱离，完全不符合语文教学的规律，导致学生对词语理解不到位，运用被忽视。

操作：

1. 联系课文，理解文中义。
2. 拓展该词的近义词、反义词或与之相关的成语。
3. 用词造句。
4. 用几个词写一段话。

风险和对策：

风 险	对 策
1. 学生所找近义词、反义词或成语不准确，答案单一。 2. 用词造句运用不当。	1. 通过查找工具书、同学交流等，辨清词义。 2. 生生评价，教师点拨，纠正修改。

推荐指数：★★★★★

教学案例：

盘活词语

人教版小学语文教材从四年级起设置了“词语盘点”的版块，每组都有50个词左右。很多教师忽视了教材的意图和要求，只是简单地让学生读读写写，导致学生对词语理解不到位，运用不恰当。

我在课堂中尝试着让学生提出“词语盘点”较难理解的词语，让学生先理解词语的文中义，再由这个词拓展到与它相关的词语。如“词语盘点”中出现许多描写人物的词语，“放诞无礼”一词较难理解。我先让学生回到课文中，结合具体的语言环境了解词语的意思是“放纵，不庄重；缺乏对人适当的尊敬、尊重”，再让他们找出词语的近义词“放任、放荡”，成语“放荡不羁、荒诞不经”等，反义词“彬彬有礼”，在这过程中深化学生对词义的理解和积累。

接着，我试着让学生用“放诞无礼”说一句话，让词语的意义进一步在学生头脑中内化。一个学生说：“杨萌在会场上大呼小叫，简直太放诞无礼了。”一个学生说：“XX同学很腼腆，遇到老师不敢问好，真是放诞无礼。”我发现一些学生对词义的理解还不够清晰，立即引导学生辨析这两句话中词语运用是否恰当，并说明理由。学生在辨析中逐渐清晰：放诞无礼形容虚妄离奇，不合情理，程度较深，第一句运用得恰当，而第二句的程度较浅，只能用“不够礼貌”。学生在同伴的评价和讨论中咬文嚼字，体会词语的表情达意，逐渐明晰词语的用法，提高学生遣词造句的能力。盘活词语教学，把它由理解词语内容走向如何运用词语。

学习工具

前埔南区小学　吴聪娣

背景：学生在阅读或字词学习的过程中，往往会遇到很多自己不理解或者难懂的生字词。许多孩子喜欢查找《新华字典》或者“百度搜索”，但由于有些孩子购买的《新华字典》出版时间较早，而“百度搜索”的回答又没有提供准确的答案，以至于学生无法解决问题。因此，我向高年级的孩子推荐了多种“学习工具”，为他们的字词学习提供更多的帮助。

操作：

1. 交流字词学习解决问题的方法；
2. 引导学生了解学习工具；
3. 引导学生选择和使用学习工具；
4. 学生尝试运用学习工具；
5. 交流学习体验。

风险和对策：

风　险	对　策
学生家庭环境不同，有些家长无法为孩子们提供相关的工具书。	1. 教师引导家长认识语文学习工具的重要性，取得家长的理解和支持。 2. 班级购买一套工具书，为孩子们提供学习帮助。

推荐指数：★★★★☆

教学案例：

学习的“好助手”

字典、词典等工具书是孩子们学习的“好老师”，不少孩子都有遇到不认识的生字词就翻阅字典、词典的习惯。但是，我发现孩子们所用的大多数是《新华字典》，很多孩子用的还是很早以前的版本。一部分孩子还会查阅《现代汉语词典》。《新华字典》作为新中国第一部现代汉语字典，从1953年出版至今已64年了，这期间有两次较大的修订（2006年第10版和2011年第11版）。而《现代汉语词典》自1978年正式出版后，至今已经是第7版了。新版本“坚持以学术研究为先导，注重修行工作的科学性、系统性”，引导着语言文字的使用更规范、更科学、更符合现实生活的需要。

如何让孩子了解更多的“学习工具”，利用“学习工具”满足孩子们的学习需求呢？首先，我让孩子们交流平时字词学习遇到问题时的解决方法。孩子们交流以后，我问：你们了解这些学习工具吗？还有哪些学习工具也能帮助我们的字词学习？孩子们大多没有考虑过这个问题，都懵了。于是，我用课件向孩子们着重介绍了几种：《现代汉语通用笔顺规范》确定了7000个汉字的规范笔顺；《新华字典》第11版“对个别释义进行修改，简化或更新了某些词语的释义”《现代汉语词典》“为推广普通话、促进汉语规范化服务”；“在线汉典”“成立于2004年，旨在弘扬中华文化，继承优良传统，推广学习汉语，规范汉字使用”，它设置的“说文解字”清晰地介绍了汉字的起源和演变过程。了解了这些学习工具，我还现场让孩子们进行运用，让孩子们畅谈体验。

在学习运用中，孩子们深有感受：这些工具，真是我们学习的“好助手”啊！

课前三分钟

瑞景小学　郭丽婷

背景：课前准备时间存在浪费的现象。从第一遍上课准备铃声到第二遍正式上课铃声之间有一分钟，再到老师到教室正式进入上课状态加起来约有3分钟左右，对于中年级学生而言，除了做好课前准备以外，基本就是在等待中浪费时间，在等待无聊之际就会出现很多做小动作、聊天、开小差等现象，较少的学生会正儿八经地端坐等待。教师将课前三分钟充分利用起来，设计多种词语运用的小节目，能激发学生词语积累兴趣，丰富学生词语积累。

操作：

1. 确定小组和组长。
2. 主持人提前申报活动内容，教师进行“审核”。
3. 主持人根据计划开展活动，教师点拨。
4. 师生共同评选出每周的“优秀主持人”、“优秀学员”和“优秀小组”。

风险和对策：

风 险	对 策
后进生不能很好地参与到节目中来，成为“局外人”达不到效果。	1. 教师“审核”完节目后，指导后进生如何去做好准备，安排组长多帮助他们。 2. 教师点拨时注意多对参与的后进生进行表扬。 3. 每周评选时，多给后进生一些中选的机会。 4. 课后，及时和参与的和未参与的后进生进行沟通了解情况。

推荐指数：★★★★☆

教学案例：

课前三分钟

教师进入教室后，一般的做法就是常规的师生问好或者让学生领背古诗词。经过一段时间的实践观察发现，领背古诗词比常规的师生问好更容易引导学生进入上课状态，可是，领背古诗词时间久了，就会出现有部分学生像和尚念经一样有口无心，积极性不高。不管怎么样，从上课铃声响之后到师生正式进入上课状态这段时间约有三分钟左右，可能很多老师也无视这三分钟，其实，想想办法可以把这三分钟用于词语积累。

通常第一遍铃声响之后，我就会来到教室。可是，我发现学生要么像兔子一样窜进教室，要么，恋恋不舍地结束正在进行的游戏。看到老师来了，有的学生才匆忙做课前准备。后来，我就让学生轮流上台领背古诗，刚开始，效果还不错，进入学习的状态也比较快了，可是，慢慢地，发现学生又厌倦了，于是，我就想了以下的方法，利用这课前三分钟时间，激发学生积累词语的兴趣，也让学生能更快地进入学习的状态。

首先，确定组长。教师根据学生的兴趣、特长、能力、节目特点等方面确定5名组长，由学生根据兴趣自由找组长报名，分成5组，每个小组8人。每个小组承担一个节目，一个月后换成不同小组承担。小组长要保证每个成员都有上台的机会，碰到后进生，小组成员要团结帮助他。

其次，组长提前申报节目内容，教师进行“审核”。一般，周末就可以确定节目内容，学生周末先做好准备，周一到校先演练一遍，不足之处再进行修改。

接着，根据计划开展活动，教师点拨。

周一是你演我猜，就是准备5个词语，由两名同学上台，一个演动作，一个学生猜词语，也可以是词语游戏，比如词语接龙、汉字开花、说反义近义词等等。记得有一次，学生准备了冥思苦想、大摇大摆、左顾右盼、捶胸顿足、手舞足蹈进行了你演我猜，因为这两位同学是我们班的校电视台的“知名”演员，他们也事先经过多次彩排配合，表演很精彩，学生笑得前俯后仰，一下子就把这5个词语记住了，接着表演者马上考考同学：你记住了哪些词语？周二是新闻播报。上台播报的同学，准备一则新闻热点进行播报。某同学是这样播报的：赏花，请带上文明！湖北武大樱花盛开“限客令”难抑客流。游人入校有人攀花摘枝，有人践踏草坪，有人乱扔垃圾，有人闯入教学区域，干扰教学……面对大量游客，不堪重负的高校下达了“限客令”。接着，她出示了樱花的图片，请大家欣赏之后，让同学用几个词语来形容樱花。学生很快就能说出了花团锦簇、含苞欲放、傲然怒放、婀娜多姿、迎风招展等等。我都没料到这位学生竟然能模仿得如此逼真，俨然就是一个小播报员。后来，我通过家长了解到，这孩子从小就喜欢当老师，每天回家一有空就模范老师的样子给家长上课，这次上台她是经过精心准备的。周三妙词品味。课前搜集有意思的广告语、小故事、幽默笑话、QQ、微信等网上流行的精妙词语和大家分享其精妙之处。周四美词赏析。从班刊中选择一段文字朗读并对其中用得好的词语进行赏析。刚好三月份的班刊里有第一单元描写校园的文章，上台的学生就选择了班刊里昕恬的文章：“大概是因为断的树枝里还残留着水分，在这温润的春天里孕育出了青苔吧！”“或浓或淡的新绿配上鲜艳的小花，春色点染了校园，一切让人看了赏心悦目。”他觉得同学用“温润”形容春天很独特又恰当地表达出了春天的气息，“或浓或淡”活学活用，“点染”也用得精妙，没想到普普通通的校园，同样老师带下去游览校园一圈，同学就能写出如此优美的文章。周五好书推介。周末到了，让学生推销一本精彩的书，并选择其中一段美文进行推销，当然要抓住关键的词语进行品读吸引同学周末去看这本书，可以模仿电视节目《我的一本课外书》进行。

最后，师生共同评选出每周的“优秀主持人”“优秀学员”和“优秀小组”。获选的个人和小组，就可以得到10个表扬，纳入班级的奖励积分中。

课前三分钟，不同的节目，激发了学生的兴趣，丰富了学生的词语积累。

错别字搜集表

前埔南区小学　宋旻子

背景：中高年级的学生已具备一定识记字词的能力，课堂上的字词教学教师都是有针对性地利用如字理教学等方法引导学生注意一些易写错的字词，并进行积累词汇的方法指导，利用书法课等练字时间详细指导字的间架结构，提醒笔画笔顺，这些都是减少学生写错别字的前提。但仍有部分学生因听课效率不高、书写态度浮躁、思维定势等原因在作业中出现大量错别字。

操作：

1. 制定表格，学生人手一张贴于语文书封底。

2. 提醒学生在学完一篇课文后搜集作业中的错别字，将错别字填入表中。

3. 生生互动，同桌或结对子的小伙伴之间进行有针对性的听写、巩固。

4. 阶段复习时再次进行有针对性地练写。

风险和对策：

风险	对策
1. 学生搜集错别字不自觉，不及时。 2. 学生搜集错别字后没有及时复习。	1. 教师应抽出固定的时间段让学生进行填写、检查。 2. 教师应抽出固定的时间段进行有针对性的听写、练写，并给予适时的奖励。

推荐指数：★★★★☆

教学案例：

随着教学经验的增加，我对学生容易写错的生字慢慢做到心中有数，执教时利用字理教学、创设情境等方法引导学生注意一些易写错的字词，并利用书法课等练字时间详细指导字的间架结构，提醒笔画笔顺，但仍有部分学生因为听课效率不高、书写态度浮躁、思维定势等原因在作业中出现大量错别字。每次改作业和试卷，我都忍不住感慨：为什么最基本的生字词都没办法过关？

一日，检查孩子贴在语文书里的背诵过关表时，我想，何不弄张错别字搜集表贴于书上，方便学生复习巩固？于是，一张简单的错别字搜集表便形成了。表中将搜集的字分为两类，一类为写错的字，一类为书写不规范的字。平日批改作业时，学生写错的字及因书写不认真而没有写规范的字，我都圈出让学生订正。有了这张表后，每教完一单元，我便抽出一点时间让学生把优化设计、生字书写本中出现的错别字写在这张表中，每教完一单元，还可搜集听写词语盘点及默写段落中出现的错别字。不过，对于个别后进生，可能在搜集时还会出现遗漏、偷懒的现象，因此，我便派上几位优等生一对一对这几位后进生进行监督、检查。

表格还提醒学生要搜集习作中出现的错别字，这类错别字往往不是本学期的生字词，通常是学生一而再，再而三反复出现的错别字，搜集这类错别字也显得尤为重要。但这类错别字要求孩子不能单写一个字填进表格，要以词的形式填入，如“已经”等。

搜集完错别字，大部分学生不会自觉去复习巩固，因此还必须抽出一点时间，让同桌或者结对子的两个学生之间根据搜集表相互进行听写巩固。时间可定为每教完两个单元后，生生互考，互改，教师进行抽查，对态度认真的小组进行奖励，提高孩子的积极性。如果在阶段性听写中仍然出错的生字要打上三角号进行标记，在期中、期末复习阶段再次针对这些标记的易错字进行生生互听互改。表格的最后一栏还提醒学生要搜集在期末复习阶段仍然出错的字词。

第六节　中段字词教学的典型课例

小学中段的学生已经积累了一定的字词学习经验，教师要继续引导学生养成自主、主动识字学词的习惯，掌握字词学习的方法，努力做到“能借助字典、词典和生活积累，理解生词的意义”，“能联系上下文，理解词句的意思”，“体会课文中关键词句在表情达意方面的作用”。在《槐乡五月》《那片绿绿的爬山虎》《鱼游到了纸上》这些典型课例中，我们看到了执教老师有层次、有梯度地把字词教学放进语言环境中，巧妙地与阅读结合起来，促进了学生对语言的深度学习，提升了学生的语文综合素养。

让字词教学散发芳香

——《槐乡五月》教学课例

厦门市前埔南区小学　李晓莉

【教学目标】

1.引导学生整体感知全文，以“香”为线索，领略槐花之美，感受儿童之乐。

2.通过创设情境，想象画面等，在多种形式朗读与评价中，品味槐花之香，感受语言之精妙，读出香之层次感。

【教材分析】

《槐乡五月》是苏教版三年级下册第八组中的一篇优美的抒情性散文。全文共有四个自然段。第一自然段写五月的槐乡到处盛开着槐花，婀娜多姿，香气醉人。第二自然段写孩子们尽情享受槐花饭的香甜。第三自然段写孩子们用槐花装扮自己，孩子活动的欢乐场面。而第四自然段是全文的总结。作者以优美形象的语言生动地描绘了槐乡五月是槐花飘香的日子，是槐乡孩子的季节，表达了作者对槐乡景色及孩子们的喜爱之情。

作者描写槐花，有序观察，用词精妙，动用多种感官，极具画面感与音乐感。远看槐乡，槐花开得如此的繁盛，作者一连用了四个修饰词——山山洼洼、坡坡岗岗、瑞雪初降、白茫茫，视野之宽广，满目是花的海洋。这样的视觉胜景，让初进槐乡的人们无一不为之震撼。两个整齐的句式，将槐花比喻成玉雕的圆球，冰清玉洁；将槐花比喻成维吾尔族姑娘的小辫儿，一串接着一串。槐花之白、槐花之多，通过两个恰当的比喻，写得十分生动形象。

槐花的香气更是吸引了小动物和孩子们，两个形象的拟声词打开了人们的听觉感官，几个准确动词更是具有画面感，整齐的句式，充满了诗的意味。正是槐花之多，才使槐花香得令人陶醉。一个“浸”字，我们仿佛可见小朋友们陶醉香海中，推进了后文小朋友“准会、熏、醉、傻乎乎”的情态，槐花的香通过这一侧面描写体现得淋漓尽致。

基于以上分析，本课遵循这样的思路：

1. 从课题出发，让学生整体感知作者写了五月槐乡的几个方面：槐花的形美香醉，槐花食品的甜美滋味，槐乡孩子的纯美性情，而这几个方面皆围绕“五月，是槐花飘香的季节，是槐乡孩子的季节。”此中心句描写。品读课文的时候，抓住最后一自然段展开解读，找出“槐花飘香”之处，学生自然而然能够感受到散文的文体特征——形散而神不散。

2. 花的香是情感的生发点。因此品味花的香是教学的突破口。其中，本文最大的特点是叠词的运用，引导学生抓住词语，特别是叠词，走进槐花盛开的美景，品味槐花之香。通过创设情境，想象画面等，赏读文中如同诗一样美妙的句子。在多种朗读与评价中，以读促情，以情促读，提升朗读质量，读出“香”的滋味来。

【学情分析】

文中所描写的槐乡离学生的生活实际有一定的距离，通过人教版三年级上册《槐乡的孩子》的学习，填补了学生生活经验的空白。但前者更多刻画的是槐乡孩子的勤劳，与本篇情景交融的抒情性散文不同。走近槐乡，领略槐花之美，感受儿童之乐，二者是不可分割的。

在此之前，学生学习哲理性散文《和时间赛跑》，对散文情感脉络的整体把握有一定的认识。而本篇抒情性散文，围绕着最后一段“五月，是槐花飘香的季节，是槐乡孩子的季节。”以“香”贯穿全文，极具特点。抓住最后一自然段展开解读，就等于抓住了课文的主要脉络。让学生找出相关语句，学生自然而然感受“香”飘全文的特点，同时奠定本节课“香”的情感生发点。

学生喜欢这类语言诗化，意境美妙的课文。但文中情景交融的写法，语句中蕴涵的意境，对学生来说，理解上可能有一定的困难，学生的感悟也容易停留于表面。因此，借助出示图片、创设情境的支架，引导学生抓住词语，特别是叠词，品味槐花之香，拉近学生与文本之间的距离。向同伴学习是学生喜闻乐见的学习形式。通过同桌之间的交互学习与反馈，组成学习共同体，在交流、评价中，合理地补充、调整自己的观点，提升对词、句的感悟。

诵读是体会抒情性散文情感的最有效方式。课上引导学生赏读文中如同诗一样美妙的句子，采取老师范读和学生自读相结合，通过“情境创设品读”、“字词对比品读”、“想象品读”、“评点式品读”的形式，让学生感受、品味意境之美，文字之美。以读促情，提升朗读质量，读出“香”之层次，“香”之滋味。

基于以上分析，本节课学生的提升点为：

1. 了解作者的写作思路，把握整篇文章以“香”串文的线索。

2. 抓住词语，特别是叠词，生成个性化的阅读体验，品味语言文字之美，并通过入境入情的朗读，读出“香”之层次，“香”之滋味，切实提高品味语言的能力。

【教学过程】

一、创设情境，走进槐乡

1. 这节课我们将开启槐乡之旅，学习一篇散文。齐读课题——槐乡五月。

2. 质疑课题。

你从课题中读懂了什么？还有什么不懂的？怎样的地方才能叫槐乡？

3.“洋槐”见过吗？（出示槐树画面）“槐”是要会写的生字，谁来提醒大家书写的时候要注意什么？

点拨：木作为部首，要避让。从结构上提醒。有没有哪些笔画也值得提醒吗？

4. 你还能给“槐”字找其他朋友吗？（槐乡、洋槐、槐花、槐树、槐花饭、槐花蜜、槐米）

二、整体感知，“香”飘全文

1. 一个“槐”字，同学们就积累了不少词语。预习过程中，肯定也积累了不少好词。拿出课文，和你的同桌分享一下吧。

2. 读了这些词，你感觉到什么？

是啊，读了这些词语，我们就能领略槐乡的风光，认识槐乡的孩子。

3. 找中心句。文中有这么一个句子，直接写出五月的槐乡给作者留下的印象，快速浏览课文，找一找。

齐读课文最后一段：五月是槐花飘香的季节，是槐乡孩子的季节。

4. 默读课文，画出能让你感受到槐花飘香的句子并标上序号。

5. 同桌、全班交流画出的句子。

6. 引导学生小结：全文一共四个自然段，围绕着课文的最后一句，短短都有香的感觉。板书：（香）

三、静心涵泳，品香悟情

过渡：槐花飘香，槐乡孩子邀请我们赏花去。

1. 请同学们静下心来，走近槐花。提出自学要求：默读第一自然段，试着感受话的句子中哪些地方让你感觉到香？

2. 全班交流。

（1）正面描写槐花“香”

①交流句子：中午，桌上就摆出了香喷喷的槐花饭，清香、醇香、浓香……这时候，连风打的旋儿都香气扑鼻，整个槐乡都浸在香海中了。

② 哪些字、词给你“香”的感受？带着你的感受读一读。

评价：作者用了这么丰富的语言，形容他所闻到的香味，也让我们感受到了“香”。（板书：闻）

③作者还连用了三个香味的词语，出示词语——清香、醇香、浓香。你发现了什么？

④朗读：把词语放进句子当中，能不能用你的朗读让大家闻到花“香”。

过渡：一句话，一个词，甚至一个标点，直接让你们有香的感受。这就是作者的高明之处。——直接描写（板书）

（2）侧面描写槐花“香”

①交流句子：“嗡嗡嗡……”小蜜蜂飞来了，采走了香的粉，酿出了甜的蜜。“啪啪啪……”孩子们跑来了，篮儿挎走白生生的槐花，心里装着喜盈盈的满足。

②你从哪儿体会到“香”？你愿意读一读吗？

③角色扮演、采访。

谁想来当当小蜜蜂、孩子，用你喜欢的方式读一读？

采访一组：小蜜蜂，你在做什么呀？孩子，你呢？同学们，从他们的朗读中，你听出了什么？快乐的心情都融于句子当中了，我们也似乎听到了快乐的声音。（板书：听）

④分组读。

（3）感受花多与花美

①来到槐乡，孩子，你看见了什么？（板书：看）

②出示句子：槐乡的山山洼洼，坡坡岗岗，似瑞雪初降，一片白茫茫。

③朗读评价引出词语，板画“山山洼洼，坡坡岗岗”。

④词语的叠用，更让我们感受到槐花——多。这儿一朵，那儿一朵，到处都是。男女赛读。

⑤出示句子：有的槐花抱在一起，远看像玉雕的圆球；有的槐花一条一条地挂满枝头，近看如维吾尔族姑娘披散在肩头上的小辫儿。

⑥繁多、美丽、芬芳的槐花引来了勤劳的小蜜蜂和能干的孩子们，怪不得他们是如此欣喜。我们再次把这样的心情融于句子当中。

⑦出示句子，引导对比，你觉得这样改好不好？为什么？

【“嗡嗡嗡……”小蜜蜂飞来了，采走了香的粉，酿出了甜的蜜。“啪啪啪……”孩子们跑来了，篮儿挎走白生生的槐花，心里装着喜盈盈的满足。】

【“嗡嗡嗡……”小蜜蜂飞来了，采走了香的粉，酿出了甜的蜜。“啪啪啪……”孩子们跑来了，篮儿挎走槐花，心里装着满足。】

作者正是用了叠音词让我们感受到槐花的美、孩子心里的喜悦。

⑧点拨写法：同学们，这两个句子直接写出香了吗？通过描写小蜜蜂、孩子们的表现侧面写出槐花的香，这样的写法叫做——侧面描写。（板书）

（4）升华情感

①出示图片，配乐引读。

同学们，槐乡真是个充满魅力的地方。满眼是树，满树是花。——

漫山遍野的槐花，千姿百态——

侧耳倾听——

桌上摆出了槐花饭，吃上一口，甜在心头——

花香、饭香，连空气都是香的，花的香气无处不在——

天上地下，四面八方都是香气——

②怪不得作者说槐乡成了——香海。身处这样的香海，你有什么感觉？

看来，香气还飘进了同学们的心里了。这就是作者所说的——浸。

四、写法交流，总结提升

1. 学到这里，回忆一下，作者是这样写出槐花的香？

2. 这节课，我们欣赏了槐花，下节课，我们继续槐乡之旅。

【课例评析】

《槐乡五月》的教学中，李晓莉老师巧妙地处理文本，将教学重点定位在品味槐花之“香”，从“香”入手，以读为主，引导学生品味关于“香”的一系列词语、句子，感悟语言文字的美并积累美，最后将这种美的感受用学生自己的方式表达出来。

本堂课中，字词教学效果是凸显的，主要体现在以下几点：

1. 李老师把重点段落第一自然段分为三块来进行处理：放眼赏花、侧耳倾听、闻香沉醉。她设计主线问题“品一品，哪些地方让你有“香”的感受？”引导学生自主阅读，抓住关键词“香喷喷”“清香”“醇香”“浓香”“香气扑鼻”“香海”等一系列词语品味槐花之香。在对比中，学生发现、品析“香”之层次，语言表达得到了进一步的提升。

2. 在本段教学中，教师扣住“山山洼洼”、“坡坡岗岗”、“喜盈盈”、“白茫茫”这样的一系列叠词，通过板画，采访等方式，引导学生仔细品味，感受槐花之多，孩子喜悦的心情。

3. 作者沉浸其中，孩子通过一遍一遍有层次的朗读，自然而然也陶醉其中。因此，文中的“香海”“浸”呼之欲出，学生通过赞叹的朗读把由衷的陶醉之情表达出来，体会作者对槐乡的赞颂，让全文的美好意蕴达到了新的价值层面。文中重点字词也就自然而然内化在学生的心中。

在这个飘香的课堂中，字词教学也散发出独特的芳香！

潜入词语的感性空间

——《那片绿绿的爬山虎》教学课例

厦门市前埔南区小学　吴聪娣

【学情分析】

本堂课的教学难点是理解含义深刻的词句和题目的用意。课文三次写到爬山虎，这些语句包含的意蕴对四年级学生的理解能力而言，难度很大。再加上文章以《那片绿绿的爬山虎》为题，喻义深刻，令人费解。所以理解这些语句含义是教学的难点。我着重引导学生通过抓关键词语揣摩、联系事情体会感受等多种方式理解含义，引导学生联系爬山虎的美与叶老的人格美的相似之处，理解作者以《那片绿绿的爬山虎》为题的用意，初步了解“借景抒情”的写法。

【教学目标】

1. 理解课文内容，通过阅读批注、互动交流、教师点拨等方法引导学生感受叶老待人的平易真诚、亲切质朴，体会叶老对“我”的殷殷期盼。

2. 通过联系上下文、抓关键词、激发想象等方法体会文中含义深刻的词语和句子，并能有感情地朗读课文。

3. 引导学生感悟作者以《那片绿绿的爬山虎》为题的用意，初步了解借景抒情的写作方法。

【教学重难点】理解含义深刻的词语和句子，体会文章的表达方法。

【教学准备】课件

【教学过程】

一、整体入手，回顾人物特点

1．同学们，上节课我们知道课文回忆了叶老和肖复兴之间的哪两件事？（修改作文和邀请做客）

2．修改作文这件事，叶圣陶先生给“我”留下了怎样的印象？（生交流）

3. 出示句子：我虽然未见叶老先生的面，却从他的批改中感受到他的认真、平和以及温暖，如春风拂面。

4. 过渡：那么，叶圣陶先生邀请我做客，又给我留下了怎样的印象呢？

二、品读“做客”，体悟人物情感

1. 默课文第6—9自然段，每一段用一两个词语概括我做客的经过。

（引导提炼关键词：受邀——走进四合院——相见——交谈）

2. 默读第6—9自然段，用“——”划出描写我的心情和感受的句子。

3. 学生交流，教师点拨难理解的句子。

（1）交流句子：我们的交谈很融洽，仿佛我不是小孩，而是大人，一个他的老朋友。

①“洽”是一个生字。我们一起来看看古汉字的写法。

②看插图，仔细观察叶圣陶先生的表情和动作，你感受到了什么？

③想象叶圣陶先生和肖复兴会谈些什么呢？

④补充资料，感悟“期待”。

（说来有趣，那一下午，叶老先生没谈我那篇获奖的作文，也没谈写作。他没有向我传授什么文学创作的秘诀、要素或指南之类。相反，他几次问我各科学习成绩怎么样。我说我连续几年获得优良奖章，文科理科学习成绩都还不错。他说道：“这样好！爱好文学的人不要只读文科的书，一定要多读各科的书。”他又让我背背中国历史朝代，我没有背全，有的朝代顺序还背颠倒了。他又说道：“我们中国人一定要搞清楚自己的历史，搞文学的人不搞清楚我们的历史更不行。”我知道这是对我的批评，也是对我的期望。）

⑤有感情朗读，升华“期待”。

是啊，这样真诚、友好而平等的交谈多么令人难忘啊！我们再来读读句子：我们的交谈很融洽，仿佛我不是小孩，而是大人，一个他的老朋友。

（2）交流句子：他亲切之中蕴含的认真，质朴之中包含的期待，把我小小的心融化了，以至不知黄昏的到来。

①生活中，你见过什么东西会融化？

②在这里，心“融化”指什么呢？让我们联系当时肖复兴的心情来体会体会。

③这样的感受，课文是怎样描写的呢？指导感情朗读。

三、了解方法，体会表达妙处

1. 除了直接描写感受和心情的句子，你还能从哪些句子读懂我的心情？

2. 朗读描写爬山虎的句子，体会作者的心情。

3. 感悟“借景抒情”是表达感受的好方法！

四、互相勾连，体会人物品格

1. 感悟“堪称楷模”

①你能用近义词说说楷模的意思吗？

②介绍“楷模”的来由。

③学习了本文及学过的课文《爬山虎的脚》，你对叶圣陶先生一定有了更多了解吧，谁来说一说？

叶圣陶先生为人 ________；叶圣陶先生写作 ________。

他的确是一位人品与作品都堪称楷模的大作家啊！

2. 感悟“意义非凡”

①交流课外收集的肖复兴的资料。（肖复兴现任《人民文学》杂志副主编，已出版长篇小说、中短篇小说集、报告文学集、散文随笔集和理论集 80 余部。近著有《音乐笔记》、《日子的回忆》、《总有一处让你感动》、《纸的生命》、《父亲的手记》等。曾经获得过全国以及北京上海优秀文学奖多种，《音乐笔记》获首届冰心散文奖。《那片绿绿的爬山虎》、《向往奥运》、《荔枝》、《银色的心愿》、《寻找贝多芬》等篇入选大中小学课本。）

②补充肖复兴 2010 年 1 月 9 日的获奖感言。（首届“全国中小学生最喜爱的当代作家”颁奖活动中，肖复兴先生感慨万千：“1963 年我读初三，那时候在北京市组织的一次少年儿童征文比赛中获了奖，而就是这篇作文让我从此走上了文学的道路。因为这篇作文受到了叶圣陶先生的指导，他不仅亲自批改，而且还专门约请我到他家去交谈。与文学大师的亲密接触让我深切感受到了文学的魅力，从此我更加热爱文学。”）

③朗读句子：我 15 岁时的那个夏天意义非凡。

3. 篇末点题：谁来说说，为什么以《那片绿绿的爬山虎》为题？

五、作业：阅读肖复兴的作品。

【课例评析】

吴老师执教的《那片绿绿的爬山虎》一课，始终把学习课文内容与学习语言表达融合在一起，始终把体会语言和理解人物融合在一起。她准确地把握了文章的特点，巧妙地把学习文本、理解文本和体会语言表达交融在一起。

在这堂课中，吴老师通过多种方法引领学生“沉入词语的感性世界”。她巧妙地引导学生通过字理学习和联系生活实际想象，领会“洽”的字形与字义；通过感悟“期待”，升华“期待”，引导学生走近叶老先生的心。理解“堪称楷模”，教师从“楷模”的来历说起，引导学生畅谈自己对读过的叶圣陶先生的作品的感受，联系上下文、借助课外资料交流自己对叶老先生人品的感受，最后引导学生从说到写，表达自己对叶老先生的崇敬之情。

由于学生的认知特点以及阅读的局限性，学生对词语的理解往往停留在表层。为了帮助学生更好地感悟词语的内涵，教师适时补充相关资料，在阅读过程中促使学生加深、拓宽了对词语的理解和感悟。如，“我 15 岁时的那个夏天意义非凡。”为了帮助学生理解“意义非凡”，吴老师补充了肖复兴的相关作品资料及叶老对后人的影响，不仅拓宽了学生的视野，增进了对人物的了解，也对“意义非凡”有了更深的感悟。

借助词语，构建鲜活画面

——《鱼游到了纸上》教学课例

厦门市前埔南区小学　吴聪娣

【教学目标】

1. 理解课文重点词语的意思，引导学生通过抓关键词语想象画面，概括课文的主要内容。

2. 品读青年“画鱼”的句子，理解“鱼游到了纸上”的含义，感悟青年的精湛画技。

3. 学习作者抓住人物动作来表现人物特点的写作手法，通过想象画面说或写几句话。

【教学重点】学习作者抓住人物动作、神态来表现人物品质的写作手法。

【教学难点】理解“鱼游到了纸上”的含义，体会课文的表达特色。

【教学准备】音乐、课件

【课时安排】第一课时

【教学过程】

一、借词串想画面，概括课文主要内容

1. 读课题。

2. 昨天，同学们已经预习了课文，课文读熟了吗？谁来读读这些词语？

清澈见底　举止特别　静静地看　秀气

工笔细描　赏心悦目　挥笔速写　一丝不苟

呆呆地站　聋哑人　　自由自在

3. 你能结合课文内容把这些词语分成几组吗？请同学们轻声自由读课文，给这些词语分组，并说说理由。

4. 讨论、交流词语分组情况及理由。

玉泉景色：清澈见底自由自在 赏心悦目

聋哑青年：举止特别　聋哑人　秀气

看鱼情景：静静地看　呆呆地站

画鱼情景：工笔细描　一丝不苟　挥笔速写

5. 借助词串想象画面

（1）想象玉泉景色

清澈见底　自由自在　赏心悦目

· 下面，我们要到西湖玉泉去看看。谁来读读文中的句子？

（玉泉的水清澈见底。坐在池边的茶室里，泡上一壶茶，靠着栏杆看鱼儿自由自在地游来游去，真是赏心悦目。）

· 水清澈，鱼自由，多么美妙的景色啊，谁再来读读？

· 这么美的景色，同学们想看看吗？（课件播放画面。）

· 看到这样的景色，你的心情怎么样？带着自己的体会，一起读！

· 除了优美的风景，生活中还有哪些东西也令人赏心悦目呢？谁来说说？（拓展出示书画作品、舞蹈、书籍等。）

（2）认识画鱼青年

举止特别　秀气　聋哑人

· 文中是怎么具体描写那位画鱼青年的呢？谁来读一读？

（就在金鱼缸边，我认识了一位举止特别的青年。他高高的身材，长得很秀气，一对大眼睛明亮得就像玉泉的水。）

·“举止特别”是什么意思？（行动、动作与众不同）

· 这一段并没有说青年是一位聋哑人，作者从一枚厂徽中发现了这个秘密。

· 你知道“徽”是什么意思吗？你见过那些徽章呢？（出示国徽、校徽等。）

·“徽”还是一个生字，是预习中同学们认为最难写的字。你会怎么记住它？（“徽”与“微”比较记忆）

· 多么特别的一位年轻人啊！一起再读句子。

（3）想象看鱼情景

呆呆地站　静静地看

· 这位青年看鱼真特别啊。谁再来读读句子？

（他老是一个人呆呆地站在金鱼缸边，静静地看着金鱼在水里游洞，而且从来不说一句话。）

（4）想象画鱼情景

工笔细描　一丝不苟　挥笔速写

那位青年在静静地画画。他有时工笔细描，把金鱼的每个部位一丝不苟地画下来，像姑娘绣花那样细致；有时又挥笔速写，很快地画出金鱼的动态，仿佛金鱼在纸上游动。

6. 概括主要内容

四组词语，让我们的脑海里浮现了四幅鲜活的画面。把这几幅画面连起来，就是课文的主要内容。谁来用自己的话来说一说？指名说。

二、品悟“鱼游到了纸上”

课文是怎么描写青年画鱼，让鱼游到了纸上的呢？请默读课文第5—8自然段，画出让你感受最深的句子或词语，把感受写在旁边。

1. 正面描写中体会青年画艺高超

（1）指名交流。

· 作者抓住了“工笔细描”、“挥笔速写”这两个动作词描写青年画鱼技艺高超。

· 理解“工笔细描”、“挥笔速写”

你知道什么是“工笔细描”、“挥笔速写”吗？指名说。

其他同学用什么方法理解这两个词语吗？

联系上下文：“工笔细描”就是“把金鱼的每个部位一丝不苟地画下来，像姑娘绣花那样细致”，“挥笔速写”就是“很快地画出金鱼的动态，仿佛金鱼在纸上游动”。

联系实际：美术课上了解的画画的技法。

字义连接：工笔细致地勾画每一个部位，拿起笔来快速描画金鱼的动态。

（2）比较朗读

作者抓住这两个动作词进行了细致的描写，你从中感受到了什么？你能通过朗读读出青年画鱼的高超技艺吗？

2. 侧面描写中体会青年画艺高超

作者除了直接描写青年画画时的情景，还写了什么，让我们感受到青年画技高超？（围观的人的赞叹和议论）

（1）“哟，鱼游到了他的纸上来啦！”

· 出示句子，指导朗读。（出示：哟，鱼游到了纸上来啦！）

· 你感受到了什么？（惊奇，赞美。）

· 这样的语言和我们平常称赞别人有什么不同？（“哟”“游”。）

· 指名读，体会体会。

· 学习表达，迁移运用。

多么生动有趣的语言啊！如果看到别人画画好，你也能这样夸夸吗？

（2）看图想象，小练笔。

围观的人越来越多，他们赞叹着，议论着。你能根据插图，观察人物的神态、动作，选择其中的两三个围观的人，想象他们议论的情景吗？

· 学生练笔

· 指名交流。

3. 学习表达，迁移运用。

(1) 作者描写了青年画鱼的情景，为什么还要描写围观的人们的反应呢？（正面描写，侧面描写。）

（2）这样的写法对我们写作文有什么启发呢？

三、质疑结尾

女孩说，“鱼游到了你的纸上来啦！”青年却说，“先游到了我的心里。”这又是为什么呢？我们下节课继续学习。

【课例评析】

教学中，吴老师借助词语，引导学生在脑海中构建了一幅幅美好的画面：花港观鱼、痴迷看鱼、潜心画鱼……吴老师在具体的语言环境中品味重点词句，通过将重点词“提出来”与“放回去”的几个来回，指导学生在句子中还原词语的实际意义，实现在理解的基础上运用语言和积累语言，逐渐提升学生对文本的认知。

吴老师引导学生“联系上下文品悟、联系生活实际品悟、比较朗读”等多种形式的语言训练，领会“工笔细描”、“挥笔速写”这两个词语从“字面”到“字内”的意思，“水中的鱼先游到了青年心里”“才游到了纸上”的关系也就在学生的头脑中渐渐清晰了。

学生在整堂课咬文嚼字的过程中，在字词和语境的关系间反复审视、掂量、玩味，形成了一幅幅鲜活的画面，同时也获得了阅读的方法。

第六章

高段字词教学的优化策略

小学高段学生的思维从以具体形象思维为主要形式逐步向以抽象逻辑思维为主要形式过渡。他们在注意的稳定性、注意的广度、注意的分配及注意的转移等方面均有较大的发展，无意注意不断转化为有意注意。在记忆方面，高年级学生以有意识记为主，无意识记为辅，二者所占的百分比差异较大。机械记忆和意义记忆都有所发展，其中机械记忆的效果高于意义识记的效果，但意义识记的保持却高于机械识记。

在字词学习方面，高段学生已经掌握了一定的识字方法，重点是要形成较强的独立识字的能力，能推想课文中有关词句的意思，辨别词语的感情色彩，体会其表达效果。由于作业量增加，以及书写速度的要求，很多学生的书写情况出现下滑现象，在书写习惯及规范、端正、整洁的要求方面有所退步。另外，生字回生现象严重，错别字增多。

根据高段学生的特点，教师要把握字词教学的要求和内容，努力体现高段字词教学的目标性、针对性、运用性，在字词教学中关注表达效果，整合教学资源，丰富评价形式，并运用多种有针对性的小策略，努力实现字词教学的有效性。

第一节　高段字词教学的要求

围绕着“语文课程致力于培养学生的语言文字运用能力，提升学生的综合素养，为学好其他课程打下基础”这个总目标，《语文课程标准》明确地提出了小学高段字词教学相关的目标。

一、识字与写字

《语文课程标准》在总目标和阶段目标中，明确地提出了高段“识字与写字”的学习目标。

（一）识字数量逐年提升

《语文课程标准》第三学段要求“有较强的独立识字能力。累计认识常用汉字3000个左右，其中2500个会写”。《语文课程标准》要求学生的识字写字数量稳步提升。而教材的识字写字数量，第一学段累计识字1800个，写字1000个；第二学段累计识字2600个，写字2000个；第三学段累计识字3000个，写字2500个。教材的识字量写字量与语文课程标准的要求相吻合。

（二）识字能力要求递增

《语文课程标准》中明确提出识字教学的目标之一要培养学生独立识字的能力，掌握一定的识字方法。第一学段提出“学习独立识字”，第二学段要求“有初步的独立识字能力”，第三学段要求“有较强的独立识字能力”。从“学习”、“初步”、“较强”这些字眼可以看出对学生识字能力的要求逐年提升。

（三）强调汉字审美能力

《语文课程标准》对写字教学的目标有三个方面：写字习惯的培养、书写要规范端正、培养对汉字的审美。首先，《语文课程标准》非常注重学生写字习惯的培养，三个学段都明确强调要“努力养成良好的写字习惯，写字姿势正确”。对于写字习惯的培养是第一学段写字教学的重中之重，到第二学段、第三学段要不断巩固写字习惯。其次，对书写的规范性也提出了要求，第一学段、第二学段都提出“书写规范、端正、整洁”。到了第三学段要求提高了，不仅“力求美观”、还要有“一定的速度”。第三个目标是培养学生对汉字的审美，第一学段“初步感受汉字的形体美”，第三学段“在书写中体会汉字的优美”，强调了学生对汉字审美能力的培养。

二、词语

词语教学目标渗透进了阅读的行为性目标之中，把词句的学习纳入阅读能力的培养。《语文课程标准》主要从语用角度规定词语和句子的学习目标。

（一）呈现词语理解的渐进过程

《语文课程标准》对词语的理解呈现出“了解——理解——体会”这样一个词语理解的渐进过程。第一、二学段分别提出“了解课文中词句的意思”、“体会课文中关键词句表情达意的作用”，第三学段在这基础上，提出“推想课文中有关词句的意思，辨别词语的感情色彩，体会其表达效果”，高学段的学生思维发展相对成熟，可以通过对关键词进行品味，体会作者遣词用语之妙、学习作者的表达方式。

词语教学不仅要培养学生“解词”能力，还要在解词过程中掌握理解词语的方法，提高解词的能力。《语文课程标准》在第三学段提出“能联系上下文和自己的积累，推想词语的意思”。我们由此可以得出理解词语的方法主要有：借助字典词典查词语意思，联系上下文根据语境理解词语，联系生活实际解词。

（二）注重积累词语的多种方式

《语文课程标准》注重词语的积累，第一学段提出“在阅读中积累词语”；第二学段提出“积累课文中的优美词语、精彩句段，以及在课外阅读和生活中获得的语言材料”。在第一、二学段的基础上，第三学段要灵活运用多种积累方式：在教材文本中积累、在课外阅读中积累，在日常生活实际中积累。

（三）强调词语的灵活运用

《语文课程标准》也强调了词语的运用，主要体现在习作上。《语文课程标准》在第一学段提出“在写话中乐于运用阅读和生活中学到的词语”。第二学段提出“尝试在习作中运用自己平时积累的语言材料，特别是有新鲜感的词句”。第三学段提出“修改自己的习作，做到语句通顺”。语言学习要指向表达。因此，如何在教学中引导学生对所积累的词语进行运用是小学阶段字词教学的重点内容。

第二节　高段字词教学的内容分析

通过对高段的“生字表”和“词语量”的整理和分析，我们对高段字词教学的内容进行了梳理，对教学内容有了更加清晰的认识。

一、人教版小学语文教材“生字表”分析

汉字和词语是教材知识体系的重要组成部分。为了了解小学语文教材“生字表”的安排情况，特对教材的生字进行了统计和分析。

表 1. 人教版小学语文“生字表”安排情况　　（单位：个）

学段	年级	生字表一（会认的字）	生字表二（会写的字）
第一学段	一年级	950	350
	二年级	850	650
	合计	1800	1000
第二学段	三年级	400	600
	四年级	400	400
	合计	800	1000
第三学段	五年级	400	300
	六年级		200
	合计	400	500
合计		3000	2500

表 2. 人教版小学语文教材识字量折形图　　（单位：个）

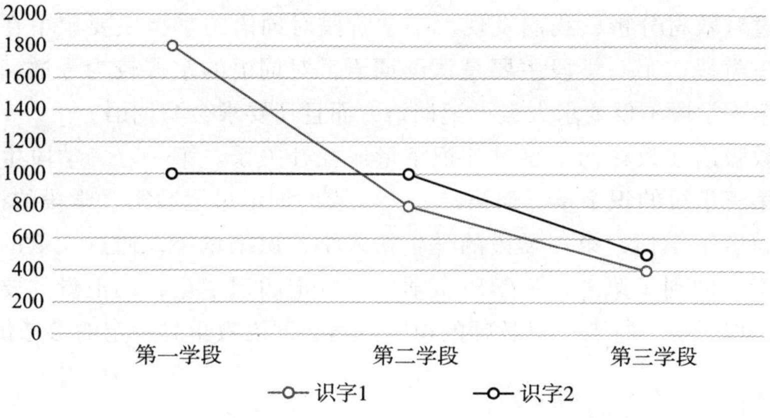

从表 1、表 2，我们可以发现，小学阶段的识字量主要集中在第一学段和第二学段，第三学段的识字量下降许多。特别是六年级已经不安排会认的字，仅安排会写的字。

二、人教版小学语文教材词语量分析

对人教版语文教材中词语量进行统计时比较复杂，词语不似生字一样每册后面有生字表，没有明确的数量说明。五年级、六年级的词语主要来自于园地的“读读写写”和“读读记记”，其中“读读写写”要求会写，“读读记记”仅要求识记。

表 3. 人教版小学语文教材词语量表 **（单位：个）**

学段	年级	课文	园地		合计
第一学段	一年级	40	45		85
	二年级	190	109		299
	合计	230	154		384
第二学段	三年级	773	88		861
	四年级		读写 410	读记 412	822
	合计	773	910		1683
第三学段	五年级		396	351	747
	六年级		294	221	515
	合计		690	572	1262

通过对教材分析，我们发现，小学阶段对词语的掌握主要集中在第二学段和第三学段。第一学段主要是认读词语，对词语的掌握较为零散。而第二学段和第三学段不仅要求大量识记词语，而且还要求会写词语。

人教版语文教材的生字量和识字量成互补关系。第一、二学段生字量远远超出第三学段的识字量，而第二、三学段的词汇量远胜第一学段的词汇量。这充分符合了学情，第一学段的学生初入学，识字量小，通过大量的识字来保证阅读。而到了第二、三学段，学生有一定的识字量，词汇量的要求开始增多。把握了这一特点，对教师的识字教学和词语教学有一定的参考价值。

第三节　高段字词教学的基本取向

小学高年级学生大多 10-12 岁，他们的抽象逻辑思维有一定发展，能分析、综合、比较、抽象概括一些比较复杂的内容，理解能力也明显提高。他们独立发现问题、解决问题的需要和欲望也逐渐增强。因此，在高段字词教学中，我们要根据高年级学生的学习和心理特点，准确把握字词教学的目标性、针对性、运用性，努力实现词语教学的有效性。

一、目标性

《语文课程标准》明确地规定了不同学段的字词教学目标。在字词教学中，教师只有针对不同的学段目标，确定具体的教学目标和教学策略，才能实现词语教学的有效性。在中段字词教学的基础上，高段的字词教学提出了更高的要求，提出了“有较强的独立识字能力”“辨别词语的感情色彩，并联系上下文和自己的积累，推想课文中有关词句的意思，体会其表达效果”等等。如，教学人教版六年级上册《詹天佑》，教师根据学段要求可以确定本课的词语教学目标：正确读写“杰出、修筑、阻挠”等词语；通过联系上下文和收集到的资料，推想“控制、要挟”等词语的意思，辨别词语的感情色彩；积累“狂风怒号、黄沙满天、高山深涧、悬崖峭壁”等描写詹天佑遇到的困难的一组词语。

总之，高段字词教学要把握好学段目标，根据学情和教材特点细化，落实具体的课时目标，我们的字词教学才能更加具有针对性，学生的字词学习水平和能力才能不断提升。

二、针对性

高段的学生，已经掌握了一定的字词学习方法，具备了一定的词语理解能力。高段的语文教学中，许多教师把字词教学当作一个必不可少的环节，出示本课所有的生字词，逐个理解，平均用力，每个词语都让学生“读一读，认一认，说一说”，生怕漏了一个词语。学生的学习不是零起点，特别是这样“胡子眉毛一把抓”的词语教学，既浪费了学生的时间，又无法达到突破难点的效果。所以，教师要了解高段学生的学情，以“学生会的不教，学生自己能学懂的不教”为指导，根据学生的学习需要有针对性地进行词语教学，才能达到好的效果。

高段的字词教学的着力点要放在学生难理解的字词及体会词语的表达效果上。对于高段学生来说，理解词语的意思并不是难点，他们可以通过查字典、联系上下文、想象画面等方法理解课文中出现的大多数词语。对于他们来说，难的是体会词语的表达秘妙。如，教学人教版五年级下册《草原》时，学生感受到草原的天空最大的特点是“明朗”。教师问，“明朗”是什么意思呢？学生大多认为“明朗”就是晴朗的意思。这时，教师出示一幅幅草原图片，请学生静静地观察，并思考：文中的“明朗”可以换成“晴朗”吗？学生通过讨论、比较，认为不能把“明朗”换成“晴朗”。他们纷纷交流了自己的观点：“明朗”这个词语不仅表示天空晴朗，而且写出了草原的辽阔无垠，光线充足，因此天空显得高远；“明朗”突出了草原一碧千里，绿草茵茵，没有受到污染，空气很清新，天空很明净……学生通过观察图片，不仅体会到“明朗”背后的含义，也体会到了老舍先生用词的精准。

三、运用性

《语文课程标准》在“教学建议”中指出：语文教学要注重语言的积累、感悟和运用。字词教学是一个理解、积累和运用的循序渐进的过程。字词教学的目的不仅是引导学生准确理解字词，更重要的目标是指向于“言语表现”，学会准确地“运用”。

积累是运用的基础，运用能强化积累。所以，一方面，我们要引导学生积累课内外阅读和生活中获得的优美词语、精彩语句，另一方面，我们要努力促进学生迁移运用。教师可以引导学生在小练笔中迁移运用。如，教学人教版五年级下册《自己的花是让别人看的》《彩色的非洲》一组课文时，教师引领学生品味“花团锦簇”“姹紫嫣红”“繁花似锦”等描写花的词语，并拓展阅读《荷兰的郁金香》《玉兰花开》等文，积累词语，交流自己的理解和感悟。而后，教师还播放了厦门大街小巷最富有特色的花的图片，有绚烂的凤凰花，有艳丽的三角梅……欣赏图片后，学生进行小练笔：“厦门是一座令人向往的花园城市。请你运用积累的词语写写厦门的花吧！”有了这样的铺垫后，学生不仅写出了厦门的花的特点，而且用词准确、生动形象。

总之，在高段字词教学中，我们一定要准确把握学段目标，以学定教，学以致用，才能真正实现词语教学的有效性。

第四节　高段字词教学的主要策略

在高段字词教学中，教师要关注学生的特点，引导学生关注字词的表达效果，体会字词表达的秘妙；整合资源，拓宽字词学习的时间和空间；丰富评价形式，促进学生的字词学习效果。

一、关注表达效果

字词教学是小学语文教学中的基本内容之一，教师应重视高段字词教学在课堂上的重要地位。每一个学段字词教学的侧重点有所不同。《小学语文课程标准》中对第三学段的要求有：“有较强的独立识字能力。累计认识常用汉字3000个左右，其中2500个会写。能借助词典理解词语的意义。能联系上下文和自己的积累，推想课文中有关词句的意思，辨别词语的感情色彩，体会其表达效果。”因此，高段阅读教学中加强字词教学是非常重要的，而且要更加关注积累与运用，以及其表达效果。

（一）比较品味

比较近义词的异同，仔细分辨它们之间的细小差别，学生能明确作者用词的准确性，体味词语背后作者的情感，态度，价值观。教学人教版第九册《学会看病》一课，“时间艰涩地流动着，像沙漏坠入我忐忑不安的心房。”这一句话中的“坠”字，教师让学生替换词（跌、掉、倒），通过近义词的比较，坠的意思是用力地砸，情感上比其他词更强烈，学生也就能理解“坠”字能更好地体现出母亲内心的焦急。

人教版第十册《自己的花是让别人看的》，在教学德国美丽的风景时，教师带领学生品味“花团锦簇、姹紫嫣红”这两个词，学生对这两个词的理解仅仅局限于花的美，但如果仅限于此，便无法体会到季老先生在遣词上的准确生动。因此，在品读这两个词时，教师可以引导学生思考：这两个词都是形容花很美，那么老师有个疑问：把这两个词放在一起是不是重复啰嗦了呢？如果学生还是对比不出其中之差异，教师紧接着出示两张图片，一张是花成团，一簇堆在另一簇上，五彩缤纷的样子，另一张是花朵色彩缤纷的样子。通过这样的对比，学生不仅深刻地理解了这两个词侧重描写的点不同，还能感受到季老先生用词的准确。

（二）灵活运用

串联词语，概括课文主要内容，可以帮助学生在文本语境中理解词语、运用词语。人教版第九册《狼牙山五壮士》一课要求学生会认“满腔怒火、崎岖、斩钉截铁”等词语。教师先出示文中需要认读的词语，让学生“开火车”认读词语，用这种方式来检查学生对词语的拼读识记。在通过“开火车”、全班齐读的方式让学生确实会拼读这些词语的基础上，进入第二环节：让学生当小老师，向同学们介绍自己通过预习已掌握的词语的意思。学生们能准确地解释“满腔怒火、崎岖”等词语的意思。紧接着，设计了分组比赛，内容是“请同学们用上课件上的几个关键词语，概括这一篇课文的主要内容”，这富有挑战性的任务一下子激起了学生的热情。有学生说：“葛振林在龙王庙接受任务，大家满腔怒火，使出全身力气扔手榴弹。在崎岖的山路上，日寇的尸体坠落悬崖……”学生们在关键词的帮助下，连词成句，从而顺利地把握主要内容。

（三）联系生活

著名特级教师朱敬本说：“语文实践，最重要、最关键的是‘用’。学习语文必须有足够的‘积累’，这是不容忽视的规律；但是，‘积累’是为了‘用’。”课上，在学生理解并积累词语的基础上，教师可以进一步让学生联系生活实际，活用词语说句子，加深学生对所学词语的理解。

教学人教版第十册《再见了，亲人》，教师抓住“雪中送炭”一词进行教学。首先，教师板书“雪中送炭”，引导学生理解文本中“雪中送炭”一词的意思，文中的“雪”指的是“由于敌机的封锁，造成了暂时的供应困难。我们空着肚子，在阵地上跟敌人拼了三天三夜。”文中的“炭”指的是大娘送来的打糕。其次，教师指导学生朗读相关句子，感受大娘对志愿军的情谊深，志愿军对大娘的感激之情。接着，教师引导学生说说生活中看到、遇到或做过“雪中送炭”的事情。这时，学生们纷纷发言：“有一次美术课，素描纸用完了。同桌 ××× 看到了，把一张素描纸给了我，让我能够在课堂上完成美术作业。这是雪中送炭。”“有一次上课，我流鼻血，但没带纸巾，好几个同学及时把纸巾递给我，让我能尽快止血，这也是雪中送炭。”最后，教师总结，在别人急需的时候，给予支持和帮助，这就叫做“雪中送炭”。这一教学片段中，让学生说说自己生活中看到、遇到或做过的“雪中送炭”的事情，就是将词语内化，使之成为自己言语的过程（即“用”的过程）。有了这一过程，知识就转化成智慧，流淌在学生的血液之中了。

（四）创设语境

王建平先生从语用学的角度给语境下了定义：“语境是人们在语言交际中理解和运用语言所依赖的各种表现为言辞的上下文或不表现为言辞的主观因素”。教师根据词意创设语境，让学生通过入情入境地写一句或几句或一段话，这是一种较好的写话的训练方法 。在教学人教版第十册第一组“词语盘点”时，为了能让学生能更好地运用好这些词，教师设计了这样的练习：

教师出示盘点中的部分词语——废寝忘食、美轮美奂、杯水车薪、精神饱满、银装素裹、始料不及、严阵以待，再出示了“写作超市”：

☆ 选择合适的词语写在下面句子的括号中：

A．大雪过后，整个村庄（　　），啊，好一派北国风光！

B．运动员们（　　）地进入赛场。

C．为了防范敌人的再次进攻，战士们（　　），不敢有丝毫懈怠。

D．这次车展展出的车子真是（　　），参观的人们都赞叹不已。

E．老王每个月千百来块钱的工资，要养这个“五口之家”，真是（　　）。

☆☆ 2008年的5月12日，我们还是像往常一样，而在四川汶川呢？却发生了地震。此时此刻，你有什么想写的？自己选用上述词语，几个自定，写二三句话。

☆☆☆ 选用上述词语，几个自定，以下面的开头接着往下写一段话。

雪，好大的雪！

这样的形式往往能激起学生学习词语的兴趣，让他们在不知不觉中学会了理解运用词语。而且阶梯式的设计，充分顾及到了不同层次学生的学习需要，让每个孩子都能摘到属于自己的“苹果”。其实，每一组“词语盘点”都有很多值得学生积累运用的词汇，经常为学生创造这样的运用词汇的语境，词语教学才能真正做到巧学活用。

二、整合教学资源

“战国后期学者所著的《学记》提出，‘知其心，然后能救其失也；教也者，长善而救其失者也。’它要求教育者务必了解学生的心理特点，按学生的不同年龄特征及时予以不同的教育。”高年级的孩子，心理词典已经基本形成，自学能力大大提高，字词学习应加强语言环境的联系，开展阅读和写作，巩固字词学习的成果，让字词学习生活化，以实现字词教学的“立体式”目标。

（一）巧用学校资源

1. 化字词教学于教师的引领

雅斯贝尔斯曾说：“教育本身就意味着：一棵树摇动另一棵树，一朵云推动另一朵云，一个灵魂唤醒另一个灵魂。”教师是孩子的一面镜子，是孩子朝夕相处的学习伙伴。孩子们在字词学习中流露出来的情感、态度、习惯是教师的影子。一个热爱祖国语言文字的教师，一个关注字词教学的教师也必然会点燃孩子对母语那份最初的热情。教师在一字一句的品读中洋溢出来的那份激情，在一笔一画的书写中表现出的关注，在细致入微的讲解中透露出的那份执着，这些都对孩子起了潜移默化的作用。

比如，有些词从解释上看是很理性的，对于小学生来说理解起来有一定的难度。这就要求老师们要引导学生用感性的方式去突破这种客观限制，正所谓“条条道路通罗马”。人教版第十册《我的伯父鲁迅先生》中写到鲁迅救助一位受伤的“饱经风霜”的车夫，怎么帮助学生理解这个对车夫的外貌描写的词语呢？学生靠背词语解释“饱经风霜是形容一个人经历了很多的艰辛和磨难”显然不行。首先，老师请学生回忆在生活中看过的饱经风霜的脸，再请学生用自己的语言描述一下这位车夫的脸。对此，学生的反应相当活跃，纷纷发言。"车夫的额头上布满了一道又一道的皱纹，眼眶深深地陷进去，颧骨高高地突出来。""车夫的脸蜡黄蜡黄，他实际上只有三十来岁，但是看上去却已经五十开外了。""车夫的头发乱得像一堆稻草，脸色灰黑、脸颊精瘦，明显的营养不良。"老师进一步启发学生，你从这张饱经风霜的脸上还能看出些别的什么？学生反应更热烈了，有的说："我看出车夫干活肯定非常累，不管是烈日酷暑，还是暴风骤雨，为了家庭生活，他都要拼命地拉车。"有的说："我看出车夫的家里肯定很穷，吃了上顿就没了下顿。"有的说："我看出车夫的身体肯定不好，他因为身体有病、营养不良、干活又累，所以他的健康肯定很糟糕。"这时候，老师动情地说："是呀！就是这样一个车夫，那么冷的天，还赤着脚在拉黄包车。现在，他的脚被玻璃片刺破了，深深地嵌入了脚掌，流一滩血，他躺在地上痛苦地呻吟，他想站起来但又起不来。同学们，如果当时你就在现场，你会怎么做？"学生也跟着动了感情，有的说："我一定会用黄包车把他拉到医院去。"有的说："我一定会把身上所有的钱都掏出来给他。"有的说："我一定马上打电话给我爸爸，我爸爸是个医生。"

通过这种感性的学习方式，"饱经风霜"这个词的形象、情味和意蕴得到感性放射，也正是通过这样的感性方式，"饱经风霜"这个词融化为学生的血肉，深入到学生的骨髓，成为学生精神世界中的又一个鲜活的元素。

2. 化字词教学于环境的熏陶

校园文化作为一种环境教育力量，对学生的健康成长有着巨大的影响。校园文化建设的终极目标就在于创设一种氛围，以期陶冶学生情操，构建学生健康人格，全面提高学生素质。

君子修其身必先修其表。这句话用在这里似乎也算贴切。没有一个良好的育人环境，很难锻造出优秀的学生。我们的校园到处充满着文字化的无声的语言：墙上的名言警句，楼道的文明提示，厕所门口的打油诗，黑板报，阅报栏、宣传橱窗……这些都是同学们学习字词的平台，他们的阅读无时无刻在进行。所以，我们要抓住这些资源，营造良好的学习环境，有效地调动学生的学习与实践的兴趣。

腹有诗书气自华，最是书香能致远。校园中那些个性鲜明的标语，不仅是学生学习文明用语，感悟字词内涵的一个载体，更是学生陶冶高尚情操，促进健康成长的动力源泉。花径小道那"手下留情花似锦，脚下留情草如茵""一草一花藏世界，一言一行见精神""一份爱，献给你；一份情，送给你；一片绿，留给你"诸如此类的标语，不仅能够唤起同学们的环保意识，起到保护花草树木、维护校园景观的作用，同时，诗意的语言和优美的语句也给人带来爱的感受和美的熏陶。楼道里那标语文化的魅力更被发挥得淋漓精致："文墨之香飘满常春的心海，激情岁月徜徉经典的殿堂"、"厚积薄发，用书籍点亮人生；喷薄欲出，让感动溢满校园"、"做人要知足，做事要知不足，做学问要不知足"等等。这些精妙的语言更是学生成长获得前进动力的源泉。

3.化字词教学于实践的渗透

《语文课程标准》在教学建议中明确指出："在教学当中要努力体现语文的实践性和综合性，沟通课堂内外，充分利用学校和社区等教育资源"，"开展综合性学习活动，拓宽学生的学习空间，增加学生实践的机会。"字词教学也应如此，孩子们对很多字词的认识渠道来源于生活，在生活中学习，让孩子们用自己独特的方法去发现、探究、交流、体验、整合……这是一种为学生终生学习的长期投资，它对发展人的综合素质有着更加直接、更为有效的作用。

人教版五年级上册第五组的综合性学习——《遨游汉字王国》，这是学生第一次开展较长时间的综合性学习。为了让学生切身感受正确使用汉字的重要性，同时培养学生正确运用汉字的能力，也让学生明白"生活处处是语文"的道理，老师设计了"文字病人门诊部"课外实践活动，让学生对同学们的作业本、街头上的广告牌进行大侦察，寻找"文字病人"及"词不达意的语言现象"。学生兴致勃勃，一时间里，班里掀起了侦察热，每个科目的作业本都成为孩子们乐于研究的对象。教师还带领孩子对错别字进行归类并总结出避免写错别字的方法，针对写作时出现词不达意的现象进行原因分析，思考对策。通过此项活动，孩子们的错别字减少了，书写更规范了，用词也更谨慎、准确了。

除了教材编写的综合性学习外，我们也可以善于发现一些字词学习的课内资源来开展综合性学习活动。如每个单元的词语盘点，除了抄抄写写，读读记记，我们还能做些什么呢？

《小学语文教学设计》中，景吉玲老师的《多种策略"盘点"词语》一文中，提供了值得我们学习、借鉴的一些方法。

如，她设计的"逛词语超市"的游戏形式：

1.如果你是超市导购员，那么请你提醒一下顾客，要注意哪些词语的读音？

2.如果你是超市管理员，你会帮商品分类吗？

①请同学们仔细观察，你发现课本是怎么样来排列这些词语的？

②再读词语，在全部词语中寻找下列词语的近义词。

3.帮商品分类后，再把这些商品放入货架。这些词语来自本单元的四篇课文，请你选择同一篇课文中的几个词语，联系课文内容说几句话。

4. 如果你是超市监管员，你肯定能发现超市中的假冒伪劣商品。请你找出下列词语的错别字，在下面画上横线，并在括号里订正。

教师利用这样的一些形式，（字词正音、词语归类、词语排序、近反义词、连词成段、找找错别字）对词语进行盘点，学生的兴趣大增，学习动力得到强化，多项能力得到培养，这种形式、方法运用到高年段，可帮助学生利用原有的知识，对词语进行归纳、整理。

（二）活用社会资源

《语文课程标准》提出：“语文课程是学生学习运用祖国语言文字的课程，学习资源和实践机会无处不在，无时不有。”在字词教学中可通过各种途径引导学生开展课外探究实践活动，使学生在探究中直观体会，耳濡目染地感受字词之美，激发学生对祖国语言文字的热爱之情，提高学生规范运用语言文字的意识，进而提升学生的语文综合素养。

1. 追根求源，活学识字

为了让孩子克服文字混乱和写错别字的现象，课上，教师可以有意识地渗透汉字学知识，用溯源法去解释汉字的字形，让学生知道汉字的谱系源流和演变过程，懂得字的形、音、义，从而更规范化地使用和书写汉字。课外，教师还可以引导孩子观看《汉字宫》。《汉字宫》是大型电视艺术教学片，它创造性地运用影视故事教孩子学汉字，它以200多个象形字为基础，按照形意、音意两种造字法，将相关的其他字衍生出来，发掘、梳理出汉字的来龙去脉，让汉字的学习变得有章可循，事半功倍。这样一部有声有色有情节的“汉语大字典”，把字的音、形、义三者之间的关系巧妙地联系在一起，不仅能激发学生浓厚的识字兴趣，更能使学生知道中华民族的祖先在创造和发展汉字这一伟大业绩中所表现出来的聪明和惊人的智慧。另外，近年来比较热门的如：中央电视台举办的《汉字听写大赛》，《成语大会》，《汉字英雄》等节目也是我们可以利用的教学资源。让学生们从正面认识我们这文明古国五千多年来的灿烂文化和社会发展的光辉历程，激发和加深孩子对汉字的理解和热爱。

2. 拓展实践，学习体验

对联是我国传统文化的瑰宝，小学语文教材中有不少生动有趣的对联。对联对字词的对仗要求很严格，因此这是字词教学很好的一个资源。为了让学生对联有进一步的认识，在日常的学习和生活中多多注意对联，用心去感受这一文化精髓所蕴含的丰富魅力，教师可以在班级开展探究性学习活动。寒假期间碰上过年，家家户户有贴春联的习惯，教师给学生布置了一项特殊的寒假作业——收集、分析各式春联并为自家或亲朋好友家写春联。新学期的第一堂语文课，就是全班同学的春联展示课。首先让学生把自己搜集、书写的春联投影展示出来。接着，让学生充分地诵读，在诵读中感受春联的韵律美，感悟春联内容的多样，发现春联的特点，积累内化。最后拓展练习："连一连"——用所了解的写法来分辨几副混乱的春联，"填一填"——补充不完整的春联，"试一试"——尝试写一副春联。这一拓展练习是渐趋渐进的：给春联配对练习，有效地检查了学生对春联特点的理解；"补春联"这一语言实践游戏，扎实地对学生进行了语言文字的训练，领略祖国语言的无穷魅力；尝试写春联，则充分调动了学生的知识积累，在不断闪现的智慧火花中感受创造，感受成功，激发学生对祖国语言文字的热爱之情，进而提高学生的语文综合素养。

3. 书法欣赏，陶冶情操

日常生活中，我们可以看到，人们对于书法的兴趣和爱好，往往就是由于书法欣赏活动引起的。同时，从书法学习的具体过程上说，人们的书写能力也常常伴随着书法欣赏的水平的提高而不断增强。实际上，书法欣赏本身就是书法学习中不可或缺的实践活动。因此，教师可以充分利用校内外的资源，组织孩子参观书法展，在欣赏书法的同时也是对孩子书写能力的一种提升。某次，学校家委会组织了一场以家风建设为主题的学生家长书法展，分别展出了孩子们家长们拿手的书法作品。以家风家训为主题，因为家风是一个家庭在世代传承中形成的一种较为稳定的道德规范、传统习惯、为人之道、生活作风和生活方式的总和，它首先体现的是道德的力量。因此在此次活动中，同学们遇见的不仅仅是一幅幅墨宝，还遇见了一种精神，让他们知道什么叫做"勤俭持家"，什么叫做"自强不息"，什么叫做"天道酬勤"，什么叫做"守望相助"。有个孩子在观后感中写道："现在我才知道以前我对一个词语的理解是多么片面和肤浅，今天的家风作品展让我明白了一个简简单单的词承担了一个家庭教育的重任！"

（三）妙用家庭资源

俗话说，父母是孩子的第一任教师。孩子从一出生下来，父母就和孩子在一起，孩子的语言文字学习、心理思想态度、行为举止习惯的养成都受到父母的熏陶和感染，其影响作用是非常大的，所以，父母的参与是孩子学习道路上的可靠保证。

1. 营造学习氛围

教师要引导家长为孩子营造字词学习的家庭辅导氛围。家长在家里要少使用不规范的语言，要有意识地激励孩子把语文课文中学到的词组、句子等运用到生活，针对孩子学校学到的词组，适当做些口头上的造句，使孩子加深印象、提高口头表达能力，学会具体运用。

人教版十二册《北京的春节》，课文中呈现许多儿化音，这在我们闽南地区是比较少接触的，预习时，家长应该引导孩子多读读这样的词语，有助于学生把文章读通读顺。同时，课后还可以为孩子播放一些讲述老北京传统文化的电影，结合演员对话，来学学这些儿化音。这样不仅规范了孩子平时因为方言影响说得不标准的普通话，同时也激发了孩子研究语言文字表达的兴趣。

2. 推进实践活动

新时代家长应树立新的学习理念，学习不只是上学读书，学习的内容和途径都非常广博，所以，家长要引导孩子在生活中学字词，在实践中获得学习的乐趣。课外书籍、报刊、广播电视、网络信息……乃至逛街购物、探亲访友、休闲度假、参观游览……只要目的明确，安排得当，学习和生活将会相得益彰。因此，家长要合理安排，为学生创设一些学习的机会。

每一个班都有一群热心的家长，他们组成班级家委会，定期为孩子们策划实践活动。有的家长发现孩子缺乏阅读兴趣，就组织阅读分享会，培养孩子的阅读兴趣。有的家长发现孩子的好词好句积累贫乏，就组织了成语接龙大赛，激发孩子们积累好词好句的热情。五年级综合性学习单元，遇到《遨游汉字王国》，家长们便带着孩子们走上街头寻找错别字，并整理分析，撰写探究报告。每一场活动对孩子们来说都是一次学习的机遇，家长就是这些机遇的制造者，因为有了他们，孩子们增添许多实践的机会，在实践中享受学习的乐趣。

3. 引领自主学习

家长不只是孩子学习的陪伴者，监督者，还应该是引领者。引导孩子自主学习，让孩子成为有效的学习者、让孩子拥有一个高效的人生，这种能力除了老师在学校的引导，更多的是在课外活动中家长的配合。

例如，家长带领孩子走访名胜古迹，大好河山，当孩子接触到了一些对联，古代名言警句时，单纯的一览而过还是对其追根溯源，品味积累？那就要看家长是如何在方法上进行引导。如果面对这些文化精髓，家长能建议孩子适当地做旅游笔记，回到家后，再就这些文字做一个梳理，分类，查找资料，深入理解等，相信孩子在这样多渠道的学习中，一定会受益匪浅。

同时，我们家长必须坚持不懈地在培养孩子良好的自主性学习习惯上下功夫。家长们可以从集中注意力、勤于思考、积极探究的方面来培养孩子良好的学习习惯，让孩子在自尊和自信中形成良好的学习习惯，无论走到哪，都能享受学习字词的乐趣！

字词是一片天地，它源于生活，表达生活。我们要充分利用各种资源，为字词教学添砖加瓦，实现“立体式”的字词教学。

三、丰富评价方式

随着年级的增高，词汇量逐渐增加，特别是词语盘点中的大量词语，给后进生在学习上带来巨大的障碍，还有个别学生书写不工整，加上老师为让学生掌握字词采用机械大量地抄写。进一步加剧学生对字词学习的厌倦。而单靠老师在校方面的教学力量，无法调动学生的学习激情。

《语文新课程标准》指出，第三学段在识字与写字方面，要求学生硬笔书写楷书，行款整齐，力求美观，有一定的速度。在阅读上要求学生能联系上下文和自己的积累，推想课文中有关词句的意思，辨别词语的感情色彩，体会其表达效果。诵读优秀诗文，注意通过诗文的声调、节奏等体味作品的内容和情感。背诵优秀诗文 60 篇 (段)。

针对高年级学生的学情状况与学习目标，要想学生在掌握字词方面达到更合理，更高效，教师可以用友善的评价机构来增强学生学习动力。教师用什么样评价的桥梁，关乎学生学习字词的动力，我们往往忽略学生与家长的评价，而让教师的教处于被动的地步，学生的学处于应付状态。如果教师让学生与家长这两种评价角色融入学生的字词学习中，教师的教更能得心应手，学生的学更为主动积极。教师可以充分利用班委会与家委会，让二者共同走进学生学习字词的天地。

（一）利用“生评”

卢梭曾说：“什么是教育？教育就是帮助学生学会自己思考，做出独立的判断，并作为一个负责的公民参加工作。”学生是学习的主体，教学中利用学生的评价，鼓励生生参与字词评价互动，来改善学生爱写错字的情况以及书写情况，不但“凸显”学生学习的主体地位，一方面肯定学生的眼光与能力，另一方面能从其他同学身上汲取学习优点，学会审度自己的缺点。

开学初，教师利用书法课让学生书写平时易写错的生字，如：琴、擦、勇、展，鼻等这些字。学生要么加一笔，或少一点，或直露出头。老师先讲解识记这些字词的方法。然后学生认真书写。写完后自我检查，在此基础上让学生围绕三方面内容进行互评：一是书写正确性，二是书写工整性，三是字体四平八稳美观性。高年级的学生有了一定审美度，虽然当中会出现一些不公正的评价，但适当地利用班委会，对有争议的问题进行共同商讨，教师在一旁应及时予以肯定与指导，既不打击评价方的眼光，也不伤书写方的自信心，还树立班委会的核心作用。一星期举办一次，如此坚持，生生参与。

一个月来学生对这些错别字的书写情况，得到良好的改善。大部分学生爱写更爱评，最关键是一些书写不工整的同学，字体出现很大的变化，四平八稳的字体出现率达 70%，而正确率更是 100%。

（二）利用“家评”

学生同样渴望得到来自家长的认可、赞扬、鼓励。家长的积极评价同样能使学生更全面了解自己的长短处，明确自己的努力方向，增强学习的兴趣与信心。而家长参与评价又能帮助他们更充分更及时地了解子女情况，从而及时引导或鼓励或督促孩子的学习情况，融洽亲子关系，为学生营造更和谐的成长环境。因此，家长评价也是促进学生字词学习的重要手段。

1. 家委会的“评”改错别字的“貌”

教师在班级成立家委会，家委会的任务就是在学生互评、班委会评价的基础上，每两月让家委会进校。而教师事先让学生把一个月内自己认为写得最好的，并已经自评、互评的字帖贴在黑板上，五位家委会成员以“书写是否正确，有无错别字，大小是否一致，是否书写在格子中间，有无压线笔，结构是否合理，有无笔锋”等方面进行评价。最后评出一等奖一名，二等奖两名，三等奖三名，进步奖四名。而后书写奖状颁发给学生。这样的评价既提高学生书写的工整性，又提高学生的书写兴趣味。一期评价后，学生的错别字得到明显改善，书写的美观率又提升 15%。而且大部分学生乐于给自家家长先过目，将添笔漏画的毛病“珍藏”起来。

2. 家委会的“力”促学生的“学”

在学生诗词积累这块，如果要在班级长期举行实施，往往进行到一段时期，参与面就渐渐缩小。于是，教师调动家长的力度促进学生积累诗词的持久动力。平时教师用每节课的前几分钟，让四位学生上台背诵自己积累的古诗。一周六节课，两周就可以让全班学生参加一轮，一个月每生背诵两首，从易到难，逐渐提高，每两月举办一次古诗词朗诵，让家委会围绕三个要点：一背诵的古诗词难易度，二背诵古诗词的流畅性，三背诵古诗词的表情状态。最后评出一二三等奖。学生在评价的过程中享受劳动成果与丰收喜悦，从而爱上古诗词。家长走进课堂，感受学生的学习氛围和学习状态，一举两得。

3. 家委会的“语”升词语的“用”

高年级教材每学期有六—七个单元的词语盘点，常常会遇到一些“今天写，明天就忘”的学生，如果单靠教师的激励语言，远远不够。教师可以调动家长做简短评价。家长把重点放在孩子的评价语上，家长的评语不能应付，一定要认真全面检查之后，从完成的时间快慢、正确率、书写整洁度、进步度方面入手，提倡激励的原则。比如：孩子，你真棒！今天写得又对又快，比以前进步多了，字也漂亮了，如果我是老师，一定会非常喜欢你的作业的，加油等字眼。在家长的激励语言下，学生掌握词语的能力得到提高，而老师则相应设计一些与本单元有关的练笔，鼓励学生用上自己已掌握的词语。如，教学人教版五年级下册《人物描写一组》的人物描写，教师要求学生刻画自己的同桌，用上日积月累七的人物外貌、动作、神态、语言等词语来描写。而后让家委会的成员，为每个孩子的练笔加一些可行性的评语。从而避免学生因自己家长的知识局限性而无法得到良性的评价，而处于脱节的状态。

总而言之，教师应注重学生与家长评价在小学字词教学中的运用，在评价过程中，让学生与家长积极参与到学生的学习状态中，让家长的肯定激起学生学习字词的火花。让家校的桥梁撑起字词教学的一片晴空。

第五节　高段字词教学的“小”策略

在小学高段字词教学策略的行动研究中，我们从各种字词教学现象中积极发现和解决小问题，不断梳理，提炼了13个教学小策略。

我们针对听写巩固生字新词形式单一的问题，提炼了《自选听写》《花样听写》；我们针对高年级字词回生严重、书写习惯不良的问题，提炼了《声旁正音》《巧借字理》《视频矫正》；针对学生的字词学习方法的问题，我们提炼了《追根求源》《串联词语》《你说我演》《联想画面》《学习工具》；针对学生对词语情感色彩不够敏感的问题，提炼了《辨析色彩》；针对字词教学的评价问题，我们提炼了《星级挑战》《考查十法》。这些小策略针对高段字词教学的常见问题，可操作性强，能为一线教师提供比较有价值的参考。

自选听写

前埔南区小学　吴聪娣

背景：由于传统的听写生字词形式单一，小学生容易产生疲劳、乏味。因此，我们要丰富听写形式，充分发挥学生的主体意识，引导他们自主选择容易写错的字词，同桌互相听写，激发他们对听写词语的兴趣。

操作：

1. 听写准备：自主复习生字词，选择自己认为特别容易写错的词语或同桌出现过的错别字作为听写内容；

2. 第一轮听写：指定第一轮的A（小教师）、B（听写者）角色，A同学念

10个生字词，B同学写下相应的词语；

3. 听写评价：A同学批改，指出错处；B同学分析错因，改正错别字。

4. 第二轮听写：双方互换角色，开始第二轮的听写。

5. 听写评价：B同学批改，指出错处；A同学分析错因，改正错别字。

风险和对策：

风险	对策
1. 同学读音不准确，影响B同学。 2. 没有针对同桌经常出现的错别字选择听写的内容。	1. 教师要引导学生读准选择听写的词语。 2. 教师要引导学生检查同桌的写字本和作业本，了解同桌出现的错别字。

推荐指数：★★★★☆

教学案例：

不一样的听写

一听说要听写词语，许多学生虽然兴致不高，但都马上拿出听写本，一本正经地准备听写。我对学生说，今天我们将采用新的听写方法，同桌自选词语，互相听写。学生马上提起了兴趣。

首先，我让学生自由复习本课生字词，选择自己认为特别容易写错的词语或同桌出现过的错别字作为听写内容。接着，我指定第一轮的A（小教师）、B（听写者）角色。同桌开始听写，音量控制在同桌能听清楚即可，3分钟内听写10个词语。听写结束，A同学进行批改，指出同桌听写词语的错处；B同学认真分析错因，改正错别字。接着，我又让同桌互换角色，开始第二轮的听写。听写完了，B同学批改，指出错处；A同学分析错因，改正错别字。

同桌自选词语互相听写，既提高了学生巩固生字词的实效性，又激发了学生的学习主动性，真是一举两得啊！

花样听写

前埔南区小学　吴聪娣

背景：常规的听写基本以教师念一个词、学生写一个词为主。对于这样的听写方式，学生往往只是机械记忆，并不能帮助学生加深对词语的理解，而且容易对这项活动产生疲劳。因此，改变单一的听写方式，可以激发学生的学习兴趣，唤醒学生对听写意义的认识。

操作：

1. 听写准备：自主复习课文中出现的生字词。

2. 听写方式：

①写出“xx”词语的近义词。

②写出“xx”词语的反义词。

③根据具体的意思写词语。

④联系课文内容写词语。

⑤展示图片，配上最恰当的词语。

⑥根据动作演示，写出恰当的词语。

（备注：各种方法交叉进行）

3. 听写评价：同桌批改，发现问题，订正问题。

风险和对策：

风 险	对 策
1. 课文中出现的近义词较多，学生容易混淆，误写。 2. 听写评改后，只改正错误，没有深究原因，没有促进学生对词语的深入思考。	1. 教师的描述语言要准确、清晰。 2. 评价中，教师要引导学生分析错因，促进学生对词语的理解。

推荐指数：★★★★☆

教学案例：

花样听写

学完《圆明园的毁灭》后，我布置学生准备听写。不出所料，学生一如既往，没有产生什么反应。于是，我笑着说：“今天我们将进行一次特别的听写！”话音刚落，学生议论纷纷，有的学生还举手问我：“老师，有什么特别的呢？”“先保密！你们可要充分复习，不然，可不容易写出来哦。”

听写开始了！学生们个个蓄势待发，可认真了！我说：“请写出文中出现的与‘雄伟’意思相近的一个词语”。学生奇怪地看着我，从他们的眼神中我读懂了他们想说的话：“怎么不是老师念一个词语，我们写一个词语啊？”我又重复了一遍：“请写出文中‘雄伟’的近义词”。在我的示意下，大部分同学开始写下词语。我接着说：“全世界都知道，形容非常著名，请根据意思写文中出现的一个词语。”一说完，很多学生已经恍然大悟，赶紧写下“举世闻名”。学生慢慢进入状态，我趁热打铁，继续说：“圆明园中‘蓬莱瑶台’‘武陵春色’这些景色，它们都是根据古代诗人的什么建造的？”难度增加了！果然，有个别学生欲写又止，不知从何下手。我用多媒体设备出示了一张金碧辉煌的宫殿的图片：“请用文中出现的一个词语来形容这张图片上的建筑。”就这样，我用“请写出‘xx’的近义词”、“请写出‘xx’的反义词”、“根据具体的意思写词语”、“联系课文内容写词语”、“展示图片”、“动作演示”等方法交叉使用，听写了文中15个词语。听写完了，同桌互相批改，彼此发现问题，订正错误。

总结中，同学们纷纷表示，“这样的听写真有意思！”“原来听写还可以这样，看来我们不仅要理解词语的意思，还要熟悉课文内容啊！”“这样的听写很有挑战性，我们喜欢！”

声旁正音

金鸡亭小学　李林林

背景：闽南孩子由于本土语言的影响，分不清前鼻音和后鼻音，且在一定程度上阻碍学生正确认读。而试卷中出现给生字找正确读音的题目，学生掌握明显薄弱，有老师采取多遍读，或抄写的方法，效果也不尽人意，也因为学生生字量的不断加大，记忆的模糊，造成对生字读音的混淆。

操作：

1. 收集声旁相近的生字。
2. 利用声旁的特点，寻找规律。
3. 交流感悟，积累字源。

风险和对策：

风 险	对 策
学生找不到相类似的声旁及发音是前后鼻音的生字。	1. 教给方法，寻找规律 2. 小组竞赛，师生归纳

推荐指数：★★★★☆

教学案例：

前后鼻音分清了

随着年级增高，学生的识字量增大，很多学生对生字是前鼻音还是后鼻音，处于模糊状态，也导致学生经常写错字。课堂上，我常常利用声旁类推帮助学生记忆一组生字，又在此基础上，收集相类似的声旁来区分生字的正确读音，效果良好。

学生对声符是“今”与“令”的读音一直混淆不清，由两个声符组成的生字，是读前鼻还是后鼻音模棱两可。我利用课前几分钟，事先布置学生寻找声符是“今”与“令”形声字，课上学生展示：以“今”为声旁的字有琴、岑、吟、妗、贪、芩、妗、矜等，而“令”为声旁的生字有岭、零、铃、玲、伶、聆、冷、龄、翎等。我把学生找出来的字全部写在黑板上，让他们自己发现规律。马上有学生发现，只要声旁是“令”的生字，都读前鼻音，而声旁是“令”的生字都发后鼻音。其他同学一看，一下子恍然大悟，茅塞顿开。我趁热打铁，让学生用此方法，再积累两个读音、书写都易混声旁类似的字。如：声旁是“艮”与“良”的生字。学生一下子收集了不少此类生字。如，带“艮”声旁的生字：狠、恨、痕、根、跟、银、恳、恳等，而以“良”为声旁的生字有：狼、粮、踉、娘、酿、郎、朗、浪、琅等。学生发现只要由“艮”组成的生字都是前鼻音，而“良”组成的生字都是后鼻音。这就帮助学生解决了闽南孩子前后鼻音区分不清的问题。

用声旁类推记忆一组生字的读音，从而为学生在辨析生字是前后鼻音的迷途中寻找到方向，而且学生越学兴趣越浓，我们班的学生甚至搬来大字典，与我研究，寻找声旁相近的生字，一时之间兴起找声旁相近的生字热潮。

字理纠错

金鸡亭小学　李林林

背景： 随着年级的增高，识字量增大，学生的错别字层出不穷。面对学生的错别字，有的老师发现后立刻圈出来，并在旁边认真范写一次，再让学生订正。可这种“保姆式”的纠错方法收效甚微，反助长了学生的依赖心理，以至于学生没有发现错别字的能力。有的老师把学生写的错别字写在黑板上“批斗”，反而使学生产生错误的无意识记忆，造成错别字扩散。有的老师用“写错一个罚写十个”的方法强制纠错，矫正效果不尽人意，还影响了学生的身心健康。利用字理帮助学生纠错，是一种有效的教学策略。

操作：

1. 收集错别字。
2. 学生分析错因。
3. 出示字源字形，借用字理体会字的特点和含义。
4. 交流感悟，巩固练习。

风险和对策：

风 险	对 策
1. 学生找不出错别字或对自己的错因不会分析，总结。 2. 有些易错字没有清晰的字理可借鉴。	1. 采用比赛形式。 2. 教给方法。 3. 师生归纳点评。 4. 灵活运用比较法、组词法等各种方法帮助学生把字写正确。

推荐指数： ★★★★☆

教学案例：

错别字少了！

著名的语言文学家袁晓园说过：“世界上唯有汉字有字理。”如果我们利用字理帮助学生消灭错别字，会有何成效呢？

上课时，我请一位同学上黑板写“冒”，写完后问学生对还是错，全班竟然异口同声说对，这时我出示“冒”字楷书书写视频，细心的同学一下子发现“冒”的上面不是“曰”或“日”，而是“冃”两短横与左右竖不相连。接着我出示“冒”字的演变过程：金文——篆书——隶书，学生观察后发言，有学生说金文的“冒“字上面图形像太阳又像月亮，有学生说小篆的图形很像太阳坐在钟上，隶书才像“冒”字，而且上半部分的字，两短横与左右竖没有连接在一块。我再讲解“冒”本来意义，这“冒”字原指帽子，因为帽子顶在头上，所以有顶着，冒着的意思，如“顶风冒雨”，“冒着敌人的炮火”，“冒险”。又由“顶着”引申为冲犯，触犯的意思，如“冒犯“。在冲犯的意思上又引申为向上升，透出的意思，如“冒烟”，“冒尖”。再由“冒犯”意思又引申为轻率，如“冒昧”，“冒失”。学生豁然开朗，兴趣盎然，积极踊跃。我趁热打铁，又出示典型易错字“琴“，学生先说书写这个字错误之处：把“琴”下部的“今”写成“令”。而后我先出示“琴”的小篆体写法“”，让学生观察像个什么？学生很快就发现这个字像古代的一种拨弦乐器，上面“”（珏）是琴弦和弦柱，下面部分是琴身。我再展示楷书写法“琴”，学生观察比较后，我指出楷书将“琴”改写成了形声字，上部的“珏”仍然表示“琴”义，下部去掉了琴身，改用“今”来表示它的读音。“今”是前鼻音“jīn”，所以“琴”也读前鼻音“qín”。而“令”是后鼻音，不能作“琴”的声符，所以声旁不能要写成“令”。通过这么一解释，学生对“琴“的构字方法印象深刻。在此基础上，我让学生各自交流用字理消除错字的学习心得，学生特别感兴趣，并兴起找错别字的热潮。第二天的课前小测，我把这两个字加入听写范围，全班同学竟然都写对了。课下还有学生找我聊天：“老师我某某字老是写错，你能给我们分析字理吗？”看着学生的学习欲望，我觉得“巧借字理消灭错字”的方法已水到渠成。

追根求源

金鸡亭小学　李林林

背景：高年级的学生随着字词量逐渐增加，对字词都处于读懂却意不懂的状态。特别是成语的意思，学生掌握的情况更是如俗语所说处在“只可意会不可言传”的层面。而近几年试卷更是频繁出现测验学生对成语的意思掌握与运用，但学生对这样的题目仍是无从下手，成为烫手的山芋。

操作：

1. 收集成语故事。
2. 利用故事，加深对成语的理解。
3. 交流感悟，积累方法。

风险和对策：

风 险	对 策
有些成语中没有故事	1. 利用词典，理解意思 2. 积累成语，适当练笔

推荐指数：★★★★☆

教学案例：

成语，了然于胸

高年级的学生对字词的理解与运用占于主要地位，测评中经常考查某个字在这个成语中的意思，而大多数的学生经常混淆难以辨清，无形中也导致学生用词贫乏。高年级学生大多借助词典理解词语，我积极引导学生借助多媒体资源理解成语的意思，这样学生不但能深入理解词意，运用起来也游刃有余。

比如，六年级课文《山中访友》中的一个成语“德高望重”这个词，大多数学生都明白是形容一个老人受人尊敬。可如果问学生这里的“望”或“重”的意思时，很多学生一下子说不出来。在课堂上，我利用一两分钟的时间，出示“德高望重”成语的由来：北宋时期出身贫寒的读书人富弼 26 岁踏上仕途，竭尽全力为朝廷尽忠。他始终以朝廷及百姓的利益为重，先后担任仁宗、英宗、神宗三朝宰相，在处理外交、边防及赈济灾民方面取得显著成就，司马光称颂他为“三世辅臣，德高望重。”这里的德是品德的意思；而望则是声望。道德高尚，名望很大。这个词的近义词是众望所归、年高德劭，反义词是无名鼠辈。现在你能用“德高望重”说一两句话吗？学生的话匣子打开，开始围绕的这个成语造句。这时学生兴致浓厚，我告诉学生：其实我们所学的每个成语差不多都有一个故事，如果你们感兴趣，可以回家收集，本册中我们所遇见的成语大多数都能追根到它的由来。我们可以收集在一块做成一个本子或做成 PPT，到期末拿出来复习分享并交流收获，这样你们的词库会是多么庞大啊！

学生在我的带动下，纷纷动手。如“阳春白雪”、“不落窠臼”等大量的成语故事一一找来，有的在课下交流，有的在综合课上交流……一段时间来，大多数学生不但积累了成语，还将词语运用于写作上，学以致用的效果跃然于教学中。

串联词语

瑞景小学　刘晓

背景： 学生在理解词语时会脱离文本，导致对词语的理解不透彻，不懂得有效地在语境中使用词语，出现乱用词语的现象。串联法可以帮助学生在文本语境中理解词语、运用词语。

操作：

1. 在语境中理解词语。
2. 引导学生运用其中的一些词语概括课文的主要内容。
3. 互相评议，加深对词语的理解，增强对课文内容的感悟。

风险和对策：

风 险	策 略
有些课文要求认读的词语较多，学生无法用简练的语言运用关键的词语概括课文的主要内容。	教师从中挑选出较为关键的几个词语，再让学生用这些词语概括课文的主要内容。

推荐指数： ★★★★☆

教学案例：

人教版五年级上册《狼牙山五壮士》中要求学生会认“满腔怒火、崎岖、斩钉截铁”等词语。上课一开始，我让学生概括这一篇课文的主要内容，检查学生的预习情况。我请了两位同学来概括，发现两位同学在概括课文时很啰嗦，试图把文中的每个小细节都复述出来，不懂得运用本课中的一些关键词语来概括。

于是，我尝试着换一种方式教学生概括文章大意。我先出示文中需要认读的词语，让学生“开火车”认读词语，用这种方式检查学生对词语的拼读识记。在学生会拼读词语的基础上，我让学生当小老师，向同学们介绍自己通过预习已掌握的词语意思。学生们能准确地解释“满腔怒火、崎岖”等词语的意思。紧接着，我设计了分组比赛，“请同学们用上课件上的几个关键词语，概括这一篇课文的主要内容”，这富有挑战性的任务一下子激起了学生的热情。有学生说：“葛振林在龙王庙接受任务，大家满腔怒火，使出全身力气扔手榴弹。在崎岖的山路上，日寇的尸体坠落悬崖……”学生互相评价，从内容概括及词语运用等提出了建议。学生不仅在生字词的运用过程中加深了对文章内容的理解，也激活了思维。

串联词语概括文章大意，这一教学策略不但能帮助学生拼读识记词语，而且串起了他们对课文内容的理解和感悟，适用于叙述内容完整、故事性强的叙事性文本。

你说我演

鹭江新城小学　阮婷婷

背景：在小学语文教学中，理解词语是最基本、最常用的一种学习语文的能力。对于小学生来说，理解词语是只可意会，不可言传的，词语理解最容易也最让学生感兴趣的方法是演示。学生的语言不够丰富，遇到个别词语难以用语言来解释时，引导学生用形象的表演让他们感受，体验并理解词语的意思。

操作：

引导学生用形象的肢体语言、神态、动作来演示词语的意思。

风险和对策：

风　险	对　策
1. 学生滑稽的动作会引来同学的哄笑，影响课堂秩序。 2. 学生表演不够到位，无法帮助准确理解词语的意思。	1. 演示前，教师先提出要求，规范学生课堂秩序。 2. 教师在学生演示时做相应的引导，当学生没有把关键动作演示出来时，教师要帮助纠正，也可亲身示范，关键的地方加以解说。

推荐指数：★★★★☆

教学案例：

你说我演

我在教学四年级上册《搭石》一课中，运用了你说我演的方法帮助学生运用表演的形式理解词语的意思，从而引导学生深入课文内容，感悟课文情感。

为了帮助学生深刻体会搭石给人们带来的方便，我创设了这样一个情境：这样平整方正，摆放二尺左右间隔的搭石给乡民带来了方便，如果没有搭石，家乡的人们该怎样过小溪呢？谁也能用文中的句子来说一说。学生围绕文中句子找到了这句话（出示：山洪过后，人们出工、收工、赶集、访友，来来去去，必须脱鞋挽裤。）“脱鞋挽裤”是什么意思呢？一个学生说：脱掉鞋子，挽起裤脚。这样一说似乎一气呵成，一点也不感觉麻烦，于是我让一个孩子来表演一下这个词。只见这个孩子弯下腰，解开鞋带，脱掉鞋子，先是左边，再是右边。接着慢慢地把裤脚一卷一卷往上挽，先是左边，再是右边。等他直起身子，因为头低着太久，已是满脸通红。

这时，我总结：辛苦这位同学了，这就是“脱鞋挽裤”，这个词让你体会到什么？一个孩子说：“没有搭石时，人们过河很麻烦。”另一个孩子说：“脱鞋挽裤后，过河还要一手拿着鞋子，很不方便。”终于，孩子们理解到了麻烦、不方便。为了加深这份认识，我接着说：是啊，想象一下，如果小溪里没有搭石，山洪过后，人们出工是就必须——(生接答：脱鞋挽裤)赶集时就必须——(生接答：脱鞋挽裤)访友时就必须——(生接答：脱鞋挽裤)总归一句话，来来去去，都必须——(生接答：脱鞋挽裤)是的，没有搭石家乡的人们过溪就不方便，麻烦，所以进入秋天(出示句子引读：“进入秋天，天气变凉，家乡的人们会根据水的深浅，从河的两岸找来一些平整方正的石头，按照二尺左右的间隔，在小溪里横着摆上一排，让人们从上面踏过，这就是搭石。”)

我想，“脱鞋挽裤”这个词如果仅仅是一读而过，学生便体会不到其中的麻烦，进而便体会不到搭石给人们带来的便利。表演加深了学生对语言文字的理解，对其中蕴含的情感有了切身的体会，在动态的思维与活动中，提高对语言的感悟能力，提高了学生的语文综合素养。

联想画面

瑞景小学　蔡小珠

背景：在理解词语的时候，学生对有些词语有些不大理解，但手头上一时又没有词典，我们可以引导学生通过想象画面理解词语的意思。

操作：

1. 教师认真倾听学生的回答，发现其解释得模糊的地方，准确地作出判断。
2. 引导学生联系已认知的画面，进一步加深对词语的理解。
3. 教师评价、点拨、引导。
4. 让学生深化对这个词语画面的感悟，再次梳理词语的意思。

风险和对策：

风 险	对 策
1. 学生能力不同，有些词语的画面联系无从下手。 2. 有些孩子还是无法直观体验词语的意思。	1. 教师及时巡视给一些词语相关画面联系的引导。 2. 出示相关的图片、短片，让孩子有直观的感受。

推荐指数：★★★★☆

教学案例：

《草原》中，“那些小丘的线条是那么柔美，就像中国画那样，只用绿色渲染，没有用笔勾勒，于是，到处翠色欲流，轻轻流入云际。”对“翠色欲流”这个词语孩子能理解到整个草原满是翠绿的颜色，意思是翠绿的颜色就好像要流淌出来一样，形容绿到了极致，大多数说明草原翠绿的颜色好像要流淌出来一样。关键理解点是草原翠绿的颜色好像要流淌出来一样，绿到极点，绿得很滋润。这时候我就让孩子联想横切的饱满的橙子，轻轻地挤出橙汁的样子，果汁马上要滴下来的样子，再来看看草原这绿色是饱满的，富含水分的，就像马上要挤出的果汁一样，来理解草原的绿色到了极点。

又如，《匆匆》中描写到太阳他有脚啊，轻轻悄悄地挪移了；我也茫茫然跟着旋转。孩子们理解到时间的推移，那么轻轻悄悄地挪移具体又是什么含义呢，我引导孩子理解芭蕾舞演员轻盈的转身，学生就轻松地理解了时间流逝的轻悄，不露痕迹。

星级挑战

前埔南区小学 洪秀梅

背景： 教材安排词语盘点，目的是引导教师检查学生掌握情况，查漏补缺，并能在检查的基础上指导学生对词语学会归纳、整理，能够学以致用。教材中的每一组“词语盘点”，都有很多值得学生积累运用的词汇，而我们教学的最终目的也是希望这些词汇能在学生的口语表达和习作中得以灵活应用。教师要在教学时，根据每一组“词语盘点”中的词语的组成特点，运用“星级挑战”等评价方法，促进学生的词语学习。

操作：

1. 出示星级挑战标准。
2. 选用词语写一段话。
3. 同桌互评，修改。
4. 运用星级标准生生互评，师生评价。
5. 再次修改，四人小组互评，师生评价，重新评定星级。

风险和对策：

风 险	对 策
1. 词义理解不清，归类不当 2. 运用不当。	1. 课前完成预习单，查找资料，准确理解。 2. 利用四人小组互助，解决运用不当的问题。

推荐指数： ★★★★☆

教学案例：

星级挑战

人教版五年级下册第八单元的"词语盘点"中，很多词语在构成上类似。我们可以根据这一特点进行拓展训练，引导学生在词语盘点中找同类词语。描写花美：花团锦簇、姹紫嫣红、繁花似锦。描写人物动作：摇头晃脑、翩翩起舞、手忙脚乱、操纵自如。描写人物神态：莞尔一笑、含情脉脉。找完这些词语后，学生继续进行拓展，说说课外积累的词语。学生纷纷交流，描写花美的词语还有万紫千红、花红柳绿、百花齐放等，描写人物动作的词语还有抓耳挠腮、昂首挺胸、手舞足蹈等，描写人物神态的词语还有呆若木鸡、垂头丧气、眉开眼笑等。这样的分类识记和积累，激发了学生主动积累词语的兴趣和积极性，帮助学生养成分析、比较、归纳的思维习惯，有利于学生习得积累词语的好方法。

接下来，我出示"星级挑战"的要求：

一星：能准确用上"词语盘点"词语 5 个，句子通顺；

二星：能准确用上"词语盘点"词语 8 个，句子通顺流畅，表达具体；

三星：能准确用上"词语盘点"词语 10 个或 10 个以上，句子通顺流畅，表达具体生动。

学生跃跃欲试，纷纷动笔。我让他们写后先自己读读，看看词语运用是否恰当，语句是否通顺，再让同桌交换评价并进行修改。在评价修改中，学生对词义的理解与运用更加明晰了。全班交流时，学生根据星级标准给予评价，有些学生不甘示弱，进一步修改，向更高级别的星级挑战。

自创词典

前埔南区小学　吴聪娣

背景：高年级学生在字词学习中会出现各自不同的问题和错误。但许多学生没有及时进行整理和归类，没有形成自己的学习方法，往往时对时错，或是一错再错。学生自创"词典"，能更好地促进他们的字词学习。

操作：

1. 收集难写、易错、不理解的字词；
2. 自编字词学习小词典；
3. 引导学生互相学习"词典"；
4. 不断建设、完善"词典"。

风险和对策：

风险	对策
个别学困生对编写“词典”会产生畏惧心理。	1. 教师鼓励参与，降低要求。 2. 榜样引路，选择同学的“词典”引导学习、借鉴。

推荐指数：★★★★☆

教学案例：

我的“小词典”

高年级的孩子写错别字、词语运用错误的现象不容乐观。每次作业批改或者测试以后，总有些孩子唉声叹气：我明明会写这个字，怎么又写错了？老师也常常发出感慨：孩子们的错字为什么层出不穷？为什么错了订正以后照样写错呢？甚至，同一篇作文，前面写的是对的，后面却又写错了，到底怎么回事呢？

如何针对自己的字词学习情况，有效地帮助自己突破难点，纠正错误呢？我引导学生进行讨论。学生纷纷发言，提出了不少建议，比如，采用错别字收集表、错题摘录本、难写易错字词积累簿等。有一位学生大胆地提出：我们自己编写“小词典”啊，把平时容易写错的字词和运用错误的字词都编进去，以后遇到疑难的时候，我们就可以及时查阅自己的小词典了。这样，我们就可以少犯错误了！真是一个好主意！同学们都纷纷表示赞同。怎么编好自己的“小词典”呢？他们进行了更加热烈的讨论。他们借鉴平时运用的字典和词典，从编写范围、编写内容、编写页码等方面提出了自己的看法。更重要的是，他们认为小词典一定要针对自己出错的字词或者自己认为难理解的字词进行编写，不仅要有常规的字词的音、形、义，还可以加上富有个人特点的内容，如：1. 错例；2. 错因分析；3. 温馨提示；4. 如果词语运用错误，可以附上词语运用巧妙的“精彩例句”，进行“妙句赏析”。有些同学认为为了更好地记住字形、字义等，还可以查找一些易错字的字源等，把相关知识也摘录其中，帮助他们更加清晰地理解、记忆。有些同学认为，讨论后，他们开始收集自己写错的、难写、易错、不理解的字词，尝试着编写自己的小词典。每次作业、作文批改完成后，孩子们都迫不及待地发现问题，及时编入小词典。我也利用课外时间引导学生互相学习同学的“小词典”，及时吸收、借鉴别人的编写经验。

慢慢地，孩子们在创设自己的小词典的同时，也养成了写作业、考试前都要翻阅“小词典”的习惯。学生在这个过程中，不仅较好地纠正了自己的字词学习的错处，也进一步激发了他们字词的兴趣。

视频矫正

前埔南区小学　吴聪娣

背景： 到了高年级，学生越来越不重视写字姿势。在课堂上，学生写字时伏背、弯腰、斜着身子，这样的姿势随处可见，而握笔姿势也千奇百怪，写出的字也越来越不规范、美观。如何引导学生发现自己的问题，对自己的写字姿势和握笔姿势进行矫正呢？我尝试着通过“视频矫正”的方法引导学生发现问题，不断矫正，形成良好的写字习惯。

操作：

1. 拍摄学生常态下写字时的视频。
2. 播放视频，观察全班同学的写字姿势。
3. 自我评价，发现问题。
4. 提出建议，自我矫正。
5. 跟踪观察，再次拍摄写字课视频。
6. 播放前后两次拍摄的视频，进行对比，评选“榜样之星”。

风险和对策：

风 险	对 策
学生三分钟热度，一段时间后又恢复原样。	1. 教师表扬要到位、具体，切实做好“榜样之星”的评选。 2. 每隔一周录制一次视频，与前一周的视频进行对比，发现进步之处，继续矫正不足。

推荐指数： ★★★★★

教学案例：

用视频矫正写字姿姿

写字课上，我又一次望着学生千姿百态的写字姿势，再一次严肃地提醒他们：“背挺直！”

几分钟过后，孩子们又恢复了原状，有的驼肩缩背，有的斜着身子，还有歪着脑袋的，甚至有直接趴在桌面上的，握笔姿势也是五花八门……望着这些姿态各异的学生，我陷入了沉思：培养正确的写字姿势至关重要，如何让学生养成良好的写字习惯呢？

我灵机一动，悄悄拿出手机，打开手机摄像头，将埋头写字的学生（全班）用视频录制下来。接着，我又悄悄地走到几个写字姿势错误的学生身边，为他们录制特写镜头。

随后，我播放了视频，孩子们看到视频中的自己，欢呼雀跃，议论纷纷。“同学们，这就是你们平时写字时的姿态，请仔细观察视频中的自己。”我话音刚落，班级顿时静了下来，孩子们似乎发现了什么，有的尴尬地笑了，有的用手捂着眼睛，有的把头埋进手臂……看到自己特写镜头的学生更是红了脸。我接着问他们："你认为视频中的自己写字姿势怎么样？"很多孩子不好意思地表示自己的写字姿势太难看了。"你们讨论讨论，有什么好的办法帮助自己矫正写字姿势呢？"孩子们通过讨论，纷纷对自己提出了要求："写字的时候身子一定要坐正，背挺直！""写字前默默地对自己说一遍：眼睛要离桌面一尺，胸口离桌子边沿一拳，手指离笔尖一寸。""头正、肩平、臂展""要时刻提醒自己注意坐姿""同桌要互相提醒"……"你们提的建议太好了！"我向学生投向了赞许的目光，鼓励他们要说到做到，持之以恒，并告诉他们，每周都会评选一名"榜样之星"，孩子们听了，背挺得更直了。

接下来的一周，我留心观察了孩子们的坐姿，果然有进步了。我再次录下他们写字时的视频，并播放前后两次拍摄的视频进行对比，让他们看到自己的进步。他们还评选出了本周进步最大的"榜样之星"。我继续鼓励孩子们："只要努力，每个人都有机会，要再接再厉，坚持下去哦！"

辨析色彩

前埔南区小学　吴聪娣

背景：词语的感情色彩反映了人们对事物的爱憎感情和褒贬评价。对带有感情色彩的词，我们要分清是褒义词还是贬义词，根据表达的需要选用，才能准确、鲜明地表达自己的思想感情。但受年龄和知识水平的局限，学生对词语的理解往往停留在字面意思，无法深入理解、区分同一或相近词语背后的感情色彩，带来表达不恰当等问题。因此，在教学中，我们要认真引导学生进行辨析，体会词语的感情色彩。

操作：

1. 明确词语蕴含不同情感色彩。
2. 联系语境感悟词语情感。
3. 辨析词语的感情色彩。
4. 拓展运用。

风险和对策：

风　险	对　策
同一词语在不同语境中所表达的情感相差悬殊。	引导学生结合具体语言环境，联系上下文进行体会。

推荐指数：★★★★☆

教学案例：

词语有情感

进入小学高年级，学生词语积累丰富了，但他们在表达中往往会忽略词语的感情色彩，随意选用近义词，无法准确地表达自己的思想感情。如，“同学们都怂恿他去报名参加书法比赛，为班级争光”。“我们班的同学蓄谋已久，终于成功地开展了这项活动。”在句子①中，学生没有注意区分“怂恿”和“鼓励”的不同情感。在句子②中把“周密计划”误用为“蓄谋已久”，没有理解“蓄谋已久”是在思考谋划做不好的事，是个贬义词。如何引导学生体会词语的感情色彩呢？

首先，我引导学生一起了解词语具有的感情色彩。《现代汉语》指出，“有些词语除了它们的基本意义外，还具有褒奖或贬斥的感情。”“词语的感情色彩反映了人们对事物的爱憎感情和褒贬评价。一般来说，表示对人或事物的赞扬、喜爱、尊敬等感情，要用褒义词；表示贬斥、憎恶、鄙视等感情，要用贬义词。”我们结合具体的例句，感悟不同情感色彩的词语运用的不同表达效果。 例如：①一群全副武装的日本鬼子，偷偷地向这个小村庄摸来。②晚上，八路军战士悄悄地向敌人的据点进发。同样是写部队偷袭，但在描写敌我双方时选用了“偷偷”和“悄悄”这两个不同的词语，表达了作者的爱憎情感，收到了很好的效果。又如，①为了战斗的胜利，邱少云像千斤巨石一般，趴在火堆里一动也不动，最后在烈火中壮烈牺牲。②这个汉奸无恶不作，干尽了坏事，八路军战士的一粒子弹让他见阎罗王去了。同样是写死，但在描写战斗英雄和汉奸时选用了“牺牲”和“见阎罗王”这两个不同的词语，表达了作者对邱少云的尊敬和爱戴及他死去时人们的悲痛和怀念之情；也表达了对汉奸的痛恨及汉奸死去时人们的痛快之情。

我们还要引导学生结合具体的语言环境辨别不同义项的多义词带有不同的感情色彩。例如，① 五星红旗，你是我们的骄傲！ ②谦虚使人进步，骄傲使人失败。学生通过比较，很快就区分出了同一个词语蕴含的不同情感，前一个“骄傲”，指的是让人感到自豪，是褒义词；后一个“骄傲”，指的是自满，是贬义词。

当然，我们还要引导学生了解在具体的语言环境中，有些词语的感情色彩会发生变化。例如，“这个人平时不努力，爱耍小聪明，最终落得失败的下场。”“聪明”原本指一个人视觉听觉灵敏，思维灵活，但在这个句子中却是褒义词贬用，表达了对那种爱耍小聪明的人的反感之情。

最后，我们还可以根据词语不同的情感进行说话或造句。如，学习了《窃读记》，教师引导学生围绕“贪婪”的不同情感色彩造两个句子。学生根据贬义“不知足，贪得无厌”造句，如，那个小偷用贪婪的目光盯着她手里的钱。学生根据褒义“渴求而不知满足”造句，如，清晨，人们来到公园里，贪婪地呼吸着新鲜的空气。春雨沙沙，小草贪婪地吮吸着甘甜的雨露。

在辨析词语情感与学习运用的过程中，学生不仅增强了语言的敏锐性，增强了语感，也提升了自己准确表达内心情感的能力。

考查十法

前埔南区小学　吴聪娣

背景： 随着质量监控意识的增强，命题方向的改变带来了题型的变化，许多学生对这种变化无所适从。老师认为孩子们已经扎实掌握了的生字词，一到监控遇到判断、选择题失分率却很高。这和大多数教师平时的字词考查方式有关，很多老师常用的考查方式就是“听写”“看拼音写词语”“填空”“造句”。这些题型都偏重于学生对字词的识记，没有关注学生对字词的深入理解、有效积累和准确运用，以至于学生死记硬背，积累了很多字词，却不理解，无法运用。如何以考查促进学生更好地掌握字词呢？在教学中，我们可以用“字词考查十法”来检查、促进学生的字词学习情况，促进他们对字词的理解、积累和运用。

操作：

1. 理清字词在音、形、义及词语的理解、积累和运用的重难点；
2. 针对字词学习重难点，灵活运用“字词考查十法”；
3. 考查学生的字词掌握情况；
4. 分析与评价考查情况；
5. 根据知识缺漏改进教学。

风险和对策：

风险	对策
部分后进生无法适应题型的变化，面对新的考查方式不加思考，随便应答。	教师引导扎实掌握字词后，教给答题方法。

推荐指数： ★★★★☆

教学案例：

字词考查十法

题型一：选择正确的读音。

例题 1：给带点字选择正确的读音，用"____"画出。

奔丧（sāng　sàng）　胆颤（chàn　zhàn）

纤弱（qiān　xiān）　瞥见（piē　piě）

例题 2：辨析下列带点字的读音，全部正确的一组是（　　）。

A. 模（mó）型　绷（bēng）着脸　丧（sāng）礼　潮讯（xùn）

B. 旋（xuàn）　涡虐（nüè）　待璀（cuǐ）　瑔魁梧（wǔ）

C. 入场券（juàn）　摩挲（suō）　亢（kàng）奋　扁舟（piān）

D. 肖（xiào）像　踱（duó）步　贮（zhù）存　憎恶（wù）

例题 3：下列画线的字中，读音一致的一组是（　　）

A. 当时，他把我当成他弟弟了。

B. 风扇在天花板上快速地扇动着，教室顿时不那么热了。

C. 去山东潍坊能找到水磨坊吗？

D. 敬老院里，有专门的看护人员，他们负责看守老人们。

【设计意图】针对多音字、易读错字、音近字进行辨析思考，促进学生掌握字词的正确读音。

题型二：在语境中根据拼音写出字或词。

例题：读句子，看拼音写词语。

méng lóng　　　　yín sòng

（　　　　）的月光下，一位演员深情地（　　　　）起岳飞的《满江红》，

yì yáng dùn cuò　　　　táo zuì

那声音（　　　　　　），令人（　　　　）。

【设计意图】在具体的语言环境中正确书写生字词，考查学生的书写能力。

题型三：判断汉字书写正误。

例题：下面四组词中，字形完全正确的一项是（　　）

A. 浮想连翩　如醉如痴　千篇一律　恋恋不忘

B. 守望相助　颇负胜名　庞然大物　气象万千

C. 不容争辨　星罗旗布　香漂十里　不动声色

D. 受用不尽　络绎不绝　悲欢离合　滚瓜烂熟

【设计意图】在词语中准确把握正确的字形特点，辨析正误，促使学生在语文学习中不写错别字。

题型四：根据偏旁部首猜字音或字义。

例题1："髎"可能与哪个字读音相同？……〔 〕

A. 滑　　B. 缈　　C. 廖　　D. 骸

例题2："荇 xìng"的意思可能与什么有关？……〔 〕

A. 大雁排成的队列　　B. 模具　　C. 能干　　D. 一种菜的古称

例题3：根据汉字的构字规律，下列一组字中与人体有关的字是(　　)

A. 核　　B. 赅　　C. 陔　　D. 胲

【设计意图】掌握基本的汉字构形规律，了解汉字与偏旁部首的关系，激发学生对汉字的热爱。

题型五：根据句子规律猜字义。

例题：一天，李明同学读到一副对联："勤靡余劳　心有常闲"，不知道"靡"在这里是什么意思，他便根据对联的"对偶"规律，猜出意思是(　　)。

A. 麻　　B. 无　　C. 非常　　D. 散乱倒下

【设计意图】了解对联的"对偶"规律，通过对应文字的意思，猜测难理解字的意思。

题型六：理解词语中的字义。

例题：下列词语中的"望"字，与"德高望重"的"望"意思相同的一个词语……(　　)

A. 名门望族　　B. 大喜过望　　C. 驻足痴望　　D. 望穿秋水

【设计意图】了解汉字在不同词语的意思，通过比较、辨析理解词语中的一字多义。

题型七：根据句意写词语。

例题：猜猜我是谁。(根据句意写词语)

1. 数量巨大，无法估计。(　　)
2. 形容建筑物异常华丽，光彩夺目。(　　)
3. 形容器物小巧玲珑，精致奇妙。(　　)
4. 全世界都知道其名声，形容非常著名。(　　)

【设计意图】理解词语的意思，引导学生根据具体的语言环境，选择恰当的词语进行表达，促进四字词语的有效积累。

题型八：在语境中填入最恰当的词语。

例题1：与下列句子中带点词的意思最接近的词语是…………(　　)

攥着马草换来的毛票，我立即奔向书摊，泰然地坐下来，从容地读着一本又一本书。

A. 毅然　　B. 欣然　　C. 傲然　　D. 安然

例题 2：选择恰当的词语填入下列句子的括号中（填序号）

颐和园的佛香阁（　　）、金碧辉煌，充分展现出我国古代工匠们（　　）的技艺。

A. 雕梁画栋　　B．引人入胜　　C. 巧夺天工　　D．不拘一格

E. 脍炙人口

【设计意图】在具体的语言环境中，通过比较分析，选择最恰当的词语，培养学生对用词的准确性。

题型九：选择合适的成语填在括号里。

例题：哪个成语典故和棋文化有关？……………………………………（　　）

A. 势如破竹　　B. 草木皆兵　　C. 专心致志　　D. 泾渭分明

【设计意图】理解成语，积累成语，考查学生对成语典故的了解，激发学生探究成语背后的故事的兴趣。

题型十：理解词语范围大小。

例题：下列词语都是表示力量的，按从小到大排列，正确的一项是（　　）

①洪荒之力　　②吹灰之力　　③九牛二虎之力　　④缚鸡之力

A. ④②①③　　B. ②④③①　　C. ④③②①　　D. ②④①③

【设计意图】理解词语，了解词语范围的大小，增强学生对词语的敏感性。

第六节　高段字词教学的典型课例

字词教学在高年级依然有着独特的意义。它不是简单的认识字词的过程，有效的字词教学能促进学生深入理解课文内容，品悟人物的情感。教师在字词教学中应根据高年级学生的特点，引导学生学习字词的音形义，关注字词的意蕴和情感色彩，关注字词的拓展与运用，让字词教学有效地促进学生语文能力的提升。《地震中的父与子》《走进奇妙的成语世界》《日积月累八》这几个教学课例为我们的教学提供了参考。

以词语为抓手，感悟父子深情

——《地震中的父与子》教学课例

厦门市鹭江新城小学　阮婷婷

【教学目标】

1. 正确读写、理解“昔日、废墟、疾步、绝望、瓦砾、开辟、破烂不堪”

等词语，积累、运用理解词语的多种方法。

2. 感受文中父亲对儿子的爱以及儿子从父亲身上汲取的力量。

3. 领悟作者抓住人物外貌、语言、动作描写表现人物思想品质的表达方法。

4. 有感情地朗读课文。

【教学重难点】

1. 引导学生积累和运用理解词语的多种方法。

2. 引导学生领悟作者抓住人物外貌、语言、动作进行描写，反映人物思想品质的表达方法。

【教学准备】音乐、课件

【课时安排】第一课时

【教学过程】

一、图片导入，学字词入情境

1. 揭题。今天我们将一块来学习一个发生在地震中的感人故事。（板书课题）生齐读课题。

2. 地震是自然灾害中对人类危害最大的自然灾害之一。老师带来几组地震的照片，请同学们一起认真看看。（学生观看图片）

3. 谁来说说你看到了什么？（指名说）

4. 生说，PPT 出示三个相应的词和图片，师指导书写。

废墟："墟"是形声字，"土"旁和建筑物有关系，建筑虚就会坍塌，故而称作废墟。虚字的虎字头，书写时要特别注意勾，和七的写法。

爆炸："爆"字的什么地方容易写错？对了，下面的这个部分是"水"的变形，（课件出示"水"的甲骨文）我们的老祖先就是根据流水的形状来造字的，慢慢地演变成今天水的样子，所以，我们写的时候要注意下面的点、提、撇、点。

瓦砾：地震中，房屋倒塌，到处堆满破碎的瓦片叫"瓦砾"。

这三个词是本课的生词，我们一起动笔把这三个词语写下来。

二、初读课文，抓关键知大意

1. 课文除了这三个生词之外，课文还有不少生字词，大家读课文时，要做到读准字音，读通句子，边读边思考：

（1）这是一场怎样的地震？

（2）父亲和儿子之间发生了一件什么事？

（3）这是一对怎样的父与子？

2. 交流学习收获。

（1）这是一场怎样的地震？从哪里看出来？（指名回答）

·出示句子：有一年，美国洛杉矶发生大地震，30万人在不到四分钟的时间里受到了不同程度的伤害。

（你能抓住关键词来体会句子的意思，30万人，不到四分钟，灾难的来临就是这样突如其来、伤害巨大。）

你能用朗读来表现地震的可怕吗？（生读，用朗读强调关键词。）

·出示句子：那个昔日充满孩子们欢声笑语的漂亮的三层教学楼，已变成一片废墟。

生谈感受。（昔日是一片欢声笑语，今日是一片废墟。这就是大地震带给我们的惨烈对比。）

练习朗读，感受大地震给人们带来的无尽的伤害，齐读。

（2）就在这样的一场大地震中，父与子之间发生了一件什么事呢？老师提供给大家三个词，请大家围绕这三个词来说一说。（指名回答）

ppt出示：洛杉矶、地震、废墟、挖掘、

方法小结：这个同学概括得很好，简洁明了，同学们，有时候抓住文章中的关键词也能帮助我们概括主要内容。

（3）地震发生后，值得赞颂的人很多，有消防员，有自愿者，作者为什么会将笔端流淌的文字献给这对父子？课文用了哪个词来评价他们？

出示：这是一对________的父与子。（板书：了不起）

三、精读悟情，明对比品描写

1. 默读课文1－12自然段，哪些地方表现父亲的了不起？画出相关语句，并在旁边批注自己的体会。最后与四人小组交流。

（学生默读课文，圈点批注，教师巡视）

2. 学生交流。

（1）出示句子：跪在地上大哭了一阵后，他猛地想起自己常对儿子说的一句话：“不论发生什么，我总会跟你在一起！”他坚定地站起身，向那片废墟走去。

·这段话中哪个词表现父亲的了不起？

·“坚定”是什么意思？指名生说。

父亲之所以坚定是因为________________。

·出示：不论发生什么，我总会跟你在一起！（齐读）

你们能想象一下，在什么情况下，父亲总会和他在一起？

·出示句式：

当<u>运动会上与胜利失之交臂</u>的时候，父亲会跟他在一起！

当____________________的时候，父亲会跟他在一起！

（强调学生用老师的句式说）除了伤心难过，有没有欢乐的时候？你能不能想象这样的场景？

·同学们想象力真丰富，想到了那么多的情况，作者用“不论……总……”这个关联词来联系语言，恰到好处！

在这样危难的关头，父亲想起自己对孩子的承诺，他坚定地选择不放弃，这真是一个了不起的父亲。

（2）就在他挖掘的时候，不断有孩子的父母急匆匆地赶来……然而这位父亲心中只有一个念头：“儿子在等着我！”

·理解“绝望”，方法渗透

从这段中你体会到什么？指名交流。（绝望）

什么是绝望？我们理解词语还有个好办法，那就是借助语言文字来理解，请同学们走进课文 5-11 自然段，看看哪些描写表现人们的绝望？

·分角色朗读 5-11 自然段，读出人们的绝望。

从你们的朗读中，老师听出了人们的绝望，看来朗读也是理解词语的好方法。

·同学们，你们看到的都是一群绝望的人吗？（生说）

你从哪些地方看出父亲没有绝望，请同学们再读 5-11 自然段。

·父亲重复的三句话都在表达着同一个意思——（寻求帮助），此时他的心里只有一个信念就是——（无论发生什么，我总会和你在一起！）

师生合作读课文。

·小结：把父亲置身于一群绝望的人中间，表现了父亲的了不起。除了语言描写外，还有那些具体的描写表现父亲不绝望？

（3）他挖了 8 小时，12 小时，24 小时，36 小时，没人再来阻挡他。他满脸灰尘，双眼布满血丝，衣服破烂不堪，到处都是血迹。

·指名交流，比较句子

他挖了 8 小时，12 小时，24 小时，36 小时，没人再来阻挡他。

他挖了 36 小时，没人再来阻挡他。

·作者为什么要罗列时间的进程，这样有什么表达效果？（漫长、艰难）。

·除了漫长，这还是怎样的 36 小时？可能发生什么？

（也许会发生大爆炸也许会发生塌方、余震。）

·多么漫长又艰难的 36 小时，你能通过朗读来表现吗？（生读句子。）

·是什么力量支撑着他不断地挖？（生说，师板书：爱）

·正是因为他对孩子的爱，所以他来牢记着对孩子的承诺——不论发生什么，我总会和你在一起。而这一切的一切，让我们不得不再一次感叹，这是一位了不起的父亲！让我们带着对父亲的敬意再次读读这句话。

·经过36小时艰苦挖掘的父亲会是什么样子的？学生谈体会。

作者把目光聚焦在脸上，（生读：满脸灰尘）眼睛上（双眼布满血丝）衣服上（衣服破烂不堪，到处都是血迹）此刻的父亲是怎样一种状态？（疲惫不堪）

·我们在描写外貌时，要先想想自己要表达什么样的情感，再抓住人物的特点来描写。一起读读这句话！

·如此疲惫不堪，但心中却信念不改，因为他曾经对儿子许下诺言——“不论发生了什么，我总会跟你在一起！让我们一起读读这两句话。

四、联系生活，悟真情说感受

1. 此情此景，让我想起大地震后始终萦绕在我脑海中的一个形象、一个动作、一段言语。请同学们看。（课件音乐起，陆续出现2010年玉树地震的一幅幅图片）

①一位父亲跪在废墟中，用无助的泪水诉说着悲伤；②父亲背着从废墟中挖出的儿子的尸体，艰难地行进在山路上，原因只有一个，要带儿子回家；③一位父亲拿着洁白的手绢，轻轻地为遇难的儿子擦干净双脚；④父亲费尽千辛万苦终于找到儿子，抱着冷冰冰的遗体，失声痛哭。

2. 看完图片，你想说些什么？（学生交流。）

3. 带着对父亲深深的敬意，再次读读这句话：不论发生什么，我总会跟你在一起！

五、小结全课

这节课我们抓住父亲的语言、动作、外貌的描写，深深地感受到这位父亲的“了不起”。那么，文中又是如何描写儿子的“了不起”呢？下节课我们继续学习。

【课例评析】

阮老师的教学从词语中来，到词语中去，每一个词语细细品来，都让人触摸到词语背后的温度。

1. 教师以词语为抓手，创设情境的引学。兴趣是最好的老师，有了学习的兴趣，就能产生积极的学习情趣，学生的学习才是主动的，积极的，热烈的。在这节课中，阮老师从三个生词入手，“废墟”“爆炸”“瓦砾”，由字音，到字形，再到画面，层层深入，不仅轻松地完成了识字教学，还将学生引入一个学习情境之中，为整节课奠定了学习的基调。

2. 教师以词语为线索，把握主题的助学。首先，本文的篇幅较长，对于长文如何整体把握？在本课中，阮老师以词语为线索，提供了四个关键词“洛杉矶、地震、废墟、挖掘”引导学生概括主要内容。有了这四个词，学生很容易把他们串连成一段话，重点突出，简洁明了，学生也掌握了抓住关键词概括主要内容的方法。其次，如何实现长文短教？本课紧抓“一个中心线索，两个突破点”整体规划全文教学。这个中心线索就是父与子始终信守的诺言、毫不动摇的信念：“不论发生什么，我总会跟你在一起。”两个突破点就是“父亲爱的了不起”和“儿子‘让’的了不起”。以“了不起”这个词为突破口，让学生自由地在文中品词析句，抓住“父亲的了不起”和“儿子让的了不起”这两个文眼折射全文的语段，做到了“一线串珠”“瞻前顾后”“在承上启下处反复回扣读中心句”不论发生什么，我总会跟你在一起，把朗读感受体验，想象，情感的深化结合起来，反复诵读，反复叩问，反复感悟，使其发挥牵一发而动全身的功效。

3. 教师以词语为契机，运用迁移的妙学：本课教学突破了把字词教学孤立起来的传统教学，让字词、情感融为一体。通过本课的学习，学生不仅潜心会文，透视人物内心世界，感悟人生坚定信念，提升人物饱满形象，还灵动于字里行间，感受字词的魅力。

感受成语的魅力

——《走进奇妙的成语世界》教学课例

厦门市前埔南区小学　吴聪娣

【教学目标】

1. 感受成语的魅力，体会成语丰富的内涵。

2. 梳理成语的几种来源及成语的学习方法。

【教学重难点】

1. 选择有效角度对成语来源进行梳理和探究。

2. 掌握成语学习的方法，激发学生课外探究成语世界的兴趣。

【教学过程】

一、看图猜成语引入

1. 引入：中国是个具有五千年悠久历史和灿烂文化的文明古国，祖先为我们留下了丰富而又宝贵的文化遗产，成语是我们语言宝库中的瑰宝。今天，我们就一起走进成语世界，感受成语的魅力。

2. 看图猜成语：从小到大，同学们学了不少成语，你们能看图猜出成语吗？

二、交流积累的成语

1. 我们积累了不少成语，那么究竟什么是成语呢？指名说。

2. 让我们一起来看看：成语是语言中经过长期使用、锤炼而形成的固定短语。

3. 交流课外收集的不同字数的成语。

（1）同桌选择自己最感兴趣的除了四字成语外的其余字数的成语进行交流，并简单介绍意思。

（2）全班同学进行交流。

三字成语，如“莫须有”、“落水狗”，

五字成语，如“小巫见大巫”、“天下无难事”，

六字成语，如“既来之，则安之”、“五十步笑百步”，

七字成语，如“冒天下之大不韪”、“是可忍，孰不可忍”，

八字成语，如“桃李不言，下自成蹊”，

九字成语，十个字的甚至十个字以上的。

（3）总结梳理：成语有固定的结构形式和固定的说法，表示一定的意义，在语句中是作为一个整体来应用的。

三、了解成语的来源

1. 成语有很大一部分是从古代相承沿用下来的，在用词方面往往不同于现代汉语，它代表了一个故事或者典故。它们的来源各有不同，十分奇妙！

2. 寓言故事演变的成语

（1）出示成语“守株待兔”。谁来说说这个成语是什么意思？

（2）指名说。（比喻妄想不劳而获，或死守狭隘的经验，不知变通。）

（3）你是怎么知道这个成语的意思？（通过故事）

（4）一个虚构的、简单的小故事，蕴藏着某个深刻的道理，于是人们把这个故事概括成精简的短语，这就是“提炼”、“锤炼”的过程，再经过人们反复使用，便成了众人皆知的成语。

（5）这类来自寓言的成语，我们都可以通过“读故事”的方法知道它的意思。

（6）交流课外积累的寓言故事演变的成语。

3. 历史故事演变的成语

（1）出示成语“高山流水”。

（2）猜一猜，你觉得高山流水这个成语比喻什么呢？

（3）读故事《伯牙绝弦》，学生再谈对成语的理解。

（4）这个成语在使用时容易望文生义，知道了它背后的故事，我们就会

明白它其实表达的是“高山流水遇知音”的那份情义啊。

（5）交流课外积累的历史故事演变的成语。

4. 神话故事演变的成语

（1）读故事《牛郎织女》。

（2）这是一个神话故事。看到这个成语，我们就会想到什么？

（3）交流课外积累的神话故事演变的成语。

5. 这几类成语都来源于故事，你发现它们有哪些相似之处和不同之处吗？

相似之处：都是对故事的提炼和概括，都有深刻的意义。

不同之处：寓言和神话是虚构的，而历史故事以历史人物或史实为依据。

6. 根据不同来源给成语归类。

请四人小组合作，试着给下面的成语故事分类，并补充几个同类成语：

纸上谈兵　八仙过海　掩耳盗铃　天女散花　程门立雪　拔苗助长

一字千金　亡羊补牢　开天辟地　自相矛盾　四面楚歌　嫦娥奔月

源自神话传说：八仙过海　开天辟地　天女散花　嫦娥奔月

源自寓言故事：亡羊补牢　掩耳盗铃　自相矛盾　拔苗助长

源自历史故事：纸上谈兵　程门立雪　一字千金　四面楚歌

四、交流其余来源的成语。

一本厚厚的成语词典中，绝大多数都是有出处的成语，不仅来源于故事，还来源于文人的一些作品，以及外来词。你了解哪些呢？

· 交流源于文学作品的成语。

“醉翁之意不在酒”，见宋朝文学家欧阳修《醉翁亭记》；

“水落石出”见宋朝文学家苏轼的《赤壁赋》；

“更上一层楼”出于唐朝诗人王之焕的《登鹳雀楼》；

“一曝（pù）十寒”出自《孟子 · 告子》，意思是：虽然有天下容易生长的东西，但是晒它一天，冷它十天，也没有能生长成的。）比喻一个人没有恒心，努力的时间少，荒废的时间多。

· 交流源于人民口里常说的一些四字用语。

“咬文嚼字”、“拖泥带水”、“阳奉阴违”、“不三不四”、“心直口快”之类。有些是接受外来文化而出现的。如“天花乱坠”、“当头棒喝”、“不可思议”、“不二法门”。

五、体会成语表达的妙处

1. 体会成语表达的“简洁性”。（比较体会）

2. 体会成语表达的“生动性”。（场景描述体会）

【课例评析】

吴老师的一堂《走进奇妙的成语世界》，开拓了学生的视野，从成语字数角度引导学生重新认识成语，引领学生感受成语的妙用，带领我们走进了奇妙的成语世界。

成语教学是小学语文教学的重要组成部分，成语是汉语语言的基础，具有语言精简、结构严谨、寓意深刻等优点。课上，教师根据学生的学习特点和实际学习情况积极转变教学模式及方法，以提高学生的学习及教学效率。课的一开始，教师采用“看图猜成语”的小游戏，让学生在愉快的游戏氛围中轻松地学习、积累、巩固成语，并能够检验学生对成语的记忆与理解程度。了解成语的来源、典故等背景知识，这不仅能使学生更深刻地理解成语的含义，还能提升学生学习成语的兴趣。汉语成语家族中不少是来源于古代神话、寓言、历史故事和古代诗文，要理解成语意思，就必须知道成语的来源或典故。教师根据成语的来源进行归类的方法进行教学，来自寓言故事、神话传说、历史故事等的成语，让学生在头脑中形成一个系统框架，知道成语的大致分类。学生在教师的带领下，梳理成语的几种来源及成语的学习方法，感受成语的魅力，体会成语丰富的内涵。

让词语扎根在孩子的心里

——《日积月累八》教学课例

厦门市前埔南区小学　吴聪娣

【教学内容】人教版小学语文第十一册第八组“回顾·拓展八”之“日积月累”

【教学目标】

1. 能运用多种方法理解 16 个成语的意思，辨别词语的感情色彩，积累和丰富语言。

2. 在理解词语的基础上，学习在语境中准确运用词语，学习表达，进一步感受艺术的魅力。

【教材分析】

《日积月累八》是人教版小学语文第十一册第八组“回顾·拓展八”的内容。本组教材的主题是“艺术的魅力”，选编的四篇课文情真意切，文质兼美，从不同的角度折射出艺术的魅力。选编本组教材的意图，一是欣赏音乐、绘画、戏剧等各种艺术形式的美，受到美的熏陶，培养热爱艺术的情操；二是学习作者是怎样在叙事时展开联想和想象的，是怎样把眼前看到的和内心的想象自然地融合在一起，学习作者表达的感情；三是积累课文中的优美语言，体会课文表达的感情；四是从实际出发，根据各自条件，通过阅读和其他渠道尽可能多地了解各种艺术。

“日积月累八”一共有16个词语，与本组教材“艺术的魅力”有密切的联系，这些成语中，有关于音乐方面的，有关于绘画方面的，有关于建筑方面的，有关于书法方面的，有的成语可以同时运用到多个领域。正如海顿说的那样：艺术的真正意义在于使人幸福，使人得到鼓舞和力量。学习本组词语，欣赏各种艺术的美，培养热爱艺术的情操，有利于学生走进艺术的百花园，感受艺术的魅力，受到美的熏陶。让词语扎根孩子的心里，让孩子感受艺术的魅力，是我本节课的着力点。

【学情分析】

六年级的学生通过五年多的学习，有了一定的语言积累。但由于学生的年龄和知识局限，以及“日积月累八”中的这些词语本身离实际生活比较远，很多孩子对这些成语只有模糊的概念，很难准确理解，更无法做到灵活运用。如，“古色古香”形容器物书画等富有古雅的色彩和情调，但学生对于这古雅器物接触较少，即使知道字面意思，学生还是很难界定什么是古色古香的古雅器物。又如，“不落窠臼”形容文章或艺术等有独创风格、不落旧套。但成语中的“窠臼”是什么意思？为什么用“不落窠臼”比喻富有创意呢？学生很难明白。再如，“阳春白雪”原指战国时代楚国的一种艺术性较高、有难度的歌曲，现比喻高深的、不通俗的文学艺术。类似这种远离学生生活的词语较多，如果不加引导，学生容易望文生义，无法准确应用。

根据自己的理解对词语进行分类，是促进学生思维发展的重要方式。但是，学生的阅读和知识量有限，对于这些表示艺术类的词语比较陌生，而且有些词语可以用在不同的艺术领域，无法直接归类。而他们的分类往往凭借自己对字面意思的理解和自己的直觉，并不一定准确。因此，我引导学生在扎实理解词语的意思以后再进行分类，解决学生分类过程中遇到的疑难困惑。

基于以上分析，本节课的提升点为：

1. 围绕学生提出的“不落窠臼、脍炙人口、曲高和寡、余音绕梁”等难理解的词语，引导学生梳理难理解的成语的方法，如，字义连接，追根问底，寻找资料，联系生活，联想画面等。这些方法能帮助学生准确、深入理解成语的意思。

2. 在理解词语的基础上，学习在语境中准确运用词语，学习表达，进一步感受艺术的魅力。

【教学资源】 课前预习，理解成语的意思。

【教学媒体】PPT、学习单

【教学过程】

一、以学定教，突破难点

1. 出示“日积月累”中的16个词语。

雕梁画栋　巧夺天工　独具匠心　引人入胜　古色古香　余音绕梁

不落窠臼　雅俗共赏　美不胜收　脍炙人口　曲高和寡　妙笔生花

阳春白雪　笔走龙蛇　不同凡响　别具一格

2. 生轻声自由读，思考：这些词语有什么特点呢？

3. 学生交流：你了解这些词语的意思吗？请和你的同桌交流一下吧！

4. 引导质疑，以学定教，梳理学习方法。

联想画面理解“雕梁画栋”、“古色古香”等词语的意思。

联系生活实际理解“雅俗共赏”、“引人入胜”等词语的意思。

追根求源法理解“不落窠臼”“阳春白雪”“脍炙人口”“妙笔生花”等词语的意思。

5. 引导学生给词语分类，并说说分类的理由。

6. 交流分类情况，学生进行梳理。

7. 学生总结收获：有些词语只能适用于某个艺术领域，但“独具匠心、引人入胜、美不胜收、不落窠臼、不同凡响、别具一格、脍炙人口”这些词语可以运用到多种艺术领域中。

二、创设语境，学习运用

1. 出示相关语境，引导学生思考：这些词语，你会在句子中准确运用吗？

2. 思考，选择合适的词语。

（1）小作者真是________，写出的文章构思________，内容________。

（2）音乐会上，既有的流行音乐，也有________的世界名曲，一曲终了，________，令人回味无穷。

（3）这些冰雕艺术品太美了，真是________、________。

（4）曹文轩的《草房子》一发表就受到了广大读者的好评，真是________。

（5）张旭写字________，李白写诗豪放不羁，两人的作品都。

（6）中华文化瑰丽辉煌，在世界文明中________。

3. 交流辨析，说说选择词语的依据。

4. 点拨引导。

三、拓展积累，尝试表达

1. 拓展：你还了解哪些与“艺术的魅力”有关的词语？

2. 生交流积累的艺术相关的词语。

（书法、建筑、音乐、美术、文学等领域的词语）

3. 学生根据交流制作“积累卡”。

书法：顿挫抑扬　遒劲有力　龙飞凤舞　力透纸背

音乐：天籁之音　悠扬动听　余音袅袅　如痴如醉

建筑：金碧辉煌　富丽堂皇　玲珑剔透　美轮美奂

美术：栩栩如生　活灵活现　惟妙惟肖　妙手丹青

文学：跃然纸上　出神入化　感人至深　妙不可言

4. 播放视频，引导学生感受、欣赏身边的艺术。

5. 引导学生尝试表达：同学们，学习了今天的“日积月累八”，你也能用自己的笔来表达艺术的魅力吗？请你选择自己喜爱的一种艺术形式，试着用上今天积累的几个词语来写几句吧！

6. 发挥想象，尝试表达。

7. 学生交流，互相评价。

【课例评析】

“日积月累八”中的16个成语离实际生活比较远，很多孩子对这些成语只有模糊的概念，很难准确理解，更无法做到灵活运用。

教学中，吴老师采用了多种词语教学策略帮助学生理解这些词语，如，联想画面理解“雕梁画栋”、“古色古香”等词语的意思；联系生活实际理解“雅俗共赏”、“引人入胜”等词语的意思，借助自身生活经验和语文积淀，唤起了学生对这些词语的直觉体会，激活大脑中的信息，从而理解这些词语；追根求源法理解“不落窠臼”“阳春白雪”“脍炙人口”“妙笔生花”等词语的意思，从字理方面溯源析形，晓义明理，激发了学生学习语文的兴趣，也更好地帮助学生理解这些词语的意思，提高了学习效率。

在学生理解这16个成语的基础上，教师巧妙地创设了不同的情境，让学生选词填空并说出依据，从而检测学生是否真正理解词语。最后，教师在教学中找准学、用的结合点，让学生运用课内外积累的成语写一写自己喜爱的一种艺术形式，让词语深深地扎根在孩子的心中！

第七章

小学字词教学发展的主张和判断

对字词教学的研究，各种流派、各种模式层出不穷。根据近几年的实践与研究，我们认为小学字词教学应该是立体的、鲜活的、积极的，字词教学应指向“资源整合”、“情感体验”、“言语表现”。2016年开始，统编版教材开始使用，我们也针对统编版教材强调的字词教学要求，探讨了当前字词教学的发展趋势。同时，我们也在周一贯老师对语文理想课堂的构想的论述中寻找未来字词教学的突破口。

第一节　小学语文字词教学的主张

新课程改革以来，越来越多的老师认识到字词教学的重要性，我们认为小学字词教学应该是立体的，指向“资源整合”；字词教学应该是生动的，指向“情感体验”；字词教学应该是鲜活的，指向“言语表现”。

一、立体：指向“资源整合”

“立体”，指具有长、宽、高三面的物体，比喻全面地（看问题）。“立体”的字词教学指的是创设开放、多维的时空，师生进行多维互动式的字词教学活动。

《语文课程标准》指出：语文课程应植根于现实，面向世界，面向未来。应拓宽语文学习和运用的领域，注重跨学科的学习和现代科技手段的运用，使学生在不同内容和方法的相互交叉、渗透和整合中开阔视野，提高学习效率，初步获得现代社会所需要的语文实践能力。在家庭生活、学校生活中，尝试运用语文知识和能力解决问题。字词教学要基于语文课程的理念，努力追求“立体式”的字词教学。

字词教学中，教师要以“大语文”教学观为指导，不断挖掘学校、家庭、社会资源，积极开发、整合和利用校内外资源。如，教师充分利用姓名资源引导学生体会中国文字的妙秘。教师利用每节语文课前三分钟，让学生“说说我的姓和名”或者“说说爸妈的姓和名”。教师引导学生回家去探究自己和家人的姓名。学生不仅要弄清楚自己和家人的名字的正确写法、读音，还要通过查字典、采访长辈、查找姓氏资料等弄清楚姓氏的来历以及名字蕴含的意思。学生在学习和探究中，不仅学习了汉字，还了解了每个名字的故事和名字蕴含的美好寓意和祝愿，更加深刻地体会姓名背后包含的中国传统文化。这样的学习活动不仅激发了学生识字的兴趣，还培养了他们学好语言文字的自信心和民族自豪感。

教师充分整合、利用资源，构建立体的字词教学网络，才能有效地提升学生的字词学习水平和能力。

二、生动：指向“情感体验”

字词教学中，教师一定要引导学生联系生活实际，走入语境。增强学生的情感体验，才能真正让字词学习生动起来。人教版四年级上册《那片绿绿的爬山虎》中，肖复兴这样描写自己对叶圣陶先生的感受：“他亲切之中蕴含的认真，质朴之中包含的期待，把我小小的心融化了……”“融化”一词是学生理解的难点。首先，教师从“融”字入手，一起借助字理了解了它的意思；接着，教师请学生说说自己在生活中见过什么东西融化过，都是因为什么原因。学生联系生活，说冰因受热融化；雪，因为太阳照射会融化……教师又引导学生思考：“请你想想，这个十五岁的少年受邀到叶圣陶先生家里做客时心情会有哪些变化，再说说你对‘融化’这个词的理解。”学生开始梳理肖复兴在做客过程中的心路历程：当听到要到叶圣陶先生家做客时，心情有一点紧张、激动；见了面，知道叶圣陶先生很亲切后，他心里变得轻松了；当他们进行了融洽的谈话后，紧张、忐忑的心情一点点消失了，如冰雪融化，内心充满了感动。这样的教学使学生联系作者语境，走入了作者肖复兴的内心深处，从而也感悟了“融化”的丰富内涵。

对小学生来说，词语背后蕴含的情感，是他们在学习的一个难点。教师要努力调动学生的生活经验，引导学生在体验中走入语境，感悟词语表达的情感性。学习人教版五年级下册《祖父的园子》时，学生很容易就找出了“自由”这个关键词，并交流了自己从文中感受到的那份“自由”。显然，学生的理解只停留在园子里动物和植物的自由和快乐。于是，我引导学生交流自己的体验：“假日里，同学们也常常去中山公园、万石植物园游玩，能说说你们的感受吗？”孩子们纷纷介绍，那里的植物千姿百态，令人陶醉，那里的动物活泼可爱，自得其乐。交流后，我引导他们思考：你们是快乐的，所以你们眼中的一切都是快乐的，你们是自由的，所以你们觉得身边的一切事物都是自由自在的。那么，你们觉得，萧红在文中写的仅仅是动物和植物的自由和快乐吗？有了体验，学生们很快就明白了，萧红笔下的“自由”表达的其实是她童年时那份快乐、自由的情感啊！学生在类似语境的体验中，有效地感悟到词语表达的情感性。

三、鲜活：指向“言语表现”

《语文课程标准》在“教学建议”中指出：语文教学要注重语言的积累、感悟和运用。字词教学是一个理解、积累和运用的循序渐进的过程。字词教学的目的不仅是引导学生准确理解字词，更重要的目标是指向于“言语表现”，学会准确地“运用”。这样积极的字词教学，能促使学生将消极语言转化为积极语言，真正提升学生的语文素养。

教师要积极引导学生丰富积累，学以致用。如，教学人教版四年级上册《火烧云》，教师引导学生由“葡萄灰”、“梨黄”、“茄子紫”引出“柠檬黄”、“西瓜红”、“橄榄绿”、“葱绿”、“雪白”、“漆黑”等一类词。而后，教师让学生用这样的词语描述一处自己熟悉的景物。学生从“颜色”这个独特的视角出发，描绘了校园的花草、夏日的天空等身边多彩的景物，语言也变得生动、形象。

教师要积极创设语境，引导学生在辨析中迁移运用。如，教师出示一组词语“清澈、清新、清爽”，引导学生根据语境选择恰当的词语。学生根据语境进行辨析和选择：“清晨，我们走进茂密的树林，空气格外________。一条的小溪在林间缓缓地流淌。一阵清风迎面扑来，我们感觉好________啊！”学生在语境中辨析词义，在选择的过程中有效地实现了词语的迁移和运用。

教师还可以通过类似情景的展现，引导学生在小练笔中迁移运用。教学人教版五年级下册《威尼斯的小艇》这篇课文时，教师引领着学生品味威尼斯独特的水城风情，细细体会了文中富有特点的描写小艇的样子的一连串比喻和描写船夫驾驶技术特别好的一连串关联词的妙处，还积累了文中用得生动的词语。最后，教师引导学生思考：因为威尼斯独特的地理环境，也就有了威尼斯的小艇这样独特的交通工具，也有了这一独特的风景。一方水土孕育一方风物。厦门素有“海上花园”之称，它又有孕育出了哪些独特的风物呢？同学们纷纷发言，教师也播放了厦门富有特色的景物。欣赏了这些景物后，教师引导学生进行小练笔：“厦门是一座令人向往的花园城市。请你运用积累的词语写写你认为最有厦门特点的景物吧！”有了这样的铺垫后，学生笔下的厦门风情各具特色，而且生动形象。

总之，在字词教学中，我们要指向“资源整合”、“情感体验”、“言语表现”，努力追求立体、鲜活、积极的字词教学。

第二节 当前字词教学发展的趋势

2012年，教育部开始组织“部编本”语文教材的编写工作，旨在发挥主流教材的示范引领作用。历经四年半时间，经过十多次评审，2016年秋季全国许多省市中小学正式使用“部编本”语文教材。先认字再学拼音，新选课文，增加古诗文教学，把课外阅读纳入教材……“部编本”语文教材有了许多新变化，体现了很多新理念。

2017年开始，部编语文教材以《语文课程标准》为编写依据，吸纳语文课程改革的最新成果，遵循语文教育的基本规律和学生身心发展的特点，继承语文教育的优良传统，注重培养学生的创新精神和实践能力，致力于构建开放的、富有活力的教材体系，全面提高学生的语文素养。

通过对部编版教材的解读，我们发现当前的字词教学着重强调了以下几点：

一、强调“关注语用”

关注语用，引导学生在真实的情境中学语文、用语文，关注语用，是部编版教材一个鲜明的特点。教材关注能够促进实际运用的语文知识，如，有关汉字的构字规律，在一年级了解形声字“形旁表义”的基础上，二年级教材通过语文园地六“我的发现”栏目，进一步揭示形声字“声旁表音”的特点，学生掌握形声字的这些构字规律，为今后的自主识字打下基础。又如，编排有关标点的知识，是为了引导学生进行规范的书面表达；学习打比方，是为了让学生的语言表达更生动有趣……关注语文知识实际运用的价值，将“死”知识变成“活”知识，是教材在语用方面的一个重要举措。

引导学生在真实的情境中学语文、用语文，是语用思想的另一个重要体现。识字的编排，充分发挥母语学习的资源无处不在的优势，大力倡导生活识字，二年级教材进一步强化了生活识字的理念，通过“识字加油站”及课后练习的相关设计，树立生活中处处可以识字的理念。

口语交际的编排，话题的选择大多来自学生的生活，强调在真实的交际情境中发展学生的交际能力，而且学生在口语交际课上学到的原则和方法，还可以直接运用到直接的生活实践，让学生学有所用。

课后练习的编排，重视与生活的联系。如第三册《田家四季歌》的课后练习拓展了表现农事活动的常见词语，引导学生借助这些词语和自己的生活经验，说说四个季节的主要农事活动。练习设计还更加注重语言运用的适切语境，避免单调、枯燥的机械操练。如《植物妈妈有办法》的练习设计：“你还知道哪些植物传播种子的方法？可以选用下面的词语，仿照课文说一说。”通过情境图，教材为学生选用词语设置了恰当的语境，仿照课文的语言形式，又为学生的语言表达提供了帮手。

教材编排的这些创新之处，不仅强化了语言文字的运用意识，而且还让学生从中感受到语文学习的价值和意义。

二、强调“多样识字”

部编版教材遵循“认写分开，多认少写”的原则，科学安排识字、写字的顺序。在字种的选择和字序的排列上，力求科学。识字采取分散识字和集中识字相结合的方式，既随文识字，也通过专门的识字课以及语文园地中专设的栏目“识字加油站”进行集中识字。

教材中的识字课尽管内容不同，但大都采用学生喜闻乐见的韵文形式，易于朗读、背诵。除了韵文识字，部编版教材还编排了其他多种集中识字的方法，如，字理识字。借助形声字的构字规律，将同偏旁的汉字进行归类学习；事物归类识字，通过图片的展示，并借助生活经验，学生能比较直观地了解生词的含义；生活识字，强化了“生活处处皆语文”的理念，引导学生随时随地主动识字；查字典识字，第三册教材还在语文园地二介绍了部首查字法，这是学生独立识字经常使用的方法。教材介绍了部首查字法的步骤要领，对其中较难的两个步骤还进行了专门练习，进一步提升学生使用部首查字法的能力。

三、强调“自主识字”

部编版教材十分重视培养学生自主识字的能力。在一年级对汉字的偏旁、结构、汉字的构字原理有了初步了解的基础上，针对二年级合体字增多的现实，教材进一步强化了形声字形旁表义、声旁表音的规律，并充分利用这些规律，引导学生大胆地猜读生字，自主学习课文。

第三册教材语文园地六的“字词句运用”，引导学生根据词语的意思来猜测多音字的读音；语文园地八根据形声字声旁表音的规律，猜测拟声词“啪、喇、吱呀”等的读音。在学习了音序查字法和部首查字法两种查字典的方法后，教材在《大禹治水》的课后练习中，针对“挡水、疏导、驱赶”中这些加点的生字，提出“你知道下面词语中加点字的意思吗？先猜一猜，再查查字典”。这就是培养学生综合运用多种方法自主识字的一种练习设计，学生可以联系上下文、借助生活经验和汉字的构字规律，大胆猜字，最后用查字典的方法来验证自己猜测的结果。此外，教材还专门编排了两篇全文不注音的课文《纸船和风筝》《风娃娃》，着力培养学生自主识字的能力。

四、强调“培养习惯”

部编版教材从一年级开始就十分重视写字基本功和书写习惯的培养。一年级在要求书写的字旁边呈现新笔画，每一个要写的字都做了笔顺跟随的处理；“书写提示”强调汉字书写的基本规则，强调正确的写字姿势和良好的写字习惯，这些为后续年级学生写字能力的培养及习惯的形成打下了基础。

在一年级正确书写300个汉字、掌握了汉字的基本笔画和基本笔顺的基础上，二年级上册不再呈现新笔画，要写的字也不再做笔顺跟随处理。要求写的字，优先选择构词率较高、笔画比较简单的字，其中有的是本课新认识的字，有的是以前认识现在又在课文中出现的字。二年级上册加大了写字的量，全册写字250个，每课要求写8-10个字，有助于打好写话的基础。“书写提示”重点指导了“左窄右宽，左宽右窄”“左短右长，左长右短”“左右相等”等字形结构的书写规则，并提示了一些良好的写字习惯。如，“写字时要保持正确的坐姿和执笔姿势”“先看后写，才能减少修改次数，保持页面整洁”。随着写字量的增加，错别字现象开始凸显。教材在语文园地七的“展示台”中，列举了容易写错的汉字以及容易混淆的形近字、同音字和同音形近字，提示学生，容易混淆的字要注意进行对比，写错的字要及时订正在改错本里，要经常拿出改错本看一看……所有这些举措旨在帮助学生养成及时改正错别字的习惯。

第三节 未来深化字词教学的思考

2018年4月，全国著名特级教师、语文教育研究专家周一贯老师在杭州举行的“千课万人”第二届核心素养下的小学语文“理想课堂”国际峰会上作了《语文理想课堂走向教育3.0时代》的报告。他对语文理想课堂的构想也为我们找到了字词教学发展的突破口。

一、从“大语文”的视角出发

母语的地位决定了它与民族文化的天然一体，与思维发展的共存互动，与社会生活的密切相关，又是学习各门学科的必然基础。一句话，母语是每一个国民的生存基础和精神世界。从教育的最终目的看，其实质就是最大限度地挖掘出人的内在潜能，不断提升人的价值和地位，充分展示人的个性和主动性，从而最终提高个人的人生质量。在这个过程中，母语始终发生着基础性、主干性的作用。这就告诉我们，语文是一门“天地人，你我他”的课程。教学好语文的关键正在于“跳出语文看语文”。

周一贯老师的发言体现的正是“大语文”的观点。“大语文”是“大语文教育”的简称。“大语文教育”是已故的特级教师张孝纯先生创立的一种新型的、带有突破性的语文教育思想。这种思想主张语文教育以课堂教学为轴心，向学生生活的各个领域开拓、延展，全方位地与他们的学校生活、家庭生活和社会生活有机结合起来，并把教语文同教做人有机结合起来，把传授语文知识同发展语文能力、发展智力素质和非智力素质有机结合起来，把读、写、听、说四方面的训练有机结合起来，使学生接受全面的、整体的、强有力的培养和训练。语文教学与生活的结合，是“大语文教育”思想的精髓。

“生活处处有字词”。因此，字词教学必须从“大语文”的视野，立体地观察思考字词教学的新天地，使学生在字词学习的过程中感受“大语文”的魅力。

二、从“文化育人”的视角出发

中华优秀传统文化是“民族文化血脉”。中华民族发展过程中，从《竹书纪年》《尚书》《论语》《道德经》到二十四史，从孔子、孟子、老子、孙子、墨子、韩非子到文学、史学、哲学、经学、医学等，从“盘古开天地”、“女娲造人”到“神农尝百草”、“仓颉造字”，从精卫填海、炼石补天、后羿射日到嫦娥奔月、愚公移山、天人合一，都属于中华文化的范畴。2017 年 1 月，中共中央办公厅、国务院办公厅印发了《关于实施中华优秀传统文化承传发展工程的意见》，其重点任务之一便是“以幼儿、小学、中学教材为重点，构建中华文化课程和教材体系”。

作为中华传统文化的重要内容，字词教学要从“文化育人”的视角出发，不断发掘传统文化的育人价值，让学生获得真切的感受，让字词教学洋溢浓郁的传统文化的育人魅力。

三、从“课堂生态”的视角出发

在由成人主宰的世界里，有一个十分重要的非成人群体，叫“儿童”。然而儿童的生活却被成人用一种高结构化、高控制性所掌控。这种态势也一样体现在儿童的学校和课堂里。因此，儿童的世界，越来越受到成人世界的过早异化。正出于这样的反思，教育的 3.0 时代应当让儿童站在学校、课堂的正中央。

良好的课堂生态，一定是相互生长的。相互生长包括“三个方面”和“两对关系”。“三个方面”指老师、学生、课堂，“两对关系”主要是指师生之间、生生之间的关系。字词教学中，教师要从“课堂生态”出发，充分利用课堂资源，着力于儿童素养发展，引导学生提出问题、解决问题、形成能力，从而促进师生共同成长。

四、从“国际视野”出发

习总书记构建人类命运共同体的思想，不仅是治国之道，也引领着中国教育的发展，必须同时有一双紧握世界的手。中华民族的教育自信和关乎人类命运的教育发展，共铸家国情怀和国际视野的融合，从而将“中国心、民族魂、世界眼、国际范”的育人追求结合起来，

随着时代的发展，中国的语言文字越来越显出重要的地位，在全世界进行交流。老师们要开阔视野，激发更深层次的思考，为字词教学的“古为今用、洋为中用”提供了充裕的发展空间。

参考文献

一、书籍类

[1] 中华人民共和国教育部．全日制义务教育语文课程标准 [M]. 北京师范大学出版社，2012.

[2] 王德春．多角度研究语文 [M]. 北京：清华大学出版社，2002.

[3] 王尚文．人文·语感·对话 [M]. 上海：上海教育出版社，2010.

[4] 皮亚杰．儿童的语言与思维 [M]. 文化教育出版社，1980 .

[5] 朱智贤．儿童心理学 [M]. 北京：北京师范大学出版社，2002 .

[6] 杨小微．教育研究的原理与方法 [M]. 上海：华东师范大学出版社，2010 .

[7] 王道俊，郭文安．教育学 [M]. 北京：人民教育出版社，2016 .

[8] 戴汝潜．汉字教与学 [M]. 山东：山东教育出版社，1999.

[9] 黄伯荣，廖序东．现代汉语 [M]. 兰州：甘肃人民出版社．1981.

[10] 叶圣陶．叶圣陶教育文集（第三卷）[M]. 北京：人民教育出版社 .1994.

[11] 金河岩，朴泰诛．心理学 [M]. 北京：中央民族大学出版社，2000.

[12] 戴尔·H·申克．学习理论 [M]. 南京：江苏教育出版社，2012.

[13] 裘锡珪．文字学概要 [M]. 北京：商务印书馆，2017.

[14] 陈世辉，汤馀惠．古文字学概要 [M]. 福建：福建人民出版社，2017.

[15] 曾宪通，林志强．汉字源流 [M]. 广州：中山大学出版社，2011.

[16] 李乐毅．汉字演变五百例 [M]. 北京：北京语言大学出版社，2014.

[17] 吕景和．汉字解形释义字典 [M]. 北京：华语教学出版社，2016.

[18] 傅永和，向光忠 李玲璞．汉字演变文化源流 [M]. 广东：广东教育出版社，2013.

[19] 王宁．汉字构形学导论 [M]. 北京：商务印书馆，2015.

[20] 黄德宽．汉字理论丛稿 [M]. 北京：商务印书馆，2006.

[21] 陆宗达．说文解字通论 [M]. 北京：中华书局，2015.

[22] 许慎．说文解字 [M]. 北京：中华书局，2013.

[23] 王祥之．图解汉字起源 [M]. 北京：北京大学出版社，2009.

[24] [瑞典] 林西莉．汉字王国 [M]. 上海：生活．读书．新知三联书店，2017.

[25] 尘元 . 在词语的密林里 [M]. 上海：生活 . 读书 . 新知三联书店，2017.

[26] 李怡 . 词语的历史与思想的嬗变——追问中国现代文学的批评概念 [M]. 四川：巴蜀书社，2013.

[27] 林西莉 . 汉字王国　讲述中国人和他们的汉字的故事 [M]. 北京：人民美术出版社，2015.

[28] 沈禾玲，蔡真慧，徐丽莎，朱殊 . 汉语字词教学 [M]. 北京：北京大学出版社，2011.

[29] 周小兵，张世涛，干红梅 . 汉语阅读教学理论与方法 [M]. 北京：北京大学出版社，2008.

[30] 思履 . 画说汉字：画说 1000 个汉字的故事 [M]. 北京：北京联合出版公司，2015.

二、硕博论文

[1] 黄嘉烨 . 小学低年级识字教学的探索与实践 [D]. 华东师范大学，2010.

[2] 姜黎黎 . 小学语文识字教学探析 [D]. 扬州大学，2012.

[3] 董铭 . 高学段字词教学有效性的探究 [D]. 苏州大学，2011.

[4] 张巍 . 小学低年级识字教学的问题与对策 [D]. 东北师范大学，2007.

[5] 王艳霞 . 小学语文识字教学策略研究「D]. 内蒙古师范大学，2011.

[6] 高红娟 . 小学中段识字教学现状与改进策略研究 [D]. 天津师范大学，2014.

[7] 纪卓群 . 游戏教学法在少儿汉语字词教学中的应用 [D]. 北京外国语大学，2016.

[8] 殷盛雯 . 中学语文教学中的汉字字理教学研究 [D]. 湖南师范大学，2013.

[9] 朱金玲 . 贾志敏阅读教学研究 [D]. 上海师范大学，2016.

[10] 罗城 . 小学语文阅读教学中增强实践性的策略研究 [D]. 福建师范大学，2008.

[11] 冯蕊 . 思维导图辅助小学生字词学习的策略研究 [D]. 河北大学，2017.

[12] 陈孝竹 . 小学高段学生语文阅读能力培养的调查——以宜宾市 Z 小学为例 [D]. 四川师范大学，2017.

[13] 李敏 . 认知语言学理论视阈下的小学词语教学 [D]. 山东师范大学，2013.

[14] 李敏娇 . 基于具身认知理论的教学活动设计研究——以小学语文词语教学为例 [D]. 江苏师范大学，2014.

[15] 吴娜 . 小学高年级语文课词语教学的问题与对策研究——以哈尔滨市 A 小学为例 [D]. 哈尔滨师范大学，2017.

[16] 郭烈萍 . 小学语文语境式词语教学探究 [D]. 苏州大学，2011.

[17] 金靓 . 童话中词语使用与小学词语教学研究——以杨红樱作品为例 [D]. 东北师范大学，2012.

[18] 李欣欣．人教版小学《语文》教材字词分析 [D]. 暨南大学，2015.

[19] 江亚丽．小学语文“立体式”词语教学模式探究 [D]. 四川师范大学，2007.

[20] 宋欠欠．农村小学高年级词语教学有效性研究 [D]. 河北师范大学，2013.

[21] 潘雪．基于安德森认知目标分类框架的小学语文教学个案研究 [D]. 上海师范大学，2017.

三、期刊

[1] 蒋秀云．小学语文词语教学中的语感培养策略——以《跨越百年的美丽》为例 [J]. 北京教育学院学报，2015(06).

[2] 李功连．语文教学中的语言训练研究 [J]. 湖南师范大学，2013(03).

[3] 张静．“识写分流”识字教学流程常见问题分析 [J]. 福建教育学院学报．2013(8).

[4] 沈美兰．深厚底蕴成就魅力课堂 [J]. 教育科学论坛，2010(3).

[5] 林清．让扎实与灵动在字词教学中共舞——〈掌声〉教学片段赏析 [J]. 福建论坛（社科教育版），2008(7).

[6] 王玲．寻找知识与能力的契合点——字词教学问题的思考 [J]. 黔西南民族师范高等专科学校学报，2008(06).

[7] 陈芳．试谈小学中高年级字词教学的有效策略 [J]. 福建教育学院学报，2015(12).

[8] 张秋娥 钟琼．小学语文串讲式字词教学研究与实践 [J]. 当代教育理论与实践，2016(09).

[9] 汤书婵．小字词，大作为——也谈高年级字词教学 [J]. 福建教育学院学报，2015(08).

[10] 彭娴．字词教学：从儿童的视角出发 [J]. 教学与管理，2011(05).

[11] 林素梅，词语积累的原则和策略 [J]. 教学研究，2012(3).

[12] 庄旭．浅谈语文“日积月累”板块的教学 [J]. 小学教学参考，2015(3).

[13] 承小贤．对话，让词语教学扎实有效 [J]. 2014.

[14] 杜新元．警惕字词教学的边缘化倾向 [J]. 中小学教师培训，2011(08).

[15] 张承明．走出语文字词教学的误区 [J]. 大理师专学报，2000(06).

[16] 夏心军．学生参与课堂教学评价述评 [J]. 基础教育参考 2011.

[17] 胡宝娟．对小学语文字词教学“边缘化”现象的思考及行动 [J]. 扬州大学学报（高教研究版），2013(10).

[18] 唐少华．例谈小学中年段词语教学的方法——以人教版四年级上册《白鹅》教学为例 [J]. 基础教育研究，2010(12).

[19] 马效萍. 小学词语教学策略浅探 [J]. 黑龙江教育(理论与实践), 2014(12).

[20] 田喜红. 小学语文词语教学方法分析 [J]. 中国校外教育, 2012(34).

[21] 张建平. 小学语文词语教学方法攻略谈 [J]. 现代阅读(教育版), 2013(03).

[22] 陈波. 引领学生走进词语教学的新天地——小学语文词语教学例谈 [J]. 佳木斯教育学院学报, 2012(04).

[23] 谢常亮. 浅谈小学语文词语教学 [J]. 琼州学院学报, 2007(S1).

后记

四年来，吴聪娣名师发展工作室的老师们紧紧围绕着“小学语文不同学段字词教学策略的行动研究”这个课题，以“优化小学语文不同学段的字词教学策略，提升学生的语文综合素养”为目标，以“不同学段字词教学的方法研究、字词教学的条件研究与教师指导策略研究”为研究的基本内容，以课堂行动研究为主，配合文献研究、案例分析等方法开展研究工作。我们努力挖掘字词教学的育人价值，通过观察、访谈、问卷等方式剖析了小学字词教学存在的问题和成因。针对存在的问题，我们不断实践，梳理了不同学段的字词教学的要求、内容、基本取向、主要策略、教学“小”策略、典型课例等。在实践与研究中，我们还注意观察字词教学中的小现象，针对字词教学中发现的小问题，提炼了40个不同学段的教学小策略。这些小策略浅显易懂，可操作性强，能比较有效地帮助老师们解决字词教学实践中的一些问题。

历时一年多，书稿终于完成了。它不仅是我们对字词教学策略的思考与表达，也是我们这四年来不断探索、实践和研究的果实。感谢思明区教育局、进修学校为我们搭建了良好的平台，感谢前埔南区小学及成员学校对我们的大力支持。感谢陈小倩、何婉蓉、刘逆平、陈莉恒、曾玲玲、蔡小珠、吕火明、郭丽婷、洪秀梅、刘晓、李林林、阮婷婷参与了本书部分章节的编写。感谢厦门市教科院的李日芳、肖俊宇、邵巧治老师，感谢思明区教师进修学校的魏登尖、蔡维真老师，感谢厦门市城市职业学院的曾垂超老师、海沧北师大附属学校的林园秀老师，他们给予了工作室同伴们热情的鼓励和真诚的帮助！感谢工作室的同伴们，在四年的研究道路上携手同行，一起成长！今后，小学语文字词教学的寻“根”问“计”，我们还将继续探索……

编写这本文集，对于我们这群关注实践但理论不足的一线教师来说，是一个很大的挑战。虽然我们用心撰写，反复修改，付出了大量的时间和精力，但我们深知书中的内容还有诸多不足，敬请大家谅解与指正。

图书在版编目(CIP)数据

寻“根”问“计”:小学语文字词教学策略研究/吴聪娣编著. —福州:海峡文艺出版社,2019.3
(思明区名师(发展)工作室研究成果丛书)
ISBN 978-7-5550-1845-2

Ⅰ.①寻… Ⅱ.①吴… Ⅲ.①小学语文课—教学研究—小学 Ⅳ.①G623.202

中国版本图书馆 CIP 数据核字(2019)第 053009 号

寻“根”问“计”

——小学语文字词教学策略研究

吴聪娣 编著

责任编辑 李永远
出版发行 海峡文艺出版社
经　　销 福建新华发行(集团)有限责任公司
社　　址 福州市东水路 76 号 14 层　　**邮编** 350001
发 行 部 0591—87536797
印　　刷 福州万紫千红印刷有限公司　　**邮编** 350013
地　　址 福建省福州市闽侯县南屿镇高岐村安里 6 号
开　　本 787 毫米×1092 毫米 1/16
字　　数 260 千字
印　　张 14.25
版　　次 2019 年 3 月第 1 版
印　　次 2019 年 3 月第 1 次印刷
书　　号 ISBN 978-7-5550-1845-2
定　　价 38.00 元